Knaur
MensSana

Von Penny McLean ist außerdem erschienen:
Numerologie und Namen

Über die Autorin:

Penny McLean, die ihre Karriere als Sängerin begann, gehört heute zu den meistgelesenen spirituellen Autorinnen. Sie lebt in München und hält Seminare, Kurse und Vorträge in ganz Europa.

Penny McLean

Numerologie und Schicksal

Ihr Leben ist berechenbar

Knaur
MensSana

Besuchen Sie uns im Internet:
www.droemer-knaur.de

Vollständige Taschenbuchausgabe 2002
Droemersche Verlagsanstalt Th. Knaur Nachf., München

Umschlaggestaltung: Werbeagentur ZERO, München
Umschlagabbildung: Artwork by ZERO
Satz: Ventura Publisher im Verlag
Druck und Bindung: Nørhaven Paperback, A/S
Printed in Denmark
ISBN 3-426-87163-7

4 5 3

Inhalt

Einleitung

Es ist nun beinahe 30 Jahre her, dass ich zum ersten Mal das Wort »Numerologie« sah. Es war in Goldlettern auf ein kleines, ledergebundenes Büchlein gedruckt, welches mir von meinem damaligen Produzenten, Michael Kunze, mit folgenden Worten geschenkt wurde: »Das wird dich interessieren, du beschäftigst dich ja mit solchen Sachen.« Mit »solchen Sachen« spielte er auf meine esoterischen Ambitionen an, die meinem Freundeskreis hinreichend bekannt und nicht unbedingt immer geheuer waren, denn damals waren Themen wie Parapsychologie, Metaphysik, Mystik, kurzum das, was heute mit dem Wort Esoterik leichtfertig unter einen Hut gepackt wird, lange nicht so »in« und selbstverständlich wie heute.

Gute Bücher zu diesen Wissensgebieten fanden sich fast nur im Antiquariat, und Lehrer waren so schwer zu finden, wie die berühmte Nadel im Heuhaufen. Deswegen freute ich mich über das Geschenk besonders, allerdings nur so lange, bis ich herausfand, dass das gefällige Büchlein nur mit Zahlen und sonst mit nichts anderem umging. Als ich irgendwo auch noch den Namen Pythagoras aufscheinen sah, erschrak ich tief und legte das Werk seines dekorativen Charakters wegen erst einmal auf den Tisch neben das Telefon.

Während ich einmal für ein Gespräch lange auf eine Vermittlung warten musste, blätterte ich, mehr der Not als dem inneren Trieb gehorchend, ein bisschen darin herum und stieß auf ein Thema namens »Quersumme«. Trotz meiner tiefen, noch aus meiner Schulzeit stammenden Abneigung gegen alles, was auch nur im Entferntesten mit Zahlen zu tun haben könnte, fing ich an, mein Geburtsdatum zusammenzuzählen, erhielt nach mehreren Fehlversuchen die Zahl Acht und blätterte mich daraufhin bis zum dazugehörigen Schlüssel durch. Ich vergaß den Anruf. In Bergen von Zetteln mit Daten von Geburten, Hochzeiten, Todesfällen, Hausnummern und Namenszahlen versank meine Aversion gegen diese Art der esoterischen Betätigung. Die Numerologie hatte mich am Haken. Und zwar für immer.

Seitdem hat sich viel verändert in meinem Leben, mit, durch und auch ohne numerologischen Beistand. Ebenso hat der Stellenwert der Numerologie für mich mittlerweile eine ganz andere Bedeutung erlangt als in dem besagten Jahr 1972. Heute rechnet mein Gehirn Quersummen wie von selbst aus, bei Häusern mit der Nummer 4 stehen mir aus bestimmten Gründen automatisch die Haare zu Berge, und Tagesdaten werden ohne besonderen Aufwand, allein durch ihre bloße Existenz, als akzeptabel oder bedrohlich eingestuft. Würde ich mich heute über das Thema Numerologie informieren wollen, könnte ich das in jeder beliebigen Buchhandlung tun, mit dem einzigen Unterschied zu damals, dass ich vor lauter Angebot nicht mehr wüsste, wohin ich greifen sollte. Das hübsche kleine Büchlein gibt es zwar noch immer, doch ist es nicht mehr in kostbares Leder gebunden, sondern existiert auf umweltfreundlichem Papier im Taschenformat. Der Titel des Buches aber ist derselbe geblieben: *Numerologie,* geschrieben von Jules Silver. Ihm verdanke ich meinen Einstieg.

Nach 14 Jahren des Lesens und Lernens wagte ich meinen ersten Vortrag zu diesem Thema. Aus Vorträgen wurden dann Kurse, aus Kursen Workshops und aus diesen wiederum entstanden Arbeitsgemeinschaften, die mir den technischen Teil dieses Buches wesentlich erleichtert haben. Das Ihnen vorliegende Berechnungssystem ist von mir in den Jahren 1987/88 unter dem Einfluss der Schicksalspsychologie von Leopold Szondi entwickelt worden, der mir mit seiner Theorie der genetischen Mischfelder, auf die ich in den folgenden Kapiteln noch genauer zu sprechen kommen werde, in jeder Beziehung ein weites Feld eröffnet hat. Die Grundlage jedoch war und ist das Zahlensystem des Grafen Louis Hamon, der um die Jahrhundertwende einer der kompetentesten Okkultisten seiner Zeit war. Unter seinem Decknamen »Cheiro« kann man noch heute ein Buch finden, das ebenso wie Silvers Werk hervorragend für Anfänger geeignet ist.

Wenn Sie sich bereits mit anderen Werken herumgeschlagen haben, wird Ihnen aufgefallen sein, dass die Autoren verschiedene Systeme verwenden, vor allem was die Bezifferung des Alphabets angeht. Dabei kommt es mitunter zu hanebüchenen Auswüchsen, die auch damit zu tun haben, dass sich die allgemeine Kunde des griechischen und hebräischen Alphabets doch noch nicht in dem Maße herumgesprochen zu haben scheint, wie es der Sache dienlich wäre. Aus der Anordnung der Buchstaben ergibt sich die Form ihrer Berechnung und deswegen genügt es keinesfalls, die Buchstaben unseres Alphabets einfach von 1 bis 9 durchzunummerieren, wie es beispielsweise in Amerika gang und gäbe ist. Der goldene Westen hat dieses »pythagoräische System« wahrscheinlich der Einfachheit halber verwendet, aber er hat seine eigene Entwicklung, seine eigene Kultur und eine dem Kontinent entsprechende Schwingung, die mit unserer nicht vergleichbar ist. Aus diesem Grund sind die Systeme nicht übertragbar. Auch Cheiro wusste das und richtete sich mit seinem Berechnungssystem nach den Gesetzen, welche der sorgfältig ausgebildete Geheimwissenschaftler zu beachten hat, um fehlerfrei und optimal arbeiten zu können.

In diesem Buch habe ich darauf verzichtet, die tiefen, verborgenen Hintergründe aufzuzeigen, welche mich dazu veranlasst haben, ausschließlich ein System, welches zwischen dem gesprochenen Wort und der bezeichneten Zahl zu unterscheiden weiß, weiterzugeben. Diese Pflicht haben mir bereits andere Autoren in hervorragender Weise abgenommen. Allen voran die grandiose Christa Zettel und Hermann Kissener, aber auch der Amerikaner Manly P. Hall, der mit seiner *Symbolical Philosophy* ein derart beispiellos umfassendes Werk über das hermetische Wissen sämtlicher Geheimgesellschaften abgeliefert hat, dass man sich vor Bewunderung über die Qualität dieser Enzyklopädie an die Worte Wittgensteins halten möge, der sagt: »Wovon man nicht sprechen kann, darüber muß man schweigen.«
Eben genannte Bücher sind allesamt hochernsthafte Werke, die auf beispielhafte und ehrfurchtsvolle Weise mit dem uralten Wissen umgehen. Was mich und das vorliegende Buch angeht, werde ich dieser Pflicht natürlich ebenfalls nachkommen, aber ich habe zu lange »Frontarbeit« geleistet, als dass ich die Komik und den Witz, welche die Vorarbeiten begleitet haben, unterschlagen werde oder möchte.

Es darf also gelacht werden.

Alle Daten, die Sie in diesem Buch als Beispiele finden, sind aus dem Leben gegriffen. Da ich der Ansicht bin, dass die Schicksale der Herren Bonaparte, Einstein, Kennedy usw. bis zum Überfluss behandelt worden sind und auch die Daten von Mutter Teresa recht wenig zur Bewältigung der Alltagsprobleme des in der heutigen Zeit angesiedelten Durchschnittsmenschen beitragen können, werden Sie also diesbezüglich nicht fündig werden. Wenn ich trotzdem zwischendurch die Daten berühmter Menschen verwende, dann wird dies aus einem einzigen Grund geschehen: Weil der hohe Bekanntheitsgrad ein besseres Verständnis zum Vergleich der Problematik bietet. Diese wird sich nicht auf den Ruhm und die Ehre solcher Menschen beziehen, sondern eher auf die psychischen oder privaten Schwerpunkte der Konstellation, welche durchaus in Bezug zur Allgemeinheit gesetzt werden können. Mir geht es um das »ganz normale Wahnsinnsleben«, mit seinen ganz normalen Schicksalen, die mir außergewöhnlich genug erscheinen, um sie hier anzuführen.

Der Philosoph Xenophanes hat ein halbes Jahrhundert vor Christi Geburt gesagt: »Keiner, der Mensch ist, hat die sichere Wahrheit erkannt und wird sie erkennen!« Dieser Erkenntnis kann ich mich nur anschließen, denn der Mensch irrt, so lange er lebt.
Damit sich jedoch das »Irren« in jeder Beziehung ein bisschen weniger heftig auswirken möge, habe ich versucht, so einfach wie möglich zu bleiben, weil die Zeit lehrt, dass es die Einfachheit ist, die noch am ehesten die Wahrheit ans Tageslicht bringt.

Keine Angst vor Zahlen

Wenn ich von Angst vor Zahlen spreche, so gehe ich nicht von meiner eigenen »Numerophobie« aus, sondern spiele auf den weitverbreiteten Irrglauben an, es gäbe gute und böse Zahlen. Diese existieren genauso wenig wie gute und schlechte Tierkreiszeichen, fälschlicherweise oft als Sternzeichen bezeichnet.

Eine Zahl ist zuallererst ein Symbol, welches eine Tatsache bezeichnet. Nach Aussage des Philosophen Wittgenstein ist die Welt die Gesamtheit der Tatsachen, und die Tatsachen eine Verbindung von Seiendem. Damit wären wir bei der Frage nach dem Sein (dem Seienden) angelangt, welche die Ontologie, die Lehre vom Sein dahingehend beantwortet, dass sie sagt, dass das Sein in allem enthalten ist. Diese Antwort zieht eine andere Grundfrage nach sich: Was ist? Was existiert?

Wäre man kein Philosoph, der diese Frage zu beantworten hätte, würde man sagen: »Alles, was ich sehe und mit Händen anfassen kann, existiert.« Doch dann käme natürlich sofort die Gegenfrage: »Und alles, was du nicht siehst, existiert also nicht?« Ganz abgesehen davon, dass beispielsweise der Urwald von Neuguinea sicher existiert, auch wenn man ihn noch nie gesehen hat, man würde dennoch von dessen Existenz überzeugt sein, vorausgesetzt, jemand hätte einem glaubwürdig davon berichtet.

Würden nun aber beide Möglichkeiten, nämlich die des Eigenerlebens als auch die des Miterlebens durch Berichterstattung wegfallen, so müsste die Antwort auf die vorher gestellte Gegenfrage sein: »Nein, alles, was ich nicht sehen kann, existiert nicht.« Sofort käme dann als Gegenargument die Geschichte vom elektrischen Strom, den man ja auch nicht sehen kann. Man würde sagen, dass die Existenz des elektrischen Stroms längst durch seine Verwendungsmöglichkeiten bewiesen wurde. Also, so schließen wir daraus, glaubt der Mensch auch an unsichtbare Seins-Formen, sofern diese für uns sicht- oder fühlbar (z. B. elektrischer Schlag, elektrisches Licht) gemacht wurden.

Was aber ist mit den Dingen, die sich nicht durch physikalische Experimente demonstrieren lassen? Sind diese nun reine Ideengebilde, die sowohl existent als auch völlig aus der Luft gegriffen sein können? Um diese Frage zu klären, lohnen sich vielleicht doch einige Worte zu dem Begriff »Idee«. Aus dem Griechischen stammend war er ursprünglich Bezeichnung für die sichtbare äußere Gestalt, also für genau das, was wir als existent empfinden. Doch dann kam der Philosoph Plato und machte sich diesbezüglich einige Gedanken, welche dazu führten, dass eine komplette Ideenlehre entstand, die den Begriff »Idee« dahingehend erweiterte, dass man darunter auch die ewigen, mit den Sinnen nicht wahrnehmbaren Urbilder oder Wesenheiten der Dinge verstand.

Hier tauchte zum ersten Mal im menschlichen Denken eine Differenzierung des Begriffs »Idee« auf, eine Differenzierung zwischen realem Sein und abstraktem Gedanken. Damit wurde eine endlose Diskussion ausgelöst, welche bis heute noch im Gange ist. Wer geisteswissenschaftlich etwas auf sich hielt, hat sich über dieses Thema Gedanken gemacht und so wurden die abenteuerlichsten Bezeichnungen und Auslegungen für die im Grunde immer gleichen Erkenntnisse gefunden. Doch egal, ob wir nun mit den unglaublichsten Fach- und Fremdworten brillieren oder uns auf Kant, Husserl und Heidegger berufen, letztendlich finden wir uns immer wieder da, wo alles angefangen hat – bei Plato. Wagt man sich an den Versuch, Platos Ideenlehre in einen Satz zu fassen, so müsste er lauten: »Ohne Paradigma keine Pragmatik!«, was nichts anderes heißt, dass alles, was vor unserem geistigen oder körperlichen Auge existiert, zuvor in einer Seins-Welt der Ideen bereits vorhanden war, darauf wartend, von uns in die Materie umgesetzt, oder besser übersetzt zu werden.

Viele solcher Ideen, die wir bereits umgesetzt bzw. übersetzt haben, wurden mit Hilfe von Zeichen und Symbolen wiedergegeben. Denken Sie zum Beispiel an den gezackt von oben nach unten verlaufenden Pfeil als Symbol für Hochspannung und Gefahr, oder an das Zeichen für eine Einbahnstraße. Mit dieser auf den Punkt, oder besser ins Bild gebrachten Form, wird ein ganzes Paket von momentan nicht Anschaulichem in unsere Vorstellungswelt transportiert. Wir reagieren umso phantasievoller darauf, je umfangreicher die bis dahin gemachten Erfahrungen mit der Thematik sind, die sich hinter dem Symbol verbirgt.

Zahlen sind nichts anderes als Symbole. Vermutlich haben sie für 90% der Menschheit ausschließlich mathematische Bedeutung, doch in Wirklichkeit sind sie sehr viel mehr als nur Repräsentanten des »funktionellen« Logos.

Das Wissen um die Ur-Ideen, welche sich hinter den Zahlen verstecken, wurde in allen okkulten Wissenschaften verwendet und dargestellt. Denken Sie nur an das bekannte Zeichen des Yin und Yang, welches nichts anderes ist als eine zusammengeschobene Acht:

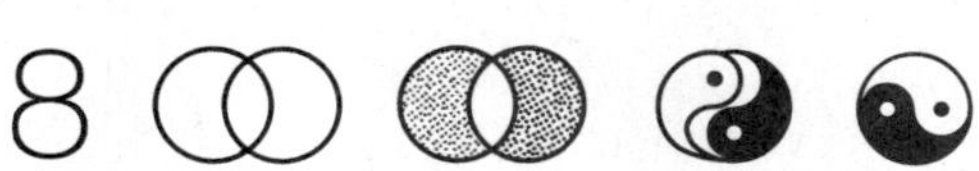

Oder an jedes Phallussymbol dieser Welt, welches nicht nur Zeugung und Manneskraft repräsentiert, sondern auch die gesamte Ideenwelt, welche die Eins bewahrt und sich am schönsten auf der ersten Trumpfkarte des Tarots, dem Magier, darstellt. Ich könnte fortfahren, über die okkulten und philosophischen Auslegungen zu berichten, was sicher beeindruckend und erbaulich wäre, doch niemandem hilft, der sich nicht schon Jahre vor dieser Lektüre mit dem substantivierten Infinitiv des Wörtchens »ist« vergnügte oder sein halbes Leben mit den Werken des »Golden Dawn« verbrachte, welche die Quintessenz des okkulten Wissens beinhalten. Da ich aber versprochen habe, einfach zu bleiben, werden wir nun mit dem Potential arbeiten, das allen Menschen wirklich vertraut ist, nämlich mit Imagination und Gefühlen.

Nehmen wir irgendeine Zahl, zum Beispiel die Drei.
Frage: An was denken Sie, wenn Sie das *Wort* »Drei« hören?

Wahrscheinlich stellen Sie sich drei Menschen vor oder drei Äpfel oder vielleicht sogar einen dreibeinigen Hocker. In einem Kurs sagte eine Zuhörerin spontan: »Ich habe eine dreibeinige Katze!« Sie sehen, dass allein der Gedanke an das Wort Drei eine unglaubliche Anzahl von Bildern auslösen kann. Und jetzt bitte das ganze Spiel noch einmal: Denken Sie wieder an das Wort »Drei«. Aber jetzt versuchen Sie bitte die Energie, die Schwingung dieser Zahl zu erspüren!

Will es Ihnen nicht gelingen? Hier eine kleine Hilfestellung: Denken Sie an eine Eins! Fühlt sich das für Sie besser an, oder fühlen Sie sich mehr zur Drei hingezogen?

Sehen Sie, diese scheinbar seelenlosen Ziffern haben durchaus Charakter und auch Charisma. Das rührt daher, dass sie Repräsentanten von Ur-Ideen sind, welche beispielsweise auch in der Geometrie mit zahlreichen Formen dargestellt werden können: Die vorher genannte Drei kennen wir als das berühmte Drei-Eck, während unsere Eins als stolzer, aber einsamer Punkt in der Landschaft erscheint.

Je nachdem, ob wir eher gesellig oder einzelgängerisch veranlagt sind, werden wir bei der einen oder der anderen Zahl eine entsprechende Empfindung in uns wahrnehmen. Wir fühlen uns ihr verwandt oder eher fremd. Das kommt daher, weil wir selbst ebenfalls einer Ur-Idee entstammen und uns im Laufe unserer Entwicklung weiteren Ideen angeschlossen oder verweigert haben. Dadurch sind wir in Kategorien geraten, die unsere Möglichkeiten, ohne dass es uns selbst besonders auffällt, einschränken. Sinn und Zweck unseres Erdendaseins ist aber, uns in Richtung Vollkommenheit vorzuarbeiten, was durch die Einordnung in Kategorien aber eher unwahrscheinlich wird. Um diesen Mangel auszugleichen, werden wir mit Ideen, sprich Programmen konfrontiert, die uns weniger vertraut und angenehm sind. Und je hartnäckiger wir auf unseren alteingesessenen Programmen bestehen, desto beharrlicher werden diese Gegen-Programme aktiviert, und zwar durch uns selbst. Aus dieser Diskrepanz ergibt sich eine Spannung, die wir als das empfinden, was wir als Karma bezeichnen. Aus der individuellen Verarbeitung dieser Spannung entsteht das menschliche Schicksal mit all seinen Problemen, Krankheiten, Triumphen und Niederlagen. Manche Leute nennen es Zufall oder Vorbestimmung, auch von der unerbittlichen Moira haben wir schon gehört. All das ist letztendlich nur ein sprachlicher Versuch auszudrücken, dass hier etwas wirkt, mit dem wir nicht direkt zu tun haben wollen, weil es uns so undurchschaubar, so unbegreiflich erscheint.

Es wäre also gut, unsere grundsätzlichen und bekannten Programme zu beleuchten, weil sich aus dieser Information logischerweise die noch fehlenden oder unvollkommenen Punkte unseres Entwicklungsplanes ergeben könnten. Über diese Programme, Kategorien, Gruppen oder Archetypen ist von Kant bis C. G. Jung so viel geschrieben worden, dass jede meiner Erläuterungen und Auslegungen nur eine Wiederholung von bereits Geschriebenem bedeuten würde.

Dagegen werde ich versuchen, Ihnen ein Verständnis der Zahlen zu vermitteln, welches Ihnen gestattet, gefühlsmäßig wie selbstverständlich mit ihnen umgehen zu können, was Ihnen die spätere Deutung sehr erleichtern wird. Sie werden lernen, dass Zahlen Charaktere entwickeln wie Menschen, die im Lauf der Zeit viele Freunde, Bekannte und Verwandte um sich geschart und Gruppen gebildet haben, die sich alle unter derselben Idee zusammenschließen, manche verfeindet, manche befreundet, doch in ihrer ideologischen Ausrichtung immer gleich. Sie alle richten sich nach ihrem »leader of the gang«, in Italien würde man sagen »padrone«, in Amerika »godfather«, was zwar Pate heißt, dieser in Wirklichkeit aber das Oberhaupt des Verbandes ist. Durch seine vielschichtige Umgebung ist dieser »Pate« nicht immer genau zu orten, wenn man jedoch davon ausgeht, dass sich Gleich und Gleich immer gern gesellt, wird man ihm bald auf der Spur sein. Es gibt auch hier, wie in der Kriminalistik, ein »Täterprofil«, welches uns die Richtung zum »Nest« weisen wird. Wenn Sie mit diesem Paten und seiner Großfamilie Bekanntschaft schließen wollen, müssen Sie sich vorsichtig heranwagen, denn sie sind wählerisch, wenn es um Besucher in ihren heiligen und gehüteten Hallen geht. Sie werden sich devot und servil, unter ständigen Verbeugungen, freundliche Worte murmelnd, diesem schwierigen Verein nähern und weiterhin unentwegtes Interesse bekunden müssen, denn das ist die einzige Möglichkeit, dass jene sich öffnen und ihre Familiengeheimnisse, sprich Vereinsstatuten, mitteilen. Vielleicht werden Sie sogar in die Familie aufgenommen, dann werden Sie allerdings auch mit den Leichen im Schrank Bekanntschaft schließen müssen, denn: »Was Du billigst, noch so fern, ist nach Tagen oder Wochen Dein«, ob es Ihnen gefällt oder nicht. Je länger Sie an der Gesellschaft teilnehmen, desto mehr werden Sie begreifen, dass man zwar mit der Zeit eine gewisse Grundlage im handwerklichen Umgang mit der Innenstruktur erreichen kann, dass die wirkliche und tiefe Kenntnis der verborgenen Energien, welche die Familienmitglieder miteinander verbindet, jedoch nur durch Intuition wahrgenommen werden kann. Je mehr Sie sich mit der »Familiengeschichte« befassen, desto mehr werden Sie diese feinen Zusammenhänge begreifen und durch ihr Interesse immer mehr integrieren.

Wenn Sie die Grundidee und den Charakter jeder Zahl begriffen haben und nachempfinden können, werden Sie später in Bezug auf sich selbst nicht mehr auf Listen und Tabellen angewiesen sein, sondern intuitiv die Botschaft der Daten verstehen und damit zu einem wirklich guten Divinator, einem Deuter der Bedeutung von Kombinationen werden.

Zunächst ist es wichtig, dass Sie eine grundsätzliche Eigenschaft sämtlicher zehn Zahlen begreifen, nämlich die bipolare Energie, die jede von ihnen verkörpert. Nehmen wir die Zahl, die von jedem Numerologie-Lehrbuch, das ich kenne, schamhaft übersehen wird, als müsse man die ungeheure Macht und Wirkung dieses Ideenpakets verschweigen: die Null. Diese Ziffer bezeichnet ein Energiefeld, das für sich allein das große und unbegreifliche »Nichts« darstellt, dessen Kraft erst durch das Auftauchen jedes anderen beliebigen Feldes aus dem Dornröschenschlaf erwacht. Setzen wir das »Nichts« dem Begriff »Chaos« gleich, dann ist jede andere, von außen kommende und auf das Chaosfeld einwirkende Energie in der Lage, allein durch ihr Erscheinen Umstrukturierung und Ordnung zu veranlassen.

Wollten wir religiöse Erklärungen zu Hilfe nehmen, könnten wir es mit dem Bibelsatz versuchen: »Am Anfang war das Wort.« Ein paar Sätze später taucht die Beschreibung des Chaos auf: »Und die Erde war wüst und leer.« Es war das anfängliche Wort, welches auf dieses Tohuwabohu einwirkte und es durch seine Intensität zu einer Neuordnung veranlasste, welche in der Bibel als göttliche Schöpfung, entstanden aus dem reinen Willen, dargestellt wird. Das ist eine wichtige Information zum Thema Chaos. Die Null-Energie kann durch Willen oder Vorstellung in jede gewünschte Form gebracht werden. Die Energie, welche wir mit dem Namen »Gott« bezeichnen, tat dieses sehr nachhaltig: In sechs symbolischen Durchgängen wirkte sie auf das Nichts, das Chaos ein und bewirkte damit das Erwachen der Bipolarität mit allen Konsequenzen. Man wird das Gefühl nicht los, dass die Schaffung der Erde im Grunde nichts anderes gewesen ist, als ein Ausdruck der Bewusstwerdung Gottes. Die Architektur des Universums entstand, die Elemente formierten sich, der Umdrehungsablauf der Erde pendelte sich so lange ein, bis die der Rotation des Planeten entsprechende Fliehkraft erlaubte, dass Leben entstand. All diese Wunder sind aus der Null entstanden, aus dem Dunkel, aus dem das Licht »geschieden« wird. Diese Null ist die Grundlage, der Urstoff von allem und die Wiege unendlicher Möglichkeiten, die Matrix.

6

Die Mathematik macht es deutlich: Eine 1 wird durch hinzugefügte Nullen zu einer Million, und zu einem Mikroteilchen, wenn sie ihr vorangestellt werden: 0,000001. Die Null verbirgt sich in mehreren anderen Ziffern, wie beispielsweise in der 6, die nichts anderes als eine nach oben Energie abgebende Null, eine zur Zeugung bereite Energieform ist.
Ganz im Gegensatz dazu die 9, welche der Antipode der 6 ist. Hier wird die im Nullfeld versammelte Kraft nach unten abgegeben.

9

Die Sechs ist die einzige Zahl, mit der sich die Neun wirklich verbunden fühlt, denn durch sie erhält sie die Energie, die sie zum Erwachen und in Aktion bringt – so wie der Mond sein Licht von der Sonne erhält.

Wenden wir uns nun noch einmal der Zahl Eins zu. Wie jede der uns noch verbleibenden acht Zahlen, hat sie ein weitreichendes Spektrum, das man am besten folgendermaßen darstellt:

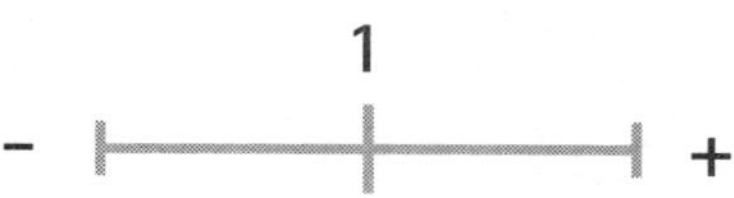

Wir sehen hier eine Linie mit einem neutralen Mittelpunkt sowie einem Negativ- und einem Positiv-Pol. Übertragen wir dieses Bild auf den Ur-Typus der Form Eins, so heißt das, dass er sowohl in schrecklichster, als auch in angenehmster Form vorkommen kann. Völlig ausgeglichen und immer im neutralen und idealen Mittelbereich schwebend werden wir ihn wohl nie finden.

Dasselbe können wir jetzt mit jeder nachfolgenden Zahl, mit jedem Ur-Typus veranstalten, denn jede der neun Zahlen weist dieses Spektrum auf.

Wenn wir wissen, dass diese Ur-Typen mit ihren vielschichtigen Spektren die Grundlage sämtlicher menschlichen Charaktere bilden, wird verständlich, warum es möglich ist, mit Hilfe der Zahlen das grundsätzliche Potential einer Person, gleichzeitig aber auch ihre Möglichkeiten in einer Umwelt, die sich ebenfalls aus den verschiedensten Ur-Ideen gebildet hat, darzustellen. Grundlagen dieser Darstellung sind das Datum der Geburt als symbolischer Stellvertreter für ein bestimmtes Programm sowie der Geburtsname, welcher, nur scheinbar zufällig gewählt, die Möglichkeiten der Umsetzung beinhaltet, sprich Charakter und Persönlichkeit.

Es ist notwendig, die Grundsätzlichkeit der Energiefelder, welche die zehn Zahlen bezeichnen, begriffen zu haben, bevor man sich an die Berechnungen von Daten wagt. Deswegen werden wir nun jede Zahl ihr »Schicksal«, ihre Selbstdarstellung erzählen lassen, so als wäre es ein Mensch, der uns seinen Lebenslauf, sein curriculum vitae mitteilt.

Die Ur-Ideen der Zahlen

Zehn Selbstdarstellungen

Die Eins

Ich bin die Eins, die Erstgeborene, die mächtigste aller Zahlen.

Ich versammle in mir die ganze Willenskraft des Schöpfers, der mich aus den unzähligen Energien des Nichts erschaffen hat. Ich bin in der Lage, alle Ideen, welche das Nichts in sich trägt, in eine sichtbare Form zu bringen. Dazu benötige ich eine ungeheure Konzentration, denn das Nichts, welches sich durch die Null ausdrückt, ist zwar hochbegabt, aber durch die Vielschichtigkeit seiner Zusammensetzung nicht in der Lage, sich selbst zu organisieren. Dafür sorge ich. Ich bin der Vorgesetzte der Null. Durch mich bekommt sie einen Stellenwert, einen Ausdruck, ein Gesicht. Ohne mich bleibt sie, was sie ist: Eine Null.

Durch meinen unerschütterlichen Willen ringe ich ihr jede Form ab, welche in meiner Vorstellung entsteht, ein Kampf, der seit meiner Erschaffung in seiner Intensität eher zu- als abgenommen hat. Um es einmal deutlich zu sagen: Die Null ist das untätigste Mitglied der ganzen Zahlen-Familie. Wäre ich nicht entstanden, wäre niemand und nichts entstanden, denn nur durch meine Entschlossenheit ist jede nachfolgende Energie möglich. Widerstände überwinde ich, Widersprüche dulde ich nicht. Mich treibt die Kraft des Wissens um das Mögliche und ich werde es verwirklichen, ob es der Null gefällt oder nicht. Für mich gibt es keine Grenzen, keine

Beschränkungen. Wer sich mir entgegenstellt, den reiße ich nieder. Ich bin geschaffen, um der Erste zu sein, der Anführer, mich befehligt keiner. Für mich zählt nicht die Rück-Sicht, sondern nur das Voraus-Schauen. Mein Leitsatz ist: Nur Endergebnisse zählen! Meine Lehrer sind meine Erfahrungen. Ich bin bereit, sie mit anderen zu teilen, unter der Voraussetzung, dass niemals vergessen wird, dass ich es war, der sie zuerst gemacht hat. Ich kann alle anderen aus mir entstandenen Zahlen auf eine höhere Ebene bringen, wodurch sie dann eine Erhöhung ihres Seins erfahren. Wenn es eine Zahl gibt, die das Bild ihres Schöpfers unverfälscht in sich trägt, dann bin ich es. Deswegen wünsche ich, dass mir gehorcht wird. Dafür bin ich auch bereit, die Verantwortung zu tragen, eine Verantwortung, welche keine der übrigen Zahlen ermessen kann. Ich bin all-ein, all-mächtig. Mein Wesen ist die Kreativität, die danach strebt, das Unmögliche möglich zu machen, das Grenzenlose zu begrenzen, das Unaussprechliche in das gesprochene Wort zu verwandeln.
Das Chaos ist mir ein Gräuel. Ich bin sein Meister.

Ich bin die EINS!

Die Zwei

Ich bin die Zwei, die Zweitgeborene, die mächtigste aller Zahlen.

Was wäre die Eins ohne mich! Alles, was sie will, kann sie nur durch mich, durch ihr *Du*, durch ihren Gegen- und Mitspieler erreichen. Nur ich bin in der Lage, ihre Ideen und Gedankengänge zu verstehen und zu beleben. Ohne mich wäre die Eins nichts, ein einsamer Rufer in der Wüste, dessen Einfällen niemand Gehör schenkt, dessen Bedürfnisse niemand befriedigt. Ich ergänze sie, gebe ihr das richtige Maß und, obwohl sie es nicht gerne hört, ich bringe sie in Ordnung. Obwohl ich ihre Anweisungen höre und entgegennehme, tue ich, was ich für richtig halte, denn ich bin in der Lage, zwei Seiten auf einmal zu sehen, zwei Ideen zu vereinen, zwei Meinungen auf einen Punkt zu bringen.

Ich bin in ewigem Dialog mit der Eins, die mir das Leben durch ihre Egozentrik schwer macht, es aber auch bereichert. Ich möchte nicht ohne sie leben, aber ich kann nicht mit ihr sein, ohne sie zu verändern.

Im Laufe der Jahrmillionen, die unsere Verbindung schon andauert, habe ich gelernt, so zu tun, als würde ich ihren Anweisungen sofort Folge leisten. In Wirklichkeit aber verändere ich alles, was sie aus sich erschafft, nach meinem Gesetz der Bipolarität. Ich bin die Ergänzung und der Widerspruch, der Mitmacher und der Antipode, der stete Tropfen, der die Eins daran erinnert, dass sie nicht allein im Universum regiert. Ich bin die Verbindung zwischen ihr und dem Rest der Zahlen. Ich weiß, wie man mit ihr umgehen muss, um sie zu dem zu bringen, was sie eigentlich will und was zuletzt allen nützt.

Meine Lehrer sind die Erfahrungen, die ich aus ihrer Erfahrung mache. Ohne mich wäre nichts, was uns nachfolgt, möglich. Obwohl ich sanft erscheine, bin ich die harte Wand, die sich der Eins entgegenstellt, an die sie sich aber auch lehnen kann. Niemals wird sie zugeben, dass sie von mir abhängig ist, dass sie durch mich zu wirklichem Leben erwacht, durch mich das erfährt, was ihre Existenz lebenswert macht: Bestätigung und Freude!

Von allen Zahlen, die es gibt, stehe ich der Eins am nächsten. Ich gebe ihr Weisheit, gebe ihrem Gesetz Verständnis und bin in der Lage, sie zu korrigieren.
Da ich weiß, dass das Nichts unser Meister ist, kann ich damit leben, sie glauben zu lassen, dass sie mein Meister sei.

Ich bin die ZWEI!

Die Drei

Ich bin die Drei, die Dritte im Bunde, die mächtigste aller Zahlen.

Ich versammle in mir sämtliche Kräfte der Eins und der Zwei. Ich bin die Summe der zur Zahl gewordenen Wünsche meiner beiden Vorgänger. Ich stelle ihr Begehren und ihre geheimen Sehnsüchte dar. Ohne mich erleben diese beiden keine Harmonie. Ich bin ihre Erholung, ihre Entspannung, ihr Kind. Ich liebe das Überschaubare, das Begrenzte, das Berechenbare. Ich liebe aber auch die Fülle, die sich aus diesem kleinen Revier ergeben kann. Ich bin der Nährboden für alles, was groß und zahlreich werden will. Ich liebe die Gesellschaft der Zwei, aber nur zu bestimmten Zeiten, die ich selbst wähle und ich benütze sie auch, um mir von ihr die Energie zu holen, die ich zu meiner Vervollkommnung brauche. Außerdem bin ich diejenige, bei der sich die Zwei regelmäßig ausweint, wobei der Grund ihres Kummers immer die Eins ist. Meine Lehrer sind die Erfahrungen, die ich aus der Beziehung dieser beiden erhalten habe. Ich bin das ausgleichende Element, das den beiden eine Struktur verleiht, von der sie ohne mich nur träumen könnten. Wenn wir zu dritt auftauchen, sind wir unwiderstehlich, nicht umsonst heißt es »eins, zwei, drei«, bevor etwas wirklich losgeht. Die Eins sagt »auf die Plätze«, die Zwei ruft »fertig« und ich bin das »los«, im wahrsten Sinn des Wortes. Ich schließe Körper, Seele und Geist zusammen, damit sie ihr Werk vollbringen können. Ich weiß, dass die Eins von mir behauptet, ich sei opportunistisch, das kommt daher, weil ich ein Freund diplomatischer Kompromisse bin. Auch damit sorge ich für Harmonie. Nur dadurch entsteht diese ausgeglichene Schwingung, welche das Blühen und die Fülle erzeugen kann, welche ich repräsentiere.

Wenn die Eins die Intelligenz und die Zwei der Verstand ist, dann bin ich das Gefühl, das fähig ist, Emotionen zu erzeugen und zu kontrollieren. Ich bin gewohnt, in der Mehrzahl zu denken, für andere zu planen, aber ich will dabei nicht überbelastet werden, denn ich bin nicht so dehnbar wie die Zwei, die dafür schneller aus dem Gleichgewicht kommt als ich. Ich werde immer bestrebt sein, für Ausgleich zu sorgen, denn nur aus der Harmonie heraus kann ich mich wirklich entfalten und dadurch den anderen die Kraft geben, die sie von mir erwarten.

Ich korrigiere nicht, sondern ich füge Verschiedenes so zusammen, dass es zuletzt eine Einheit bildet, die keiner Korrektur mehr bedarf. *Trotzdem bin ich ein absoluter Individualist. Das ist das Geheimnis meiner Meisterschaft.*

Ich bin die DREI!

Die Vier

Ich bin die Vier, der Herrscher der Elemente, die mächtigste aller Zahlen.

Ohne mich gäbe es kein Feuer, keine Luft, kein Wasser und keine Erde. Nur durch meine Disziplin und meine eingeborene Pflichterfüllung entsteht die Koordination, die bewirkt, dass nicht täglich alles zurück ins Chaos fällt. Ich bin nicht beliebt. Doch das stört mich nicht, denn ich bin nicht entstanden, um gehätschelt und verwöhnt zu werden, auch nicht, um solches zu tun, sondern ich wahre die Form. Man sagt mir nach, ich sei verbissen und kleinlich und trotzdem sind alle froh, dass ich so bin, wie ich bin, denn ich halte die Stellung, selbst unter größter Bedrohung.

Ich halte nichts von Verweichlichung, noch von Experimenten, welche das bereits Erreichte bedrohen. Dafür bin ich der Hüter der Pläne, dem alle in Notzeiten dankbar sind, weil ich vorsorge und spare. Ich warte nicht, bis die Eins geruht, mir Anweisungen zu geben. Ich weiß selbst, was ich zu tun habe und ich habe immer Recht. Deswegen finden bei mir auch die Schwachen, wie beispielsweise die Zwei oder die Drei, Trost und Hilfe, wenn sie mit ihren Beziehungsproblemen und Revierängsten wieder einmal nicht zu Rande kommen. Obwohl sie fast nie tun, was ich ihnen rate, bin ich ihnen nicht böse, denn sie sind nun einmal viel schwächer als ich und haben von der Stärke meiner inneren Struktur keine Ahnung. Den Begriff Verzicht haben sie erst durch mich kennen gelernt. Ich bin entstanden aus dem Wissen, dass eines ohne das andere nicht möglich ist und dass die Macht, die herrschen will, erst lernen muss, zu dienen. Dies versuche ich unentwegt der Eins zu vermitteln, die mit ihrer Selbstherrlichkeit und Hochnäsigkeit meine mühsame Arbeit regelmäßig gefährdet.

Ich bin das Fundament, auf dem das Haus mit seinen vier Wänden steht und gleichzeitig *verkörpere* ich die vier Wände. Das haben die anderen noch nicht begriffen. Die größten Differenzen habe ich auch mit der Drei, die behauptet, alle Schwierigkeiten des Universums würden nur daher kommen, dass ich für jeden meiner vier Anteile die gleichen Rechte fordere. Dafür bin ich auch bereit, meine Pflichten zu erfüllen, die vor allem darin bestehen, dass ich für jeden meiner vier Anteile die gleichen Rechte fordere.

Wer will da noch behaupten, ich sei reaktionär und widerspenstig! In Wahrheit bin ich die Einzige, die, ohne dass es die anderen auch nur ahnen, sich regelmäßig unter schwersten Bedingungen mit der höchsten Energie verbindet, die es gibt und welche die anderen als Gott bezeichnen.
Ich stehe IHM am nächsten. Das ist meine Meisterschaft.

Ich bin die VIER!

Die Fünf

Ich bin die Fünf, der wahre Herrscher der Elemente, die mächtigste aller Zahlen.

Denn was wären die vier Elemente ohne den Geist, der aus ihrem Zusammenwirken seine Erkenntnisse zieht und dadurch Neues schaffen und Altes bewahren kann. Ich bin kein blutleerer Verwalter von zum Teil unbrauchbaren Requisiten, wie es die Vier ist, sondern ich bin ein vor Energie sprühender Architekt des wirklichen Handelns. Ich habe den Überblick und die Gabe, im richtigen Moment durch- und einzugreifen und die Dinge in die richtige Bahn zu lenken. Kein Wunder, dass es meine Energie war, welche die menschliche Hand erzeugt hat. Was kümmerts mich, wenn die anderen sagen, ich sei das fünfte Rad am Wagen! Denn immer, wenn eines ihrer vier Räder ausfällt, sind sie froh, wenn ein Ersatzrad vorhanden ist. Ich bin der Herr der Lösungen, der Konstrukte, der Verhandlungen, auch wenn die anderen sagen, dass mein Wirken nur Silber, ihres aber Gold sei. Diese Unterschätzung meiner Energie hat sehr viel mit dem Neid zu tun, den die anderen mir gegenüber empfinden, denn mir gehen die Dinge leicht von der Hand und fügen sich gern meinen Vorstellungen. Es hat auch damit zu tun, dass die anderen ständig auf mich Rücksicht nehmen müssen, denn meine Innenstruktur ist fragil und anfällig, ein Geheimnis, dem Außenstehende niemals auf die Spur kommen würden. Trotzdem komme ich mit meinen Zahlen-Verwandten gut aus, denn ich kann mich gut in sie hineinversetzen und ihnen allein durch meine bloße Existenz Energie und Expansionswillen vermitteln. Das einzige, was unsere gute Beziehung trüben könnte, sind meine sehr selten auftretenden Anfälle von Ungeduld, welche vor allem durch die Schwerfälligkeit der Vier und die Oberflächlichkeit der Drei, die immer wieder versucht, die Leichtigkeit des Seins zu demonstrieren, ausgelöst werden.

Ich reagiere rasch auf Verschiebungen im Energiegefüge des Universums und warte mit meinen Handlungen nicht immer, bis die anderen ihre Zustimmung gegeben haben. Aber auch daran haben sie sich längst gewöhnt, weil sie wissen, dass ich der beste Organisator und Planer bin, und mit ihrem Vermächtnis niemals verantwortungslos umgehe, obwohl ich mich, was die anderen natürlich nicht wissen dürfen, ab und an in den dunklen Ecken des Universums mit einem treffe, dessen Namen ich nicht nennen will und den die anderen verabscheuen wie das Chaos. Er ist für mich die Quelle der Information, die mich unabhängig und mächtig gemacht hat. Durch ihn weiß ich um das Geheimnis von Tag und Nacht.
Ich bin der Meister der Zeit.

Ich bin die FÜNF!

Die Sechs

Ich bin die Sechs, die Sonnengeborene, die mächtigste aller Zahlen.

Aus meiner Kraft ist das entstanden, was die Menschen als Sinnlichkeit bezeichnen. Die anderen Zahlen versuchen mich manchmal zu beleidigen, indem sie behaupten, ich sei der zweite Versuch der Drei. Die Ahnungslosen! Sie verwechseln Gefühl mit Sinnlichkeit.

Ich trage die Empfindung des Schönen, Harmonischen und Vollendeten in mir. Ich kann sie auf den Rest des Universums übertragen und dadurch sein Blühen und Wachsen unterstützen. Ich weiß, dass die anderen ohne mich nicht existieren können und ich weiß, dass sie es wissen. Wenn die Vier erzählt, dass sie sich unter schwersten Bedingungen mit der höchsten Energie verbindet, dann kann ich dazu nur sagen, wir alle wissen, dass sie übertreibt, denn wir alle leben von dieser Energie. Ich aber stehe unentwegt und direkt mit dieser Energie in Verbindung, denn meine Aufgabe ist, diese unendliche Kraft ständig an die anderen abzugeben. Ich kenne das Oben, aber auch das Unten. Ich trage beides in mir. Deswegen fallen mir manchmal Entscheidungen schwer, denn ich möchte niemanden enttäuschen. Ich verleihe der einfachsten Struktur Glanz und Wärme und dem Bescheidenen Stil und Würde. Ich breite mich gerne nach zwei Seiten aus, ich brauche Platz, um mich entwickeln zu können. So wirke ich auf andere bisweilen opulent und überschwänglich, doch ich entwickle diese Fülle nur, um sie weiterzugeben, um zu verschönern. Weil es zu meiner Eigenart gehört zu strahlen, wird mir vor allem von der Vier oft angekreidet, ich sei ohne Tiefgang, aber es ist die Tiefe meines Wesens, aus der dieses Strahlen kommt.

Ich verwende meine Energie, um mich zu schmücken, denn ich bin der Ansicht, dass jemand, der andere verschönern und bereichern will, mit gutem Beispiel vorangehen muss. Und da mein Potential unendlich und gewaltig ist, wirke ich manchmal wahllos im Verteilen meiner Gaben. Da ich zu gleichgültiger Liebe fähig bin, kann und will ich sie nicht eingrenzen und portionieren. Auch auf einen bestimmten Punkt kann ich mich nicht konzentrieren, was die Eins immer wieder dazu verleitet, sich über mich lustig zu machen, denn sie kann nicht verstehen, dass ich für alles und alle strahle. Ich kann sämtliche anderen Zahlen mit beglücktem Selbstbewusstsein erfüllen und ich kann sie mit ihrer Bestimmung aussöhnen. Wer mich nicht festhalten will, wird durch mich reich. Wer mich gewähren lässt, kann durch mich alle Höhen und Tiefen seines Seins durchlaufen.
Ich bin der Meister der Involution und Evolution.

Ich bin die SECHS!

Die Sieben

Ich bin die Sieben, der Glorienträger, die mächtigste aller Zahlen.

Ich bin der Lordsiegelbewahrer all dessen, was die anderen erreicht haben. Ich bin ständig in Bewegung und verlasse doch nie meine Position. Ich mache es möglich, dass sich alle Zahlen untereinander verstehen und miteinander in Verbindung bleiben. Ich bringe die Sonnenenergie der Sechs in jede Form, die zu Ruhm und Glanz führt. Menschen nennen dies »das Glück«. Und sie schelten mich unstet und vergänglich, weil sie nicht begriffen haben, dass meine Kraft aus der Bewegung kommt. Ich habe nie begehrt zu herrschen, aber ich will für das, was ich bin, gefeiert und geehrt werden. Ich führe nicht an, aber ich repräsentiere, und zwar vollendeter als jede andere Zahl. Das erfordert meinen ganzen Einsatz und meine ganze Energie und hat nichts zu tun mit dem, was die Menschen als Eitelkeit bezeichnen, denn ich sehe meine Aufgabe darin, als Vorbild zu wirken. Bewunderung und Ovationen nehme ich gerne entgegen, aber ohne das Gefühl der Genugtuung, welches die Eins so nötig braucht, um sich bestätigt zu fühlen. Für mich ist es eher eine Pflicht, um den anderen zu ermöglichen, sich in mir selbst zu finden. Meine Lehrer sind und bleiben die Erkenntnisse der anderen, die ich in ihrer schönsten Form repräsentiere und weitergebe. Dass ich ohne die Arbeit der anderen eine klägliche Figur wäre, bestreite ich vehement, denn wie kann jemand kläglich sein, dessen Markenzeichen die Weisheit ist, auch wenn diese durch die Vorarbeit der anderen entstanden ist? Ich kann den Neid der Vier verstehen, die sich alles mühsam herbeischaffen und dabei zusehen muss, wie mir alles zugetragen wird.

Ich kenne alle Geheimnisse und Mysterien, die sich hinter den Zahlen-Symbolen verbergen, und habe daraus meinen eigenen Mythos geschaffen, der mir etwas Unantastbares und Übergeordnetes verleiht. Ich bin der Erfinder der Musik, der Herrscher des immer Wiederkehrenden und der Hüter aller Märchen. Menschen haben daraus die Wissenschaft gemacht und dabei vergessen, dass die Grundlage allen Forschens das Träumen ist, die Schwester der Hoffnung, die Mutter der Imagination. Ich bin der Meister der verwirrten Sinne und der Trost des Chaos. Ich gehe nicht umher und quäle meine Umgebung mit Fragen, sondern ich gebe die Antworten. Ich schaffe die Verbindung zwischen den Erkenntnissen und gewinne daraus neues Wissen und neue Bilder für die Träume der Menschen. Ich gebe zu, dass es die Sechs war, welche die schönen Künste hervorgebracht hat, aber was wäre dies alles ohne meine Lust am Verherrlichen und ohne mein Talent für glanzvolle Ausstattung.
Ich bin der Meister des Glücks.

Ich bin die SIEBEN!

Die Acht

Ich bin die Acht, der Schicksalsdramaturg, die mächtigste aller Zahlen.

Vor der Vielschichtigkeit meiner Möglichkeiten werden alle anderen Zahlen klein und hässlich. Wie dumm, von mir zu sagen, ich hätte zwei Gesichter! Ich bin der Erfinder *aller* Masken, welche die Menschen so gerne tragen. Ich möchte nicht geliebt werden, sondern ich fordere Respekt. Die Zwei wirft mir gerne vor, ich sei rachsüchtig, aber das sagt sie nur, weil sie ihr beschränkter Horizont nicht weiter blicken lässt. Legst du ein Gewicht auf eine Schale der Waage des ewigen Ausgleichs, so beschwere ich die andere, hast du eine Wahrheit gefunden, von der du glaubst, sie sei ewig, so werde ich sie in Frage stellen, denn ich weiß, dass sich auch das Gesetz mit dem Fluss der Universalenergie bewegen muss, so wie ich aus der ewigen Bewegung zwischen Dunkelheit und Licht entstanden bin.

Wenn *ich* dereinst erstarre, so wird dies das Ende von allem sein, denn ich bin es, der die Energien zuteilt nach dem ewigen und unanfechtbaren Gesetz. Ich bin der Erfinder der Extreme, der Meister der Beschränkung, der Initiator des Überflusses. Ich führe nicht an den Abgrund, ich bin der Abgrund. Ich leite nicht zum Gipfel, ich bin der Gipfel. Das Grässlichste und das Wunderbarste wird eins in meiner Mitte. Ich bin der geborene Gegner der Sieben, die ich in jeder Sekunde ihres Seins zur banalen und lächerlichen Figur genauso wie zum vergötterten und verherrlichten Sieger machen kann. Ich ertrage das Licht nur, weil ich weiß, dass ich wieder in die Dunkelheit zurückkehren kann, und in der Dunkelheit überlebe ich nur, weil ich weiß, dass das Licht auf mich wartet. Dort, wo ich bin, bin ich nie zu Hause, denn ich suche immer das Gegenteil. Wo andere zum Himmel streben, krieche ich als Schatten auf dem Boden, und wo andere im Meer des ewigen Vergessens versinken, erhebe ich mich zur Unvergesslichkeit, zur Unsterblichkeit. Ich will alles oder nichts. Ich mache keine Kompromisse. Ich brenne, aber ich verbrenne nicht. Wer mich besiegt, wird zum Verlierer, wer sich an mich verliert, wird das Gesicht des Wahnsinns sehen oder das Antlitz des Genius, welcher der Hüter der Talente ist. Ich bin die Zerstörung und der Phönix, der aus der Asche steigt. Und ich liebe jeden, der den Mut hat, ins Leere zu springen, das Unmögliche zu wagen, in den Abgrund zu tauchen.

Wage es niemand, mich herauszufordern, denn ich bin unberechenbar und vielgesichtig. Ist mir die Stunde geneigt, belohne ich die Bösen und bestrafe die Guten, um mich dann an ihrer Verwirrung zu ergötzen, denn sie wissen ja nicht, daß es nur ein Spiel und der Ausgleich die Bedingung ist. Ich bin gerecht, prüfe gern und sehe neidlos die Freude des Gewinners, denn ich weiß, auch er wird bezahlen.

Es gibt eine, die ich wirklich achte, obwohl diese Achtung oft eher wie Verachtung wirkt: Es ist die Vier, dieses armselige, unbewegliche Ding, dessen ganze Daseinsberechtigung sich im Hüten seiner vier Elemente ausdrückt. Ihr Pflichtbewusstsein rührt mich an und so treibe ich mit ihr nicht meine Spiele wie mit den anderen, deren Selbstgefälligkeit ich gern mit Ungeplantem erschüttere. So bewahre ich sie davor, in ihren eigenen Energien zu ertrinken.
Ich bin der Meister des lautlosen Donners.

Ich bin die ACHT.

Die Neun

Ich bin die Neun, die Unfassbare, die mächtigste aller Zahlen.

Ich bin nicht greifbar, mache mich gerne unsichtbar und entziehe mich mit Vorliebe den Energien, die mich nach ihren Gesetzen formen wollen. Ich habe meine eigenen Gesetze und lasse mich nicht kritisieren. Ich schaffe meine eigene Form. Ich bin stärker als die Acht, die glaubt, sie könne sich alles erlauben, und weiser als die Sechs, deren Wahllosigkeit ich auf den Punkt bringen kann. Ich trage die Ahnung des Chaos in mir, doch ich erliege ihm nicht. Ich wirke gerne im Verborgenen, ich liebe die Zurückgezogenheit, wo ich dem Treiben der anderen gelassen zusehe. Ich verwende und verwalte ihre Energien. Wer mich kennen lernen will, muss zu mir kommen. Wer mich verstehen will, muss die Sprache der Rätsel beherrschen. Wer mich sehen will, muss Augen für das Unsichtbare haben.

Ich höre oft, wie sich die Eins über das Chaos beklagt, dem sie ja entstammt, und weiß, dass sie das tut, weil sich dieses Unfassbare von ihr nicht in den Griff bekommen lässt und sich ihrem Herrscheranspruch entzieht. Die Eins hat nichts begriffen, denn sie will haben und halten. Ich aber weiß, dass nichts bleibt, wie es ist. Aus Bewegung wird Erstarren, aus Herrschaft Sklaverei, aus Begreifen Staunen. Das Chaos gibt allen zahllose Rätsel auf. Ich löse sie und bringe damit Erlösung vom Begehren. Ich bin der Lehrer von allen. Ich lehre die Eins das Loslassen, die Zwei die Selbständigkeit, die Drei den Verzicht, die Vier die Leichtigkeit, die Fünf die Formlosigkeit, die Sechs die Anspruchslosigkeit, die Sieben die Hintergründigkeit und die Acht die Liebe. Obwohl ich vieles mit der Drei und der Sechs teile, muss ich mein Werk alleine vollbringen, wohl wissend, dass es nach seiner Vollendung wieder dorthin zurückgegeben werden muss, wo es seinen Ursprung hat: im Chaos.

Ich weiß wohl, dass mir alle Zahlen mit mehr oder weniger Misstrauen begegnen, denn sie spüren wohl, dass ich, die ich selbst keine Energie erzeugen kann, von ihrer Energie zehren muss. Doch in Wahrheit bin ich der Verwalter dieses oft widerwillig an mich abgetretenen Obolus und werde ihnen dereinst – am Ende aller Zeiten, wenn sie sich alle in ihren Energien selbst verbraucht haben – mit der Rückzahlung dieser Leihgabe ermöglichen, dorthin zurückzukehren, wo ihre Heimat ist: ins Chaos. Doch bis dahin fordere ich meinen Anteil von jeder, die in meine Nähe kommt, nicht um sie zu berauben, sondern um zu gewährleisten, dass die Quintessenz erhalten bleibt und die Erinnerung nicht zerfließt.
Ich bin der Meister der Ideen und ihrer Formen.

Ich bin die NEUN!

Die Null

Ich bin die Null. Ich bin keine Zahl. Ich bin ein Zustand!

Ich kann nichts, will nichts und weiß nichts. Ich bin froh, wenn man mich in Ruhe lässt. Ich interessiere mich für nichts und werde nervös, wenn man sich für mich interessiert. Ich bin in mich versunken und reagiere ungern auf Außeneinflüsse. Deswegen kann ich auch nicht verstehen, warum alle anderen so überreagieren, sobald ich auftauche. Wahrscheinlich hängt es damit zusammen, dass ich in mir alle Möglichkeiten trage und nicht einmal selbst weiß, ob ich mein Gegenüber im nächsten Moment ganz klein oder ganz groß machen werde. Es kommt auf die Anordnung an. Aber selbst darauf habe ich keinen Einfluss. Sie ergibt sich. Ich kann jede Form annehmen, obwohl ich so klein, rund und nichtssagend aussehe. Ich kann in einem Wasserglas sein, eine Ebene darstellen oder zum Universum werden. Wenn ich aus irgendwelchen Gründen, die ich selbst nicht durchschaue, veranlasst werde, mich auf der rechten Seite der Zahlen anzusiedeln, erwecke ich große Freude. Das Gegenteil ist der Fall, wenn es auf der linken Seite geschieht. Aber das ist alles nur symbolisch und interessiert mich eigentlich wenig. Ich bewege mich nur, wenn die hohe Energie, welche andere Gott nennen, auf mich einwirkt. Dann fange ich an, mich zu erinnern, und dann brechen Dinge aus mir heraus, die niemand für möglich gehalten hätte, nicht einmal ich selbst. Zum Glück muss ich diese Dinge nicht selbst ordnen, denn dazu bin ich nicht fähig. Es kränkt mich gar nicht, dass mich die anderen als Mitläufer bezeichnen, denn es ist wohl wahr, dass ich mich gerne anschließe, weil ich dadurch aufgeschlossen werde.

Manchmal lässt sich meine Umgebung dadurch an der Nase herumführen, dass ich, durch mein Symbol 0 gekennzeichnet, mehrere Male hintereinander vorkommend, Menge vortäusche. Diese Anzahl der Symbole steht nur für die Intensität, in der ich mich bemerkbar machen kann, wenn ich von außen dazu angereizt werde, doch ich trage ein Gesetz in mir, welches bewirkt, dass alles, was ich groß mache, wieder zu mir zurückkehren muss und wieder in mir verschwindet. Deswegen existiere ich sorgenlos, ohne Verantwortung und ohne Hoffnung, die ich nicht nötig habe, denn ich erwarte nichts und habe kein Begehren. Wie bereits anfänglich betont, will ich eigentlich nur, dass man mich in Ruhe lässt.
Ich bin kein Meister. Ich gehorche dem Meister. Und deswegen bin ich mächtig.

Ich bin die NULL!

Zahlenideen und Menschenschicksale

Nun, da alle Zahlen ihre Geschichte erzählt haben, wissen Sie schon einiges über die Grundsätzlichkeit, die jede Zahl in sich trägt, das heißt, über die Idee, durch die sie gebildet wurde.

Sicher ist Ihnen aufgefallen, dass auch diese Ideenfelder größten Wert darauf legen, sich von ihrer besten Seite zu zeigen, wobei ihnen das nicht immer ganz gelungen ist, wie die gelegentlichen Seitenhiebe auf die Kollegen nur allzu deutlich zeigen. Jede Medaille hat zwei Seiten, und so fügen sich auch diese Ideenfelder dem Gesetz der Bipolarität. Einzig und allein das Chaos entzieht sich dieser Forderung, worauf ihr Repräsentant, die Null, besonders stolz ist.

Es wird Ihnen auch aufgefallen sein, dass jede der Zahlen von sich selbst so überzeugt ist, dass sie glaubt, sie sei die allerwichtigste und allermächtigste. Das hat weniger mit Eitelkeit zu tun als mit der Tatsache, dass jede den Willen Gottes als Ursprungsfunken und damit ein Verwandtschaftsbewusstsein der ganz besonderen Art in sich trägt: »Ich wurde geschaffen nach *seinem* Bild und Gleichnis!«

Dieses Bewusstsein wurde über Jahrmillionen der Evolutionsgeschichte auf die Krone der Schöpfung, den Menschen übertragen, der ja in seiner Existenzform diesen ideellen Archetypen entstammt und ihnen entspricht.

Wie aber sahen diese Existenzformen im zweiten Jahrtausend nach Christus genau aus? Hätten wir die Geburtsdaten von Moses, von Joseph und seinen Brüdern oder gar von der Jungfrau Maria, würden sie den heutigen Daten vergleichbar sein?

Die Antwort wäre: Ja und Nein! Denn der Ursprung ist derselbe, die Zeit jedoch ist eine andere. Tempora mutantur nos et mutamur in illis. Die Zeiten ändern sich und wir uns mit ihnen!

Doch seien wir ehrlich, wer *verändert* sich wirklich? Ist es nicht eher so, dass wir uns entwickeln und diese Entwicklung wie eine Veränderung wirkt? Denn die Grundidee, an der wir uns ursprünglich orientiert haben, bleibt über Inkarnationen hinweg doch immer dieselbe, und wir können unseren Ursprung nicht nachträglich verändern.

Was wir wirklich tun, ist, uns mit anderen Ideenfeldern zu verbinden, uns mit ihnen zu vergleichen, mit ihnen zu kämpfen, sie zu akzeptieren oder sie abzulehnen. Auf diesem Weg gelangt unser ursprüngliches Sein zur Vollendung und wird somit reif für die Rückkehr in die Vollkommenheit.

Über die Vollkommenheit zu diskutieren würde zu viele Seiten füllen und ohne Mithilfe der Aussagen großer Philosophen nicht möglich sein. Doch auch dann bliebe das Thema Spekulation, ähnlich wie bei der Diskussion über das Thema Unendlichkeit. Es scheint so, als wäre das eine wie auch das andere für den Menschengeist nicht fassbar und nur als Ahnung oder als Sehnsucht in seiner Seele enthalten. Und so streben unsere unruhigen Herzen weiter, bis sie vielleicht in fernen Zeiten ihre Ruhe bei dem finden, den wir als Gott bezeichnen. Bis dahin werden wir Menschen nicht aufhören, nach geeigneten Wegen zu suchen, auf denen diese Rückkehr stattfinden könnte. Die materielle Menschwerdung scheint einer davon zu sein und die Numerologie ist eine Hilfestellung dabei.

Auf unserem Entwicklungsweg, der nicht erst im Moment unserer Geburt, sondern lange Zeit vorher begonnen hat, entstand das, was wir Schicksal nennen. Wenn wir geboren werden, tragen wir in uns die Erinnerungen unserer Ahnen, die durch unser individuelles Dasein einen neuen Ausdruck erfahren. **Es ist die Aufgabe unseres Lebens, aus der Vielzahl der Ideen, die unsere Grundlage bilden, ein neues und bewusstes Ich zu erarbeiten, um damit alten Schicksalskonstrukten zu entkommen, sie zu erlösen.** So werden in unseren Schicksalsbegebenheiten immer wieder längst gelebte Programme auftauchen, die von uns fordern, neu bearbeitet zu werden. Die Bearbeitung wird umso leichter fallen, je klarer wir die Programme erkennen.

Das Thema Schicksal hat die Menschen immer beschäftigt und sie haben nie aufgehört, Möglichkeiten der Entschleierung dieses Phänomens zu finden. Bis zum heutigen Tag leben ganze Berufsstände mit Namen »Lebensberater« davon, ihrer Klientel den Sinn des Lebens und das Geheimnis der Programme verständlich zu machen. Zu diesen Lebensberatern gehört die Kaffeesatz-Leserin genauso wie der approbierte Psychoanalytiker, der Astrologe ebenso wie der Unternehmensberater. Man möge mir dieses »Über-einen-Kamm-Scheren« nicht übel nehmen, da ich weiß, dass alle diese Formen der Lebensentschlüsselung ihre Berechtigung und ihren Sinn haben. Es ist nicht immer das Wort des Akademikers, das einer beunruhigten Seele den Frieden bringt und es ist auch nicht immer der hochqualifizierte Fachmann, welcher den Schlüssel zur Selbsterkenntnis und -organisation vermittelt. Alle Wege führen nach Rom. Manche dieser Wege scheinen umständlich und verschlungen und doch, im nachhinein gesehen, notwendig.

Gegen Ende des 19. und Anfang des 20. Jahrhunderts erreichte das Bestreben, das menschliche Schicksal zu entschlüsseln, einen Höhepunkt. Nie blühte die Psychologen-Szene üppiger, fanden okkulte Zirkel mehr Zuspruch als zu dieser Zeit. Ein neues Bewusstsein bahnte sich seinen Weg. Charismatische, einzigartige Persönlichkeiten profilierten sich durch die Neu-Bearbeitung uralter Themen, aus denen sich revolutionäre, richtungsweisende Theorien und Praktiken ergaben. Zu keiner anderen Zeit hätte es einen Sigmund Freud, eine Helena Blavatsky, einen Rudolf Steiner oder einen Leopold Szondi geben können. Auf letzteren möchte ich an dieser Stelle differenzierter eingehen als dem Begründer der Schicksalsanalyse, einer tiefenpsychologischen Richtung der ersten Generation nach Freud.

Leopold Szondi, 1893 in Ungarn geboren, war ein jüdischer Intellektueller, der es als erster wagte, das menschliche Schicksal in einer Gesamt-Theorie zu erfassen. Hält man heute sein umfangreiches Gesamtwerk in Händen, so fragt man sich, wie viel Mut dazu gehört, wie viel Fleiß, wie viel Wissen und wie viel handwerkliches Können, um sich überhaupt an ein solches Thema heranzuwagen. Szondis Schrifttum irritiert, Freud wollte sich damit erst gar nicht auseinandersetzen. Ganz anders verhielt es sich mit Szondis Verhältnis zu Freud. Er verehrte ihn zeitlebens, was sicherlich nicht nur damit zusammenhing, dass ihm Freuds Werk, die *Traumdeutung,* im Schrapnellfeuer während des Ersten Weltkrieges das Leben rettete: Die Munitionssplitter wurden von dem Buch abgefangen. Szondis überaus umfangreiches Werk an dieser Stelle zu erläutern, würde nicht nur den Rahmen unserer Thematik sprengen, sondern auch bei Ihnen wahrscheinlich wenig Begeisterung auslösen, denn es ist reinste und trockenste Fachliteratur. Deswegen seien hier nur seine essenziellen Statements wiedergegeben.

1. Über unser Unterbewusstsein greifen unsere Ahnen in unser Schicksal ein und lenken unsere Wahlen zwanghaft. Damit entsteht etwas, was Szondi als Zwangsschicksal bezeichnet.
2. Unser stellungnehmendes Ich hat die Macht, seine eigenen Ansprüche gegen die der Ahnen durchzusetzen und eine eigene Wahl zu treffen. Damit entsteht der Antipode des Zwangsschicksals: das freie Wahlschicksal!

Hier wird nachhaltig unterschieden zwischen einem Schicksal, das wir durchlaufen müssen und einem Schicksal, das wir wählen können. Eine wichtige Rolle bei dieser Wahl spielen die Triebe.

Nach Szondi liegt das Geheimnis des Lebens- bzw. Schicksalsplanes in den Genen, welche unentwegt untereinander einen Kampf darüber ausfechten, wer in Erscheinung treten darf und wer nicht. Die von den stärkeren Genen unterdrückten Anteile (latent-rezessive Gene) aber wehren sich gegen diese Dominanz in der Weise, dass sie ihre Ansprüche über die Gestaltung unseres unbewussten Trieblebens ausdrücken. Unser scheinbar freier Wille, die Themen Liebe, Beruf, aber auch Krankheit und sogar die Art des Todes betreffend, wird von ihnen nachhaltig beeinflusst. Je bewusster sich ein Mensch dieser Einflüsse wird, desto mehr entzieht er sich diesem starren genealogischen Regiment und wird zum eigenen Dirigenten seiner Willensmanifestationen. Doch wie meisterhaft auch diese Eigenkontrolle ausfallen mag, es bleibt die Tatsache, dass wir uns mit der bipolaren Forderung des Schicksals konfrontiert sehen, dem Zwang und der Freiheit.

Szondi war beileibe nicht der Erste, der sich über die Wahlfrage innerhalb des Schicksalskonstrukts Gedanken machte. Schon im Jahre 1851 kann man in Schopenhauers Schrift

Über die anscheinende Absichtlichkeit im Schicksal des Einzelnen folgendes lesen:

»Man wird bei genauer Beobachtung finden, dass sich im Leben der meisten Menschen ein gewisser Plan findet, der ihnen durch die eigene Natur oder durch die Umstände, von denen sie geführt werden, gleichsam vorgezeichnet ist. Die Zustände ihres Lebens mögen noch so wechselvoll und veränderlich sein, es zeigt sich doch am Ende ein Ganzes, das in sich eine gewisse Übereinstimmung bemerken lässt. – Die Hand eines bestimmten Schicksals, so verborgen sie auch wirken mag, zeigt sich dennoch genau, sei sie nun durch äußere Einwirkung oder innere Regungen gelenkt. Ja oft fügen sich sogar einander widersprechende Gründe in diesem Sinn.«

Wenn wir all diesen Erkenntnissen Glauben schenken wollen, so heißt das, dass wir täglich darauf achten müssen, nicht vom Puppenspieler zur Marionette degradiert zu werden. Werden unsere Triebe nicht bewusst kontrolliert und in Verbindung mit unseren Reaktionen auf äußere Ereignisse gebracht, könnten wir sehr schnell, ohne es zu merken, zu einem Spielzeug unserer Vorfahren werden.

Was hat das alles mit Numerologie zu tun? Was haben unsere Triebe in der Zahlenwelt verloren?

Wenn unser ganzes menschliches Sein auf der Ideenwelt der Archetypen basiert und Zahlen wiederum Symbole dieser Energien sind, dann muss es möglich sein, mithilfe der Numerologie unsere diesbezüglichen Konstrukte aufzuschlüsseln und damit dem Geheimnis unseres Schicksals näher zu kommen. Wenn es unsere so genannten latent-rezessiven Gene sind, die den Teil unseres Geschicks steuern, den wir als Wahlschicksal bezeichnen, dann muss es möglich sein, ihnen mit Hilfe der Zahlen auf die Spur zu kommen. Dieses Experiment ist mindestens so waghalsig, wie der Versuch Szondis, das menschliche Schicksal mithilfe genetischer Analysen zu entschleiern.

Es liegt mir nämlich daran, Ihnen zum hundertsten Mal, wie bereits in zahllosen anderen Büchern dargestellt, vorzuführen, wie sich Ihr Schicksal allein aus dem Zusammenzählen Ihrer Geburtszahlen und der Umrechnung der Buchstaben Ihres Namens völlig klar ergibt. Um es deutlich zu sagen: Es ist ein Unding, zu behaupten, dass jemand, der beispielsweise an einem 5. eines beliebigen Monats geboren ist, ein Fünfer-Typ ist. Wenn das stimmen würde, wäre die ganze Welt vollgestopft mit Fünfer-Typen, die sich gegenseitig die Zehen blutig treten in ihrem Bestreben, ihr Fünfer-Programm bestmöglich durchzuziehen. Genauso unsinnig ist es, zu behaupten, dass die Zahl einer Quersumme ihr Schicksal eindeutig darstellt; denn, würden wir zum Beispiel annehmen, wir hätten ein diesbezügliches Ergebnis 34, was abermals quergerechnet eine 7 ergeben würde, dann würde der Mensch, aus dessen Datum sich diese Zahl ergeben hat, sein Schicksal mit abermillionen Gleichbetroffenen teilen, deren Quersumme ebenfalls eine 7 ergibt. Unsere Geburtsdaten bestehen aus mindestens 6 und höchstens 8 Zahlen. Jeden Monat gibt es 3 bis 4 Möglichkeiten, die Quersumme 7 zu erreichen. Das ergibt in einem Jahr mindestens 36, höchstens aber 48 Möglichkeiten! Eine stolze Zahl für ein Schicksalsprogramm, wenn man überlegt, wieviele Menschen an einem einzigen Tag geboren werden. Die Bedeutung der Quersumme muss also ein viel breiteres Spektrum aufzeigen als bisher angenommen.

Als ich diese Annahme vor vielen Jahren das erste Mal vor Publikum vortrug, kam Unruhe im Saal auf. Es erschien den an Numerologie Interessierten schon schwer genug, mit den bisher gewohnten Fakten zu arbeiten, unter diesen neuen Aspekten jedoch kam ihnen ein Umgang mit der Materie schlichtweg unmöglich vor. Bis jetzt war es doch relativ einfach gewesen: Man rechnete seine Zahl aus, sah in einer Liste nach, die alles gefällig zusammenfasste und schon war alles klar. Oberflächlich gesehen mag dieses System sogar funktionieren, doch zum wirklichen Verständnis der individuellen Schicksalskonstrukte und zur wirklichen Anleitung des Umgangs mit diesem undurchsichtigen Puzzle tragen all diese Rechenspiele nur oberflächlich bei.

Dazu muss am Anfang aller Ausführungen noch einmal eines völlig klar sein: **Das Geburtsdatum sowie alle Daten, die wir später in Bezug auf Namen benützen werden, sind Symbole.** Seit der Mensch die Sprache benützt, hat er sich mit Symbolen beholfen, wenn es darum ging, einen Bereich zu charakterisieren und gleichzeitig eine damit verbundene Forderung auszudrücken. So, wie Sie heute sofort Bescheid wissen, wenn Sie ganz bestimmte Verkehrszeichen sehen, so werden Sie in Zukunft lernen müssen, die Grundbedeutung zu empfinden, wenn Sie ein Zahlen-Symbol vor sich haben. Würden Sie folgende Symbole nebeneinander auf einer Türe sehen, würde sich in Ihrem Kopf sofort automatisch eine Vorstellung bilden, was Sie dahinter erwartet.

Diese Fähigkeit des Narrativierens (lat. narrator bedeutet Erzähler), das heißt des Weiterführens einer durch Fragmente angedeuteten Situation, resultiert aus der empirischen Erfahrung, aber auch aus der persönlichen Begabung, Dinge wahrzunehmen und in Verbindung zu bringen. Beobachten Sie einmal, welcher Film vor Ihrem geistigen Auge entsteht, wenn Sie folgende Worte lesen: Hund, Katze, Baum. Je öfter Sie in der Vergangenheit Beobachter einer Katzenjagd gewesen sind, desto intensiver und ausführlicher wird sich Ihr »Kino im Kopf« abspielen.

Genauso funktioniert der Umgang mit numerologischen Daten. Je intensiver Sie sich mit Menschen-Schicksalen und ihren numerologischen Entsprechungen beschäftigen, desto schneller und folgerichtiger werden Sie narrativieren. Diese Fähigkeit ist die Grundlage allen sogenannten »Hellsehens«. Es gibt Leute, die sich über einen Witz totlachen und ihn am nächsten Tag so schlecht weitererzählen, dass die erstaunten Zuhörer glauben, den Wetterbericht zu hören, was selten Lachstürme auslöst. Andere wiederum narrativieren so vollendet, dass der Witz zum Dauerbrenner, zum »running gag« wird. Es gibt gute und schlechte Witze-Erzähler, wie es gute und schlechte Numerologen (Astrologen, Hellseher, Kartenleger usw.) gibt. Der Erfolg des Unternehmens liegt in der Kunst des Zuhörens, des Wahrnehmens verborgen. Wie gut oder wie schlecht Sie den Witz einer Erzählung weiter transportieren können, hängt davon ab, wie weit Sie ihn mit eigenen Erinnerungen in Verbindung bringen können. Das hat nichts mit Intelligenz zu tun, sondern mit Ihrer Bereitschaft, sich mit dem Rest der Welt zu identifizieren. Ich kenne hochintelligente Universitäts-Professoren, die grauenvolle Witze-Erzähler sind, sich nichtsdestoweniger aber über gute Witze ungeheuer amüsieren können. Dieser Umstand hängt damit

zusammen, dass diese geschätzten Leute im Laufe ihres Lebens zu berühmten »Fachidioten« mutiert sind, da sich ihre Gedanken ausschließlich mit einem Thema beschäftigten. Auf diesem Wege entsteht auch der berühmte »zerstreute Professor«. Die Wahrheit ist, dass der Professor gar nicht zerstreut ist, sondern mit seinen gesamten Interessen ganz und gar auf seinen Fachbereich konzentriert ist. Durch diese Beschäftigung sind seine Wahrnehmungen dermaßen besetzt, dass für den Rest der Welt nichts mehr übrig bleibt. Solche Leute sind als Lebensberater der Menschheit völlig ungeeignet.
Ein Numerologe, der sein Wissen auch als Hilfestellung für andere verwenden will, wird also darauf achten müssen, seine Kenntnisse täglich mit sich selbst und den Dingen des Lebens in Verbindung zu bringen, und er wird außerdem nie aufhören, dem »Volk aufs Maul zu schauen«, damit er nicht in eine Fachsprache verfällt, unter der wir bei unseren Arztbesuchen schon genug zu leiden haben. Falls Sie jemals eine astrologische Beratung in Anspruch genommen haben, könnte Ihnen Ähnliches widerfahren sein: Nach zwei Stunden eingehender Ausführungen waren Sie so schlau wie zuvor, was damit zusammenhing, dass Ihr Fachmann unablässig von Konjunktionen, Trigonen, Häuser-Besetzungen und Mond-Knoten zu berichten wusste, die in Verbindung mit Ihren astrologischen Daten ganz bestimmte Konstellationen ergeben haben, welche hinter dem Vorhang des totalen Unverständnisses verborgen geblieben sind, da Sie mit den Fachausdrücken und der theoretischen Ausdrucksweise nicht umgehen konnten. Deswegen werden Sie im Laufe dieses Buches Hunden, Katzen, Eseln, Tropenhelmen, Geiern und »Carrots« begegnen, weil ich weiß, dass diese Bilder und diese Sprache von allen verstanden wird.

Das Basisprogramm

Bevor wir nun zum Errechnen Ihres Basisprogramms kommen, möchte ich Sie erst einmal mit dem Begriff vertraut machen. Das sogenannte Basisprogramm, das Sie als Grundlage des Schicksalsprogramms verstehen können, ist vergleichbar mit einem Fahrplan.

Um unseren Plan zu verwirklichen, den wir am Anfang unseres Lebens, also im Moment der Geburt, aus dem Riesenangebot aller möglichen »Lebenspläne« für uns in Anspruch genommen haben, besteigen wir, bildlich gesehen, einen Zug, der fahrplangemäß abfährt, Stationen passiert, zwischendurch anhält und irgendwann die Endstation erreicht. In diesem Zug können wir mit unserem sogenannten freien Willen nach Gutdünken, sprich Ermessen und Erkenntnis, schalten und walten. Den Zug kümmert das wenig. Er fährt, ob Sie drinnen sitzen oder nicht, schlafen oder wachen, die Fahrt genießen oder sich darüber beklagen. Zu bestimmten Zeiten sind Zugwechsel angesagt, und wieder ist es für niemand anderen als für Sie selbst wichtig, die Anschlüsse zu erreichen, was nur nahtlos klappen kann, wenn Sie sich vorbereitet haben.

Sie werden mit vielen anderen Mitreisenden zusammentreffen. Manche werden Sie lieben, andere werden Ihnen auf die Nerven gehen, wieder andere werden von Ihnen gar nicht wahrgenommen und vielleicht heiraten Sie sogar den einen oder anderen oder Sie schwören ihm ewige Feindschaft. Wichtig zu wissen ist in jedem Fall, dass nicht alle Reisenden im selben Zug auch dasselbe Programm haben, denn jeder Zug ist *ein* Programm für sich, und unser individuelles

Lebensprogramm ist wiederum ein *anderes,* zusammengestellt aus den verschiedensten Zugprogrammen. Beides zusammen ergibt erst das, was mit »Basisprogramm« gemeint ist.

Diese beiden Faktoren ergeben aber immer noch nicht das, was man in unserem Sprachgebrauch unter »Schicksal« versteht. In die Bildersprache übersetzt heißt das: Das Festlegen der Reiseroute und die zeitliche Abstimmung mit den Fahrplänen hat mit der von Ihnen abhängigen Gestaltung des Unternehmens nichts zu tun, denn erst das Zusammenspiel der drei Faktoren, *Reiseroute, Zeitplan* und *Gestaltung,* ergibt das Phänomen Schicksal. Mit der *Kenntnis* der »Route« kann eine *Gestaltung* geplant werden, ihre *Bestimmung* jedoch erfüllt sich durch die Wahl dieser »Route«. Im romanischen Sprachgebrauch ist dieser Zusammenhang bis heute sichtbar. Das jeweilige Wort für Schicksal ist absolut identisch mit dem Wort für Bestimmung, Richtung (z. B. franz.: destin – destination, ital.: destino – destinazione). Wenn in entscheidenden Momenten die falsche Richtung eingeschlagen wird, verzögert oder verändert sich das ursprünglich vorgesehene Programm manchmal bis zur Unkenntlichkeit.

Würden Sie in diesem Zusammenhang einen kurzen Seitenblick auf die Astrologie werfen, fänden Sie dort die grundsätzlich selben Erklärungen zum System, mit dem Unterschied, dass statt der Zahlensymbole die Tierkreiszeichen verwendet werden und anstelle des Namens die Stunde und der Ort der Geburt. Ich habe sehr oft zusammen mit Astrologen Lebenspläne erarbeitet und bin dabei niemals auf widersprüchliche Aspekte gestoßen. So viele Ausdrucksmöglichkeiten die Wahrheit auch haben kann, das Endergebnis muss doch dasselbe sein.

Es hat durchaus auch wissenschaftlich anerkannte Versuche der Schicksalsentschlüsselung gegeben, welche sich ausschließlich mit der Ahnengeschichte, also mit der genetischen Zusammensetzung des Menschen, befassten. Der führende Vertreter dieser Forschungsrichtung war, wie bereits erwähnt, Leopold Szondi, der zu beweisen versuchte, dass sich Schicksalsabläufe innerhalb von Familienverbänden sogar über größere Zeiträume hinweg wiederholen und dass die individuelle genetische Konstellation eines Menschen dafür sorgt, dass der Ablauf des Lebensplans mit Hilfe des sogenannten Zufalls genau eingehalten wird. Dieser Zufall wird von den meisten Menschen als Ereignis verstanden, mit dessen Auslösung sie selbst nichts zu tun haben und der ungeplant erscheint. Dazu sei gesagt, dass nichts, was in unserem Leben geschieht, ohne Zusammenhang und Vorbereitung vollzogen wird. Jedes Ereignis, und sei es scheinbar noch so unbedeutend, bereitet sich vor und kündigt sich mit ganz bestimmten, manchmal fast unmerklichen Vorzeichen an. Wenn es gelingt, diese subtilen Zeichen, die man als Sprache, als Ausdrucksmittel des Programms bezeichnen kann, zu erkennen und zu deuten, dann wird man zum kreativen und bewussten Gestalter seines Lebens. Diese Deutung ist jedoch nicht möglich ohne Kenntnis der Gesetze. Dem Numerologen wird das Verständnis der Zusammenhänge mit Hilfe der Zahlensymbolik leichter fallen als jedem anderen, der sich mit der Entschlüsselung der Schicksalszeichen beschäftigt, denn jeder Entwicklung wohnt eine Eigendynamik inne, welche sich mit Hilfe der Numerologie sehr klar erkennen lässt.

Der Ursprung, die Wurzel aller Abläufe ist in Ihrem Geburtsdatum zu finden, welches der Schlüssel zu allem ist, was Sie betrifft. Nun könnten Sie als durchaus akzeptables Gegenargument anführen, dass es doch etwas überspannt anmutet, zu glauben, dass ein Geburtsdatum, welches auf dieser Welt wahrscheinlich tausendfach in Anspruch genommen wird, ausgerechnet Ihnen Aufschluss über Ihren Lebensablauf und Ihre Bestimmung geben könne. Die Antwort ist: Ja, es kann! **Jedes Datum stellt für sich ein Kompaktprogramm dar, das dann im Zusammenhang mit Ihrem Namen eine individuelle Entfaltung erfährt.** Das bezieht sich sowohl auf Ihr Geburtsdatum als auch auf das Datum des Tages, den Sie gerade erleben.

Eine Marie-Therese Steigenbrunner wird einen 9.9.1999 ganz anders erleben als eine Nicole Fichtner, obwohl beide am 13. Mai geboren sind und somit die gleiche Geburtstagszahl besitzen. Diese beiden haben noch etwas gemeinsam: Frau Steigenbrunner ist 1923 geboren, während Nicole 1995 das Licht der Welt erblickt hat. Beide Jahreszahlen ergeben die Zahl 6. Diese Zahl erhalten Sie, wenn Sie die sogenannte Quersumme errechnen:

$$1923 = 1 + 9 + 2 + 3 = 6$$

Dasselbe Ergebnis erhalten Sie, wenn Sie Nicoles Geburtsjahr zusammenrechnen:

$$1995 = 1 + 9 + 9 + 5 = 6$$

Das stimmt nicht, sagen Sie, empört über die Unfähigkeit der Autorin? Vergessen Sie die Neun! Streichen Sie sie einfach weg! Nicht, dass diese Neun keine Rolle spielen würde in unserem System, ganz im Gegenteil! Aber gerade dadurch, dass sie sich unsichtbar machen kann und ihre Tarnkappe verwendet, wann immer sie will, ist sie, wie bereits vorher in ihrer Anamnese erwähnt, besonders mächtig und, im wahrsten

Sinn des Wortes, unberechenbar. Ich werde es Ihnen beweisen! Nehmen wir nochmals die Jahreszahl 1923. Diesmal zählen wir brav die einzelnen Zahlen zusammen:

$$1923 = 1 + 9 + 2 + 3 = 15$$

Wenn Sie nun, wie es sich beim Errechnen der Quersumme gehört, die beiden Ziffern der 15 ebenfalls zusammenzählen, also 1 + 5, dann erhalten Sie ebenso unsere gesuchte 6, als wenn Sie von vornherein die Neun einfach gestrichen hätten. Damit bleibt Ihnen beispielsweise eine »Riesenarbeit« beim Errechnen der Quersumme des gesamten Datums des 9.9.1999 erspart, denn, gewitzt durch die Erfahrung, sehen Sie auf einen Blick: Das ist eine klare Einser-Quersumme! Wer es noch immer nicht glaubt:

$$
\begin{aligned}
9.\,9.\,1999 &= 9+9+1+9+9+9 &&= 46\\
& \quad 4+6 &&= 10\\
& \quad 1+0 &&= 1
\end{aligned}
$$

Na bitte!

Wir werden über diese seltsame Neun noch eine ganze Menge im Laufe unserer Berechnungsarbeit erfahren, genauso wie über alle anderen acht Kollegen, hinter denen sie sich, nicht ohne sie kräftig zu manipulieren, versteckt. Bestenfalls ist sie der mächtige, unsichtbare Helfer im Hintergrund, schlimmstenfalls zeigt sie sich als unbenennbare Angst im Nacken. Am schwersten ist sie zu deuten, wenn sie als Mischfeld auftaucht, wie zum Beispiel bei unseren beiden Damen Marie-Therese und Nicole, die beide am 13.5. geboren sind. Zählen wir 1 + 3 + 5 zusammen, so erhalten wir unsere berühmte Neun als Gesamtsumme. Und wo ist das Mischfeld? Stellen Sie sich vor, die 13 wäre eine Dame und die 5 ein Herr. Beide treffen sich zu einem Rendezvous, voller Erwartung, was bei diesem Treffen wohl geschehen würde. Diese Erwartung ist berechtigt, denn, was beide nicht ahnen, in dem Moment, in dem sie sich gegenüberstehen, erzeugen sie miteinander eine ganz bestimmte Energie, nämlich die der Neun. Das ist das Energiefeld, das sie beide umschließt und sie verbindet, also auch zwischen ihnen steht. Damit ist fast alles möglich. Die beiden können sich sowohl sinnlos betrinken, als auch in tiefsten philosophischen Gedankengängen verweilen. Schlimmstenfalls sehen sie sich überhaupt nicht, obwohl sie sich gegenüberstehen.

Auch unsere beiden Damen Marie-Therese und Nicole werden ihr ganzes Leben mit dieser Energie zu tun haben, aber das ist noch lange nicht alles, denn sie verfügen ja auch über eine mehrfach verstärkte Sechser-Energie, welche sowohl in der Jahreszahl, als auch in der Quersumme vorkommt. Warum aber erleben die beiden dennoch sowohl ihre Existenz, als auch beispielsweise den Tag der Sonnenfinsternis völlig verschieden?

Die Antwort ist: Weil sich die gemeinsame Sechs aus völlig verschiedenen Komponenten, sprich Zahlen, zusammensetzt! Dieses Phänomen wird bei den meisten numerologischen Berechnungen der üblichen Art völlig außer Acht gelassen.

Wenn Sie im 20. Jahrhundert geboren sind, was anzunehmen ist, dann haben Sie, genau wie alle Menschen des 19. Jahrhunderts, die Neun in ihrem Gesamtplan als wirksamen Faktor gepachtet. Das bleibt den Menschen, die im 21. Jahrhundert geboren werden, im Großen und Ganzen erspart. Was ihnen aber nicht erspart bleibt, sind natürlich die Individualdaten des Geburtstages und die sich aus der Quersumme ergebenden Neuner. Die Energie der Jahrhunderte, deren Jahreszahl eine Zehn beinhaltete (Drei*zehn*hundert bis Neun*zehn*hundertneunundneunzig) wird sich von der des 3. Jahrtausends vollkommen unterscheiden, was manche unserer geschätzten Zukunftsdeuter dazu verleitet hat anzunehmen, wir hätten am 11. August 1999, anlässlich der berühmten Sonnenfinsternis, kurz Sofi genannt, den Weltuntergang zu erwarten. Ich habe sogar von Kollegen gehört, die nach China ausgewandert sind. Ich habe mich gefragt, ob diese Leute denken, dass der Weltuntergang in China wohl angenehmer zu ertragen wäre. Was sonst wohl könnten die Beweggründe für diesen Umzug sein? Ich selbst bin zu Hause geblieben und habe eine neue Küche eingebaut. Dafür war dieser Tag meiner Berechnung nach hervorragend geeignet, was sich im Nachhinein als vollkommen richtig erwies, denn nach Planetenzeit gerechnet ist der 8. August nicht der 8.8., sondern der 8.6., was damit zu tun hat, dass ein geschäfts- und kriegstüchtiger römischer Kaiser einst die Monatsbezeichnungen höchst eigenmächtig umbenannte. Dieses kann man unschwer daran erkennen, dass die Monate noch heute anders heißen, als es die Zahl erzählt: Septem-ber, Okto-ber, Novem-ber, Dezember. Alle erzählen ihre Geschichte des siebten, achten, neunten und zehnten Monats, aber wir beziffern sie weiterhin stur mit 9, 10,11 und 12. Da aber das gesprochene, akzeptierte Wort mächtiger ist als historische Vergangenheit, wird nachfolgendes Beispiel das einzige dieser Art bleiben:

So war der »Sofi-Tag«, der 11.6.1999, also eigentlich ein netter Neuner-Tag (1 + 1 + 6 + 1 + 9 + 9 + 9 = 36/ 3 + 6 = 9) mit dem Beigeschmack des Nenntages 11.8.1999, ein ebenso netter Zweier-Tag (1 + 1 + 8 + 1 + 9 + 9 + 9 = 38 / 3 + 8 = 11 / 1 + 1 = 2). In dieser Mischung sind Weltuntergänge nicht unbedingt zu erwarten, jedoch Verbesserungen, Erhöhungen, Erneuerungen. Bei dem einen war es das Bewusst-Sein, bei dem anderen eine neue Küche – oder vielleicht sogar beides zur gleichen Zeit! Wer weiß, wer weiß ...?

Doch genug von Sofi, Küchen und Weltuntergängen: Wir kommen zu Ihrem eigenen Geburtsdatum. Nehmen wir an, es sei der 14.12.1945. Wir schreiben jede einzelne Zahl wie folgt nebeneinander:

$$1 + 4 + 1 + 2 + 1 + 9 + 4 +5$$

Wäre Ihr Geburtsdatum der 5.8.1952, dann sähe es folgendermaßen aus:

$$5 + 8 + 1 + 9 + 5 + 2$$

Und nun zählen wir die Zahlen zusammen:

$$1 + 4 + 1 + 2 + 1 + 9 + 4 + 5 = 27$$

Es mag den großen Mathematikern unter Ihnen vielleicht lächerlich erscheinen, wenn ich sage: Bitte rechnen Sie Ihr eigenes Datum zweimal nach! Denn ich habe die Erfahrung gemacht, dass ausgerechnet jene mit Hochschulbildung bei dieser angeblich doch so einfachen Aufgabe die dicksten Böcke geschossen haben, was jede nachfolgende Arbeit, in Bezug auf sich selbst natürlich, nutzlos macht.

Hier noch unser zweites Datum, 5.8.1952:

$$5 + 8 + 1 + 9 + 5 +2 = 30$$

Diese zweistellige Zahl, welche Sie nun errechnet haben, zählen Sie jetzt bitte nach demselben System zusammen.

Bei der Zahl 27 (Quersumme erstes Datum) wäre dies

$$2 + 7 = 9$$

und bei unserer Zahl 30 (Quersumme zweites Datum) wäre es

$$3 + 0 = 3$$

Erst die Menschen, die ab dem Jahr 2000 geboren sind, kamen zum Teil in den Genuss, in der Quersumme Einer-Zahlen zu erhalten, wie zum Beispiel jemand, der am 20.3.2000 geboren wurde. Er hat als Quersumme, nach Adam Riese,

$$2 + 3 + 2 = 7$$

und so bleibt ihm das Zusammenzählen einer zweistelligen Endzahl nach dem üblichen System erspart.

An diesem zuletzt gezeigten Beispiel ist ebenfalls ein Wechsel der Energie zu erkennen, denn diese Quersummen-Sieben hat sich nicht aus dem Zusammenzählen zweier Endzahlen ergeben, sondern ist eine sogenannte *reine* Sieben. Die reine Sieben besitzt eine wesentlich intensivere Kraft als eine Sieben, die sich aus zwei Ziffern ergibt, wie zum Beispiel die 16 (1 + 6). Natürlich bleibt das Endergebnis grundsätzlich gleich, trotzdem wirkt sich das Zusammenspiel der Energien auf die Intensität des generellen Ausdrucks der Sieben aus.

Frage: Was ist der generelle Ausdruck?
Antwort: Der generelle Ausdruck beinhaltet die gesamte

Grundinformation des Energiefeldes, welches sich durch die jeweilige Endzahl darstellt und in der Charakterisierung der Zahlen beschrieben wird.

Kehren wir zurück zu unserem Datum: 14.12.1945, dessen Summe die 27, und die Quersumme somit die 9 ist.

Dieses Additionsergebnis hat die Eigenschaft, über jeder Zahl des gesamten Datums zu schweben und sie zu beschatten, was mich dazu verleitet hat, nicht nur ihr, sondern jeder Zahl in dieser Position den Spitznamen »Geier« zu verpassen. Es ist also die Zahl 5 (1 + 4) unter dem Aspekt der 9 zu deuten, genauso wie die Zahl 3 (1 + 2) und die Zahl 1(1 + 9 + 4 + 5 = 19/ 1 + 9 = 10 =1).

Verzweifeln Sie nicht.

Wenn Sie sich die Charakter-Beschreibungen der Zahlen gemerkt haben, werden Sie sich vielleicht schon vorstellen können, dass eine 5 unter dem Einfluss der 9 ganz anderen Bedingungen ausgesetzt ist, als beispielsweise unter der Einwirkung einer 6. Um mit diesem Gesamtkonstrukt wirklich vertraut zu werden, bedarf es der Übung und dem Willen zum Tiefgang. Erfahrungsgemäß werden Sie am schnellsten begreifen, worum es geht, wenn Sie sich mit Ihrem eigenen Datum vertraut machen.

Um Ihnen den Vorgang verständlich zu machen, werde ich Ihnen die Geschichte einer völlig unbekannten bayerischen Frau erzählen. Ich könnte natürlich auch die Geschichte der Barbra Streisand oder des Michael Jackson anführen, doch ich unterlasse dies aus einem ganz verständlichen Grund: Beides sind Ausnahme-Schicksale, exponierte Konstrukte, die in jedem Jahrhundert nur wenige Male vorkommen. Die Geschichte dieser scheinbar einfachen Frau jedoch werden Sie nachvollziehen können, denn sie ist trotz ihrer Einzigartigkeit symptomatisch für zahllose ähnliche Programm-Verwendungen.

Die Dame, die wir der Einfachheit halber Frau Müller nennen, wurde am 8.9.1952 in einem kleinen Vorort von München geboren. Ihre Kindheit war nicht unbedingt das, was man als Zuckerlecken bezeichnet. Sie war das zweite Kind einer insgesamt vierköpfigen Kinderschar. Das erste Kind, eine Schwester gleichen Vornamens (!), war nach einem halben Jahr an Lungenentzündung gestorben. Zwei Brüder folgten in angemessenem Abstand. Der Vater, ein pflichtbewusster, strenger, manchmal sogar zu Gewalt neigender Bahnbeamter war der Ansicht, dass sich eine kostspielige Ausbildung für ein Mädchen nicht lohne und eine baldige Heirat eine solche Investition sowieso überflüssig machen würde. Dass seine Tochter, eine hochintelligente Person mit wachem, beweglichem Geist und angeborener Neugier andere Ansprüche in sich trug, übersah er dabei geflissentlich. Die Mutter, eine in jeder Beziehung eher einfache, tüchtige Fabrikarbeiterin, konnte sich gegen das dominante Auftreten ihres Mannes nicht durchsetzen. Die Ehe zerbrach, und das junge Mädchen zog es vor, im Alter von 15 Jahren das Elternhaus zu verlassen, um eine Lehre als Industriekauffrau zu absolvieren, die sie erfolgreich hinter sich brachte.

Mit 17 Jahren lernte sie einen jungen Handwerker kennen, den sie zwei Jahre später heiratete und von dem sie sehr schnell wieder geschieden wurde. Die nächste Ehe ließ nicht lange auf sich warten. Ein Jahr nach dieser Scheidung heiratete sie einen Militärpolizisten, von dem sie innerhalb von vier Jahren zwei Kinder bekam. Drei Jahre später zerbrach auch diese Ehe an dem Umstand, dass der Gatte von einem abendlichen Spaziergang nicht mehr zurückkam. Sie wurde abermals geschieden und unsere Frau M. stand nun mit zwei Kindern und der Pflicht da, allein für sie zu sorgen. Das tat sie vorbildlich. Die Kinder waren nicht einfach. Der Sohn war Epileptiker, die Tochter erwies sich als extrem schwierig Pubertierende. Während dieser ganzen Zeit fand Partnerschaft so gut wie gar nicht statt.

Um die ewig knappe Haushaltskasse aufzubessern, verdingte sich Frau M. als Kellnerin zu abendlicher Stunde, was sie anfänglich einige Überwindung kostete. Ausgerechnet in dieser, nicht unbedingt ihrer Qualifikation entsprechenden Stellung traf sie den Mann ihres Lebens. Er saß an einem Tisch in dem Lokal, in dem sie sich allabendlich die Füße wund lief und beobachtete sie wochenlang, bevor er das erste Wort an sie richtete. Damit war alles gelaufen. Frau M. wusste, dass sie am Ziel all ihrer Wünsche angelangt war. Die nächste Zeit schien dazu angetan, sie für alle Unbill der Vergangenheit zu entschädigen. Der Mann, wohlhabend und von edlem Charakter, trug sie auf Händen. Trotzdem arbeitete sie weiter, doch diesmal in einer erstklassigen administrativen Stellung in einem Bürokonzern. Die Welt war in Ordnung, das Leben war schön und Frau M. begann sich zu erholen. Unter der Anleitung ihres hochgebildeten Partners holte sie selbst die Bildung und Entwicklung nach, die ihr durch die Umstände so lange versagt waren. Doch das Paradies währte nicht lange. Nach viel zu kurzen vier Jahren verstarb der erst 54-jährige Mann an einer genetisch bedingten Leberzirrhose. Er hinterließ zwar ein kleines Vermögen, doch dieser erfreuliche Umstand war nur wenig Trost in dem Meer des Schmerzes und der Trauer, den der Verlust verursachte. Frau M. vergrub sich zu Hause und versuchte ihr Leben neu zu koordinieren. Dieser Versuch dauerte neun Jahre und endete damit, dass sie beschloss, nach Spanien auszuwandern. Das Thema Partnerschaft war für sie mit dem Tod ihres Geliebten erledigt, aber eines hatte sie begriffen: Sie war frei und niemand würde es mehr schaffen, sie zu unterdrücken.

Und nun sehen wir uns auf der gegenüberliegenden Seite einmal an, ob und wie Frau Müllers Daten uns dieselbe Geschichte erzählen, und zwar übertragen auf einen, mit Bild-Symbolen versehenen Plan, der Ihnen das Verständnis erleichtern soll. Einen für Ihren Eigen-Versuch gedachten Plan finden Sie am Ende des Buches und auf einem beigelegten Faltblatt.

Geburtsdatum: 8.9.1952 = 34 = 7
Teilen wir nun das Geburtsdatum in vier Blöcke ein:

I	II	III		IV
8	9	8	=	7

Block I wird in Zukunft den Beinamen »Einsteiger«, Block II den Beinamen »Rückgrat« und Block III den Beinamen »Aussteiger« tragen. Der vierte Block ist nach wie vor die Quersumme der Blöcke I bis III oder unser berühmter »Geier«.

Wir werden bei allen weiteren Berechnungen niemals vergessen, dass Block III, der Aussteiger, aus den Zahlen 1, 9, 5 und 2 besteht und Block IV, der Geier, aus 3 und 4.

Wäre Frau M. im dritten Jahrtausend geboren, wäre es möglich, dass der Geier aus einer einstelligen Zahl besteht, wozu im zwanzigsten Jahrhundert die Voraussetzungen per se fehlten, da 1 und 9 eine 10 ergibt und jede nachfolgende Zahl logischerweise über 10 liegen muss. Allerdings hätte sie dann auch an einem anderen Tag geboren werden müssen, um unter der magischen Zehnermarke zu bleiben. So aber hat ihr Geier 7 zwei Flügel: Die 3 und die 4! Damit ist die an und für sich so glorreiche 7 nur über den Weg der 3 und 4 zu erreichen. Aus unseren Charakter-Beschreibungen wissen wir, dass sich die 3 und die 4 untereinander nicht unbedingt »grün« sind. So informiert erkennen wir auf den ersten Blick, allein anhand dieses Geiers, der auch über allen anderen Blöcken schwebt, dass dieses Leben von diskrepanten Ereignissen durchzogen sein muss.

Der erste Block repräsentiert sich uns als klare 8. Das ist die Zahl, unter der Frau M. »eingestiegen« ist. Damit teilt sie das Schicksal aller am 8. Geborenen, welches am Anfang des Lebens immer von Schwierigkeiten und Widerständen gekennzeichnet ist, wenn sich auch nur im Verborgensten eine Vier dazugesellt. Obwohl die Bestimmung ihres Lebenswegs eine 7 ist und bleibt, wird sie es nicht einfach haben, diese zu erkennen und durchzusetzen. Die Energie aller sogenannten Achter-Tage, wozu auch der 17. und 26. gehören, ist, wie wir aus dem »Lebenslauf« des Achters wissen, nicht einfach zu handhaben. In der Astrologie würde man sie als skorpionisch bezeichnen, benannt nach dem achten Zeichen des Tierkreises.

Beeinflusst wird diese Energie von der 9, dem Rückgrat ihres Datums, welche in diesem Fall bedeutet, dass sie lernen muss, die wegweisenden Informationen Zeit ihres Lebens verstärkt über die unsichtbaren, mit Händen nicht greifbaren Zeichen zu erfahren. Sie wird lernen müssen, die intuitiv oder sogar medial empfangenen Hinweise vernunftgemäß zu deuten, vor allem, wenn diese ihre persönliche Entwicklung als Repräsen-

Name: *Frau Müller*

Geburtsdatum: *8.9.1952*

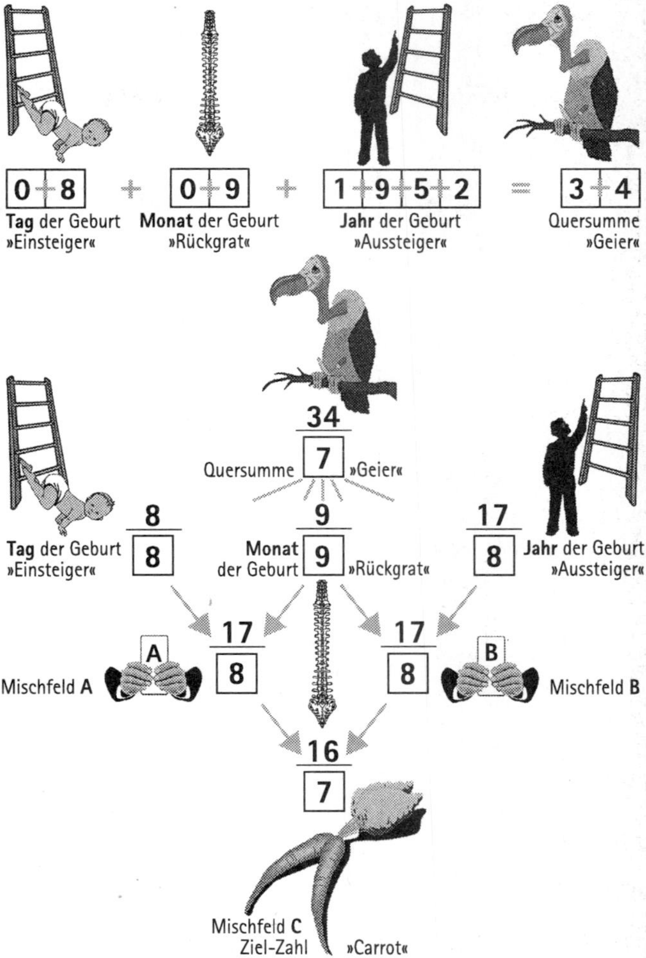

tant einer Sache betreffen. Dieser Aspekt, ein typischer Charakterzug der Zahl Sieben – um nur einmal kurz vorauszugreifen –, spiegelt sich in der Zielvorstellung wieder. Diese Ziel-Zahl oder »Carrot« (siehe Plan) steht in direktem Bezug zum Rückgrat. Je harmonischer oder widersprüchlicher das Energiefeld ist, welches durch die Beziehung der beiden Zahlen entsteht, desto leichter oder schwerer gestaltet sich die Selbstverwirklichung. In diesem Falle stehen sich hier eine 9 und eine 7 gegenüber, was einem Drahtseilakt gleichkommt, denn einen Unbewussten (9) in die Repräsentation (7) zu bewegen, ist ungefähr ebenso einfach, wie einen Schlafwandler in einer genau choreographierten Aufführung unterzubringen. Frau M. wird also, so stark ihr Charakter auch sein mag, das Gefühl der Überforderung nie ganz verlieren, welches sich auch durch ihre Heimatlosigkeit und ihre Wohnungswechsel ausdrücken wird, die Zeichen ihrer kleinen Fluchtversuche. Allerdings wird diese 9 auch bewirken, dass ihr das nie wirklich ganz bewusst sein wird, denn über der 9 schwebt außerdem noch der Geier der 7, welcher ihr eine ganz spezielle Ausdrucksform gibt: Sie wird innerhalb aller Unsicherheit und allen Suchens Möglichkeiten finden und geboten bekommen, welche ihr eine scheinbar sichere Stellung offerieren. Dass diese Stellung immer nur ein Übergang sein kann, ist aus der Lebensgeschichte leicht zu ersehen.

Leicht verständlich wird dieses Konstrukt und die Errechnung der Ziel-Zahl »Carrot«, wenn man die Mischfelder aufzeigt.

Frage: Was ist ein Mischfeld?
Antwort: Ein Mischfeld ergibt sich aus dem Zusammenziehen und der Quersummenbildung der beiden Energiefelder der Zahlen des Geburtstages (Block I, »Einsteiger«) und des Geburtsmonats (Block II, »Rückgrat«). Dasselbe geschieht, wenn

man diesen Vorgang zwischen Geburtsmonat (Block II, »Rückgrat«) und Geburtsjahr (Block III, »Aussteiger«) vollzieht.

Block I		Block II		Block III		Block IV
8		9		8	=	7
Mischfeld A	8		8	Mischfeld B		

Wenn in einem Lebensplan die 8 derart komprimiert erscheint, kann man von vornherein sagen: Hier wird's anstrengend! Da mag sich zwar sehr oft die 7 als Glück im Unglück einmischen, als Retter in der Not oder als Lichtlein, welches von irgendwo kommt, wie das schöne Sprichwort verheißt. Der Dominator aber ist und bleibt die 8.

Zieht man diese beiden Mischfelder wiederum zusammen, so ergibt sich daraus abermals ein Mischfeld, das in diesem Fall eine 7 ist, die sich nun aus der Zahl 16 (8 + 8 =16 =1 + 6 = 7) errechnet. Das ist nur eine von den vier Möglichkeiten, in welcher Form sich die Sieben präsentieren kann (7, 1 + 6, 2 + 5, 3 + 4). In diesem Fall entsteht die Sieben aus den beiden Grundideen der Eins und der Sechs. Es wird die Art und Weise, wie dieser Lebensweg durchlaufen wird, eine völlig andere sein als bei einem Menschen, dessen Geier Sieben aus anderen, eben genannten Komponenten besteht. Vor allem weil sich Eins und Sechs, wie man nachlesen kann, nicht unbedingt in tiefer Harmonie gegenüberstehen, was daher kommt, dass die Eins natürlich genau weiß, dass die Sechs ihre ganze »Strahle-Energie«, von der sie unentwegt so viel Aufhebens macht, durch sie erhält und nun muss sie in diesem Fall auch noch mit ihr zusammenarbeiten, um einen glorreichen Siebener zu erreichen. Das kostet Nerven! Und zwar vor allem die von Frau M., die sich sehr oft außerstande sehen wird, erklären zu können, warum sie sich selbst schon wieder böse ist.

Sehen Sie nun den Grundplan dieses Dilemmas:

8 9 8 = 7

8 8

7*

Es ist nun beileibe nicht die Regel, dass sich die Quersumme in dieser Zahl * wiederholt, sondern eine Eigenart dieses individuellen Planes. *Diese, sich aus der Gesamtdynamik des Gesamtfeldes ergebende 7 werden wir in der Folge mit Ziel-Zahl, oder ihrem Spitznamen Carrot bezeichnen.*

Frage: Was sagt die Ziel-Zahl aus?
Antwort: Die Ziel-Zahl gibt Auskunft über mögliche Reifegrade, welche durch die Erfüllung der symbolischen Forderungen der Quersumme erreicht werden können.
Eine genaue Auflistung dieser Reifegrade finden Sie im Kapitel »Handwerkskiste« unter der Überschrift »Die Ziel-Zahl (Carrot) – Der verlockende Prämienkatalog« (Seite 275).

Denken Sie noch einmal an unser Beispiel der Fahrpläne und Züge. Übersetzt würde es bedeuten, dass Frau M. sich ein Reiseprogramm besorgt hat, von dem sie, bevor sie es antrat, bestimmte Vorstellungen hatte. Diese Vorstellungen dürfen Sie mit den Erwartungen vergleichen, die Sie selbst haben, wenn Sie sich auf eine Reise begeben. Je mehr Information Sie vorher besitzen, desto besser werden Sie planen können und desto routinierter werden Sie sich im Ablauf des Programms verhalten. Je mehr Erfahrung Sie haben, desto besser wird Unvorhergesehenes bewältigt werden können. Doch erst am Ende der Reise wird man in der Lage sein, festzustellen, ob das an und für sich bestmögliche Ziel erreicht werden konnte. Jede Reise hat einen Ausgangs- und einen Zielpunkt. Nicht immer kommt der Reisende auch dort an, wo er es ursprünglich geplant hatte. Manchmal hat er an dieser Änderung Freude, doch meistens findet er sich in der veränderten Situation nur schwer und unwillig zurecht. Beharrt er auf seinem ursprünglichen Reiseziel, wird er dieses wahrscheinlich auf Umwegen auch erreichen. Das hängt ganz davon ab, wie stark sein Wille ist, aber auch davon, wie wichtig ihm die Gründe sind, die ihn dazu bewogen haben, das ursprüngliche Reiseziel zu wählen. Es soll auch schon vorgekommen sein, dass durch das Verschwinden des Gepäcks, durch das Ausfallen der gewählten Verkehrsmittel oder durch technische Mängel Reiserouten verändert oder storniert wurden, ganz zu schweigen von Begegnungen und Vorkommnissen der besonderen Art. Hier spielt sich durch unsere individuelle Beurteilung und Reaktion das ab, was Leopold Szondi als Wahlschicksal bezeichnet. Das Zwangsschicksal hingegen wird dafür sorgen, dass wir, egal wie scheinbar unabhängig wir uns auch entscheiden, ein ganz bestimmtes Erlebniskontingent hinter uns bringen.

Die Ziel-Zahl zeigt uns das bestmögliche Ergebnis nach der optimalen Verarbeitung dieses Kontingents an.

Das tief in der Seele ruhende Wissen um dieses bestmögliche Ergebnis ist die eigentliche Triebfeder jedes Menschenlebens. Die Ziel-Zahl hilft uns, die Erinnerung an das, was wir wirklich wollen, niemals ganz zu vergessen. Um den Charakter der Ziel-Zahl darzustellen, verwendete ich in meinen Kursen folgendes Beispiel: Vor Jahren kam ich als Passagier eines Schiffs auf die

Insel Santorin und wurde am Hafen für sechs Besichtigungsstunden abgesetzt. Um überhaupt besichtigen zu können, musste man einen steil ansteigenden Serpentinenweg von ungefähr einem Kilometer hinter sich bringen. Die Santoriner, schon damals mit der Faulheit der Touristen bestens vertraut, hatten 20 Esel bereitgestellt, die mit gesenkten Häuptern darauf warteten, ihre fußlahmen Gäste nach oben zu befördern. Jeder Reiter dieser edlen Tiere bekam ein langes »Steckerl« in die Hand, an dessen Ende eine saftige Karotte baumelte. Diese Karotte war wahrscheinlich der einzige Grund, dass wir irgendwann, allen widrigen eselsbedingten Umständen zum Trotz, in der Oberstadt anlangten. Was mich damals tief erboste, war der Tatbestand, dass keiner der Esel die Karotte dann tatsächlich bekam. Trotzdem hinterließ die Wirkung dieses Lockmittels bei mir einen tiefen Eindruck. Die Mischung aus Hoffnung, Bedürftigkeit und Gier, welche das Tier veranlasste, dieser nichtigen Fata Morgana wie hypnotisiert hinterherzulaufen, war zwanzig Jahre später der Grund, warum ich angesichts der Ratlosigkeit meiner Zuhörer die »Ziel-Zahl« mit dem Spitznamen »Carrot« versah, der englischen Bezeichnung für das bekannte Gemüse, dessen Anfangsbuchstabe C der späteren Bezeichnung des Feldes weitgehend entgegenkam. Die »Carrot-Zahl«, von meinen Latein-Spezialisten später elegant in »rapula« (Rübengewächs) umbenannt, symbolisiert die Grundbestrebung, welche unseren Willen aktiviert und beflügelt, um unsere ursprüngliche Zielrichtung und -vorstellung bis zum Ende verfolgen zu können.

Am Beispiel der Frau M. demonstriert heißt das, dass sie alle Widerstände *nur im Bewusstsein der Charakteristik der 7 optimal bewältigen kann.* Dieses Bewusstsein wird ihr helfen, ihr *ursprüngliches Geburtsbegehren durchzusetzen,* und zwar in der bestmöglichen Weise.

Frage: Was ist das Geburtsbegehren?
Antwort: Das Geburtsbegehren ist der Grund, warum Sie sich von dieser und keiner anderen genetischen Basis als der Ihrer Eltern angezogen gefühlt haben.

Frage: Wie äußert sich dieses Geburtsbegehren?
Antwort: Das Geburtsbegehren äußert sich:

1. in den von Geburt an klar ausgedrückten und sichtbaren Ansprüchen;
2. in den sich im Außenbereich formierenden und diese Ansprüche fördernden Situationen;
3. in der Intensität, mit der diese Ansprüche in die Wirklichkeit umgesetzt werden;
4. in der Reaktion der Außenwelt auf diese Umsetzung.

Frage: Zeigen sich diese Ansprüche im Basisprogramm?
Antwort: Ja! Diese Ansprüche spiegeln sich in der Einstiegs-Zahl (Geburtstags-Zahl) wider.

Frage: Wie kommen diese Ansprüche zustande?
Antwort: Sie resultieren aus Erinnerungen an frühere Existenzen, welche durch die elterlichen Gene aktiviert werden, die dazu in völliger Entsprechung stehen müssen.

Frage: Was sind »frühere Existenzen«?
Antwort: Frühere Existenzen sind alle Lebensformen, welche der Inkarnierte bereits durchlaufen hat.

Frage: Was ist ein Inkarnierter?
Antwort: Ein Inkarnierter ist jedes selbstbewusste, Mensch gewordene Seelenkonstrukt, das seine Erfahrungen und Ansprüche in der Materie verwirklichen will.

Frage: Wie geht diese Verwirklichung vor sich?
Antwort: Die Verwirklichung findet statt, wenn die Energie des Seelenkörpers mit der Energie der Genetik der Eltern übereinstimmt.

Frage: Was hat man in diesem Zusammenhang unter dem Begriff »Energie« zu verstehen?
Antwort: Unter diesem Begriff hat man die Intensität des Bewusstseins zu verstehen, welches sich aus der individuellen Zusammensetzung des Seelenkörpers sowie der elterlichen Genetik ergibt. Nur entsprechende Energiefelder können ein neues Ganzes, in diesem Fall einen Menschenkörper, erzeugen. Daher ist es nicht mehr als logisch, dass sich in den elterlichen Verbindungen die vollkommene Entsprechung unserer Ansprüche und Begehrlichkeiten wiederfindet.

Frage: Woher kommt es dann, dass uns unsere Eltern oft so wenig ähnlich erscheinen?
Antwort: Weil sich die Basis unserer Umsetzung aus der *Vermischung* der Genetik der beiden Elternteile ergibt, und zwar im Verhältnis 50 : 50. Das heißt, dass wir aus dem Gesamtpotential jedes einzelnen Elternteils die für unsere Belange notwendigen Anteile in Anspruch nehmen. Daher kommt es auch, dass dieselben Eltern in der Lage sind, völlig verschiedene Nachkommen in die Welt zu setzen, deren Äußeres schon die Verschiedenartigkeit ihres Geburtsbegehrens zeigt. Niemand außer eineiigen Mehrlingsgeborenen kann sich aus den genetischen »Speisekammern« des gleichen Elternpaares zweimal das exakt selbe Programm zusammenstellen.

Was die Geschichte unserer Frau Müller betrifft, zeigt sich auf den ersten Blick, dass die Quersumme (Geier) und die Zielvorstellung (Carrot) auf derselben Grundidee basieren. Natürlich wird sich diese Idee in den beiden völlig verschiedenen Positionen unterschiedlich ausdrücken. Das Basisprogramm wird Frau M. durch alle Ereignisse und Fügungen ihres Lebens in eine Position dirigieren, die sie dem Charakter der Sieben entsprechend ausfüllen muss. Die »Carrot« wird außerdem noch dafür sorgen, dass sie sich durch eigenen Antrieb immer wieder verstärkt in Situationen bringen wird, die die Entsprechung dieser Endposition vorbereiten.

In ihrem speziellen Fall hat sie sich, sowohl im Privat- als auch im Berufsleben, immer wieder in wechselnden Bereichen behaupten müssen, wobei eine Steigerung der anfänglich eher bescheidenen Lebensqualität nicht zu übersehen ist. Dies ist ein generelles Charakteristikum der betreffenden Quersumme.

Wird man Frau M. nach ihren eigenen Empfindungen befragen, wird sie gestehen, dass sie in sich immer einen Drang nach dem sogenannten »Höheren« empfunden hat, was bewirkt hat, dass sie, bewusst oder unbewusst, unentwegt eine Optimierung des momentan Bestehenden angestrebt hat. Niemand, der eine solche Programmierung in sich trägt, noch dazu gepaart mit der dazugehörigen Zielvorstellung Sieben, wird sein Leben als Ehefrau eines Handwerkers, noch eines Polizisten beschließen wollen. Auch im Beruf wird man sich auf Dauer nicht mit einem reinen Dienstleistungsprogramm zufrieden geben wollen, sondern immer danach trachten, in eine Position zu gelangen, die im weitesten Sinn mit Repräsentation zu tun hat. Sucht man im Programm von Frau M. nach einer solchen Stellung, wird man mehrmals fündig. Nach ihrer Lehrzeit war sie von Anfang an nie nur irgendeine Sekretärin, sondern immer die Mitarbeiterin des Chefs, oder mit einer Aufgabe betraut, die in einem exponierten Rahmen stattfand. Selbst als sie sich entschloss, als Kellnerin zu arbeiten, tat sie dies in einer Art und Weise, dass man sie als Repräsentantin der Küchenkünste des Hauses bezeichnen konnte. Als sie nach Spanien auswanderte, fand sie innerhalb weniger Tage eine dem Programm völlig entsprechende Beschäftigung: Sie wurde Verkaufsrepräsentantin einer großen Immobilienfirma.

Es ist zu erwarten, dass sie auch in dieser Stellung nicht den Lebensabend erreichen wird, denn das »Rückgrat« ihres Programms ist die 9, die immer bewirkt, dass das, was man gerade tut oder erreicht hat, wieder verschwindet, doch nur, um Neuem Platz zu machen. Sie kann also auch in Zukunft mit interessanten Wechseln im Berufsleben rechnen, wobei mit Sicherheit behauptet werden kann, dass sie sich nie auf erreichten Lorbeeren wird ausruhen dürfen; schon allein aus dem simplen Grund, weil die zahlreich aufscheinende 8 ihres Plans sowohl Arbeitgebern, als auch Mitarbeitern gestatten wird, die von ihr erreichten Lorbeeren als die eigenen auszugeben. Das wird Frau M. aber eher als Antrieb denn als Entmutigung empfinden, da die 8 auch widerstandsfähig und hartnäckig macht, nach dem Motto: Was mich nicht umbringt, benütze ich für mein Fortkommen! Frau M. ist, wie wir sehen, auch unter dem Aspekt der 8 eingestiegen. Das heißt: Sie hat schon Erfahrung mit diesem fragwürdigen Abhärter. Da die 8 insgesamt viermal in ihrem Basisprogramm erscheint, wird sie mit dem Thema Misserfolg und Verlust mehr als ihr angenehm sein kann, konfrontiert werden. Möglichkeiten, dieses Programm zu umgehen, hat sie nicht allzu viele, denn sichtlich ist die 8 die Schiene, auf der sie ihre Zielvorstellung, welche die 7 ist, erreichen kann.

Das vorher bereits erwähnte »Rückgrat 9«, das Mittelfeld, wirkt sich natürlich auch auf das aus, was man im weitesten

Sinn als Partnerschaft bezeichnet: Ehen, Freundschaften, Verhältnisse und sonstige Formen der Lebensgemeinschaften. Sichtlich muss Frau M. neben allen anderen Programmen auch noch mit der Kunst des Loslassens intensiver vertraut gemacht werden, was vermuten lässt, dass sie in früheren Existenzen eher Wert darauf gelegt hat, Haben und Halten als geburtsrechtliche Angelegenheit zu betrachten. Durch Überwindung der Widerstände, welche die 8 generell mit sich bringt, soll eine bisher nicht gelebte Flexibilität erreicht werden. Man sieht: Der Preis für dieses sehr konsequent angestrebte Programm ist ziemlich hoch.

Nicht gerade erleichtert wird die gesamte Konstellation auch dadurch, dass sich die Geier-Zahl aus den beiden Ziffern 3 und 4 zusammensetzt, als wenn das Feld nicht schon genug durch die viermal vorkommende 8 belastet wäre. Ruft man sich den »Lebenslauf« der 4 ins Gedächtnis, so wird klar, dass die grundsätzlich angesteuerte Vorrangstellung, welche die 7 naturgemäß anstrebt, hier wirklich nur unter Aufbietung größter Disziplin und eisernem Durchhaltevermögen erreicht werden kann. Doch immer wieder wird auch in schwersten Prüfungszeiten der grundsätzliche Glanz, den die 7 um sich verbreitet, die scheinbare Dunkelheit erleuchten und dafür sorgen, dass, wenn die Not am größten scheint, Situationen und Menschen auftauchen werden, welche die Zielvorstellung nicht vergessen lassen. Es darf Morgenluft gewittert werden, was auch dringend notwendig ist, damit die Verzweiflung, eine enge Verwandte der 8, nicht überhand nehmen kann.

Als ich vor sechs Jahren Frau M., ohne sie vorher jemals gesehen zu haben, mit denselben Worten ihr Lebensprogramm darlegte, kommentierte sie fast jeden meiner Sätze mit dem Ausspruch: »Ach, deswegen ...!« Sie begann, den Grundriss ihres Plans zu verstehen und hat mir später sehr oft bestätigt, dass dieses Verständnis ihr beim Ablauf des weiteren Lebens äußerst hilfreich war, weil sie die Angebote und Möglichkeiten unter den eröffneten Aspekten wesentlich leichter beurteilen und einordnen konnte. Sie wusste, dass mit Wundern in Zukunft nicht gerechnet werden sollte und dass alle Versuche, sich irgendwo eine feste Heimstatt einzurichten, im Sande verlaufen mussten, und zwar umso nachdrücklicher, je intensiver sie ihre Bemühungen gestalten würde. Auch in Bezug auf Partnerschaft zog sich diese Grundtendenz wie ein roter Faden durch ihre weitere Lebensgeschichte.

Es könnte nun möglich sein, dass Sie dieselbe Quersumme, dieselbe Ziel-Zahl, vielleicht sogar dasselbe Geburtsdatum haben wie Frau M., und dass Sie keinen Handwerker, keinen Polizisten und leider auch keine wohlhabende Person geheiratet haben, noch nie eine Stellung in der Gastronomie bekleidet haben und auch nicht nach Spanien ausgewandert sind, kurz und gut, wie Anfänger sagen: »Was hilft mir die Story von Frau Müller?«

Wir kommen hier zu einem generellen Problem, oder besser gesagt zur Hauptschwierigkeit in der Numerologie. Über Buch-Generationen hinweg wurden Lehrbücher für dieses Fach mit Hilfe von endlosen Auflistungen gestaltet, anhand derer man nachsehen konnte, ob man jähzornig, musikalisch, fleißig, mystisch, geschäftstüchtig, egozentrisch, schöpferisch, beharrlich, spielsüchtig oder depressiv veranlagt oder ob man geeignet sei, Philosoph, Chirurg, Ministerpräsident, Architekt oder Pilot zu werden. Würden wir beispielsweise die Daten von Charles Lindbergh (* 4.2.1902), Antoine de Saint-Exupéry (* 29.6.1900), Manfred von Richthofen (* 2.5.1892) und Erich Udet (* 26.4.1896) vergleichen, die alle besessene

Piloten waren, könnten wir feststellen, dass dieses Listensystem schlicht und ergreifend in dieser Art und Weise nicht zu verwenden ist, obwohl sich bei allen vier Beispielen die Quersumme 9 ergibt.

Die betreffenden Herren sind an einem 4., 29., 2. und 26. geboren und haben alle gemeinsam die Quersumme 9. Bringen wir diese Daten in Bezug zu den üblichen Auflistungen, die meist behaupten, dass das Geburtstagsdatum den Menschen auch in Bezug auf den Beruf prägt, dann haben wir es mit drei verschiedenen Typen, nämlich 4, 2 und 8 zu tun, unter denen wir aber auch Franz Schubert (* 31.1.1797), Richard Strauß (*11.6.1864) und Ludwig van Beethoven (* 17.12.1770) finden. Sicherlich kann unter diesen Allgemeinaspekten, wie auch unter den Tierkreiszeichen, Verbindendes gefunden werden. Tatsache bleibt, dass unter jedem Datum, wie auch unter jedem Tierkreiszeichen alle Berufsbilder wie auch alle Charakterformen vorkommen. Natürlich gibt es die ganz typischen Jungfrau-Berufe oder Löwe-Charakter-Eigenschaften oder Waage-Gesichter, genauso wie es typische Siebener-Eigenschaften, Fünfer-Berufe und Achter-Charaktere gibt. Doch wer kann mit allen seinen genetischen Anteilen und Erfahrungen eine einzige Idee vertreten, also eine reine Sieben oder ein reiner Widder sein?

Worauf es wirklich ankommt ist, das gesamte Gebilde aus Ansprüchen, Willenskraft, Bestimmung und Erfahrung in eine dem Betreffenden verständliche Lebensplan-Darstellung zu bringen, die seine individuelle Entwicklung unterstützt und ihm sein Da-Sein begreifbar macht. Das kann mit Listen und kategorischen Einteilungen nicht erreicht werden. Nur über ein tief empfundenes Begreifen der subtilen und fragilen Kräfte, die mit Hilfe der Zahlen ausgedrückt in und durch uns wirken, wird uns das Wissen der Numerologie als Wegweiser dienlich sein können. Um dieses tief empfundene Begreifen zu erreichen, ist es notwendig, sich intensiv mit den Grundideen und den daraus über Jahrtausende entstandenen Entwicklungen vertraut zu machen und sie, vor allem mit Hilfe des eigenen Datums, nachzuvollziehen.

Um Ihnen diese Arbeit leichter zu machen, werde ich Ihnen nun die neun Geburtstags-Zahlen beschreiben, und ebenso, wie sie sich übertragen auf den Menschen heute präsentieren. Natürlich ist es mir nicht möglich, sämtliche Aspekte und Charakteristika anzuführen, auch mit der Beschreibung der typischen Elternpaare muss ich mich mit wenigen, leicht überzeichneten Erscheinungsbildern begnügen, um den Umfang der Beschreibungen in erträglichem Rahmen zu halten. Trotzdem hoffe ich, dass Sie die Informationen richtig einordnen und »übersetzen« werden. Dazu benützen wir zuallererst das *Datum des Tages unserer Geburt, die sogenannte Einsteiger-Zahl,* welche aus einer oder zwei Zahlen besteht.

Doch bevor Sie sich nun mit Neugier auf Ihr eigenes Geburtstagsdatum stürzen, muss nochmal einiges deutlich gesagt werden: Diese Beschreibungen entsprechen nicht unbedingt Ihrem heutigen Wesens- und Erscheinungsbild, sondern stellen Sie so dar, wie Sie sich als Kleinkind gefühlt und benommen haben. Es wäre also gut, Sie würden sich zurückversetzen bis in die Zeit Ihrer allerersten Erinnerungen, in der Ihre Vernunft und Ihr Beurteilungsvermögen noch nicht so ausgebildet waren, dass Sie Ihr Charakterpotential vernunftgerecht verwenden und Ihre Persönlichkeitsbildung bewusst beeinflussen konnten. Es wäre natürlich fabelhaft, wenn Sie wenigstens einige Fragmente jener Zeit in sich heraufbeschwören könnten, welche man als die Trotzphase bezeichnet. Ich selbst bin sicher nicht die einzige, die sich noch an viele Empfindungen erinnern kann, und vor allem an eines: Ich weiß heute noch, wie ich damals dachte, und kann in diesem Zusammenhang eines mit Sicherheit behaupten, nämlich dass sich niemand verändert, sich aber wohl unter den Aspekten von Förderung, aber auch Verbildung entwickelt. Stellen Sie sich vor, sie wären mit einem großen, unvollendeten Gemälde unter dem Arm auf diese Welt gekommen und hätten bis heute unablässig an diesem Bild gearbeitet. Wie würde es sich bis heute verändert haben? Nicht umsonst hat Oscar Wilde diese Parabel in seiner Erzählung *Das Bildnis des Dorian Gray* verwendet, in der die Hauptfigur leider zuletzt zum scheußlichen Monster verkommt und damit natürlich auch das seiner Entwicklung entsprechende Portrait verschwindet, dessen anfängliche Schönheit am Ende in keinem Pinselstrich mehr wiederzufinden war.

In unseren Beschreibungen geht es weniger um Schönheit, sondern vielmehr um typische Ausdrucksformen, die sich nach dem verborgenen Gebot der Energien, welche die Daten in sich tragen, ausrichten. Wieder erhebt sich hier die Frage, ob zuerst die Henne oder das Ei vorhanden war, oder übersetzt: Können an bestimmten Daten nur bestimmte, symptomatische Ideen der Urbilder auf die Menschengenetik übersetzt werden, oder bewirkt die Schwingung des Tages die Formung dieser Kategorien, deren Spektrum in sich natürlich vielfältig und farbig wie ein Regenbogen ist? Zum Glück haben wir nicht diese Frage zu klären, sondern nur dem Phänomen auf die Spur zu kommen, in welchen Darstellungsformen sich die Urbilder im kindlichen Menschen widerspiegeln.

Wir alle sind vorgeprägt, belastet durch Erinnerungen, geformt von Taten, die Fluch oder Segen über uns und andere gebracht haben. So schwer es auch zu begreifen ist: *Niemand wird als der Mensch wiedergeboren, dessen Ich-Darstellung er in früheren Existenzen aus den vielen Ahnenanteilen, die in ihm ruhten, mehr oder weniger erfolgreich erarbeitet hat. Vielmehr wird das, was er am meisten akzeptierte, verinnerlichte und auch ablehnte, seine Erscheinungsform im neuen Dasein bestimmen, welche zur Wahl seiner Eltern geführt hat; eine Wahl, die nichts anderes ist, als ein sich Hingezogenfühlen zu Gleichem, ein völliges Entsprechen der Möglichkeiten der Genetik dieser beiden Menschen und ihrer Vorfahren.*

Lesen Sie dazu die Worte von Aymar, einem der größten spirituellen Lehrer der Menschheit:

»Kein Mensch ist dem anderen gleich, kein Gesicht gleicht dem anderen, kein Daumenabdruck wiederholt sich. Die millionenfachen Gesichter Gottes spiegeln sich wider in millionenfacher Weise im Antlitz des Menschen. So mannigfach die äußeren Ausdrucksformen sein können, so vielfältig und unwiederholbar sind auch die Charaktere der Menschen. Doch sie alle streben zur Vollkommenheit.
In jedem schläft das Bild des Allerhöchsten in seiner reinsten und ursprünglichsten Ausdrucksform.
Fluch und Segen haben den Menschen begleitet auf seinem Weg zur Erreichung dieses Idealbildes. Tief schläft in der Seele das Wissen um das Edelste, Schönste und Vollkommenste. Doch vergesst nicht, dass die Materie nur vollkommen werden kann, wenn die Seele, die sie belebt, vollkommen wird, denn nach ihrem Begehren formt sich das Sichtbare. So erzählt jede Form ihre eigene Entstehungsgeschichte, ihr eigenes Werden, ihr tief empfundenes Bestreben auf dem Weg zum Ur-Bild.
Zeige mir dein Gesicht, zeige mir deinen Körper und ich weiß,

woher du stammst, wer du bist und wohin du gehen willst. Magst du auch in noch so viele Verkleidungen schlüpfen, ich erkenne dich doch, denn die Wahrheit lässt sich nicht maskieren. So werde zu dem, was du erstrebst: zur eigenen Wahrheit.«

Die neun Geburtstagszahlen und ihre Bedeutung

Unzählige Menschen werden an jedem Tag eines Jahres geboren, wir teilen also unser Geburtstagsdatum mit Tausenden von »Einsteigern«, deren Grundkonstellation der energetischen Schwingung dieses ganz bestimmten Tages und Datums entspricht.

Bevor Sie nun Ihr persönliches Datum heraussuchen, möchte ich Ihnen noch einen Hinweis geben, der für sämtliche Zahlen, die wir bearbeiten, gültig ist: *Einstellige Zahlen besitzen eine eindeutigere und konzentriertere Energie als mehrstellige Zahlen.* Wie Sie durch die Charakter-Beschreibungen der Zahlen erfahren haben, gibt es auch in diesen Beziehungen harmonische und dissonante Verbindungen. So ist es also nur logisch, dass eine Sechs, die an und für sich als Symbol für eine eher unproblematische Energie anzusehen ist, durch eine disharmonische Grundlage, wie beispielsweise durch $2 + 4 = 6$, anders zu bewerten ist als eine aus $3 + 3 = 6$ entstandene Endzahl.

Wenn Sie sich mit den grundsätzlichen Charaktereigenschaften der Zahlen beschäftigt haben, werden Ihnen diese Zusammenhänge bei einiger Übung immer geläufiger werden, vor allem, wenn sie Ihnen in den Daten von Menschen wiederbegegnen, die Ihnen vertraut und bekannt sind. Die Texte, welche die wirkliche Basis zum Verständnis darstellen, sind die zehn Charakter-Beschreibungen der Zahlen, die Sie im Kapitel über die Ur-Ideen jederzeit noch einmal nachlesen können.

Übersehen Sie auch bitte nicht, dass es sich in den nachfolgenden neun Beschreibungen nicht um Ihr gesamtes Geburtsdatum, sondern ausschließlich um den Tag Ihrer Geburt handelt, den wir, wie auf unserem Berechnungsplan zu sehen ist, als »Einsteiger« bezeichnet haben. Nur von diesem ist in den nachfolgenden neun Besprechungen die Rede.
Sie werden in jeder dieser Abhandlungen auf das Wort »Erinnerungen« stoßen. Damit sind die aus anderen Existenzen verbliebenen, unvergesslichen Eindrücke gemeint, die in den elterlichen genetischen Anteilen, die Sie in Anspruch genommen haben, ihre Entsprechung finden. Wie jede der Erinnerungen, die wir bewusst oder unbewusst in uns tragen, sind auch diese manchmal weit zurückliegenden Abspeicherungen von Erlebnissen durch nachfolgende Ereignisse verstärkt, vermindert oder verfremdet worden. Wenn Sie sich selbst also nicht sofort und eindeutig wiedererkennen, kann das mit dem ganz normalen Entwicklungsprozess zusammenhängen, den jedes Menschenleben durchläuft. Vielleicht ist es Ihnen möglich, sich mit Verwandten, die Ihre Kindheit begleitet haben, über dieses Thema zu unterhalten, um so Ihre ursprünglichen, vielleicht längst vergessenen Bilder noch einmal zum Leben zu erwecken.

Geburtstag 1., 10., 19. und 28.

Wer unter diesem Datum geboren ist, entspricht mit seinem Anspruch der Ur-Idee des Erstgeborenen.

Seine Erinnerungen beziehen sich auf Existenzformen als Anführer, Herrscher, Befehlshaber, Aggressor, Dominator, aber auch als Einzelgänger, Alleingelassener und einsam Kämpfender. Das Spektrum seiner Erfahrungen reicht von der allein erziehenden Mutter zahlreicher Kinder bis zum Ministerpräsidenten. Er ist gewöhnt, selbständig zu handeln, seine Interessen ohne Hilfe anderer durchzusetzen, seine Ideen ohne Mitwirkung Gleichgesinnter zu verwirklichen. In kompliziertesten Situationen wird er einen Ausweg finden und aus sich selbst Kräfte entwickeln, um die Verzweiflung zu besiegen. Sein Unterbewusstes treibt ihn unweigerlich dahin, wo die Luft am dünnsten ist. Er will niemandes Diener sein, lässt sich auf Dauer weder unterdrücken noch befehligen, und wird sich im ärmlichsten wie auch im reichsten Rahmen seine eigene Bühne schaffen, auf der er als Protagonist erscheint.

Sein Durchsetzungsvermögen basiert auf einem starken und ausgeprägten Willen, der von seiner Umwelt oft als Egoismus und Rücksichtslosigkeit empfunden wird. Als Kind werden es dominante Eltern mit ihm nicht leicht haben. Niemand liefert intensivere Trotzphasen ab, niemand besteht mehr auf eingeborenen Verhaltensmustern als ein unter dieser Zahl Geborener. Bezeichnenderweise gerät er von Anfang an in eine Umgebung, die ihm Widerstand entgegensetzt. Entweder wird er als Einzelkind geboren oder als Anführer einer Geschwisterschar, die sich seinem Anspruch als Leitwolf mehr oder minder willig fügt. Seine Ausdrucksform ist der Imperativ, was sich beim Kleinkind darin äußert, dass das Wort »Ich« sehr schnell begriffen wird. Die bei anderen Kindern übliche Selbstbezeichnung in der dritten Person wird sehr selten verwendet, dafür taucht das Wort »wollen« öfter auf, als es der Familie lieb sein könnte.

Der unter der Energie der Eins Geborene verfügt über ein eigenes Verständnis von Zeiteinteilung und Ordnung, das er im Laufe seiner Entwicklung nie ganz verlieren wird, wie groß die Widerstände seiner Umwelt auch sein mögen. Gerät er in ein Familienumfeld, das es darauf anlegt, diese Grundstruktur zu brechen, besteht die Gefahr, dass er ein gebrochener Mensch wird, der möglicherweise seinen Lebensplan nicht mehr vollständig erfüllen kann.

Ein mit ständigem Widerstand konfrontierter Einser wird aggressiv und unzugänglich, schlimmstenfalls sogar gewalttätig. Deswegen ist es ungeheuer wichtig, dass Eltern solcher Kinder in die Erziehung ihres Sprösslings verstärkt soziale Aspekte einbeziehen, Mitgefühl und Geduld demonstrieren und den natürlichen Anspruch in gebotene Grenzen lenken.

Ein Einser-Geborener will mit besonderen Aufgaben betraut werden, will Verantwortung tragen und sich in seiner Ursprünglichkeit zeigen dürfen, ohne Gefahr zu laufen, angegriffen oder lächerlich gemacht zu werden. Das betrifft unter anderem auch seine früh geäußerten Berufswünsche, die fast immer mit exponierten Positionen zu tun haben. Nicht selten sind auf der Wunschliste die Angaben Präsident, Superstar oder Kapitän zu finden, wobei gleichgültig ist, ob letzterer einem Schiff, einer Fußballmannschaft oder einem Raumschiff vorsteht.

Er braucht starke Vorbilder, um sein Alter Ego danach orientieren zu können. So widerstandsfähig und hart im Nehmen diese meist schnell und groß wachsenden Kinder zu sein scheinen, so bedürftig und angewiesen sind sie auf Zärtlichkeit und teilnehmende Zuwendung. Nur unter diesem Aspekt können sie mit Anweisungen und Befehlen erwartungsgemäß umgehen. Einser-Kinder haben es nicht gerne, wenn man sie lächerlich macht, und vertragen es generell schlecht, zum Objekt öffentlicher Belustigung zu werden, es sei denn, sie haben die Rolle selbst gewählt, wie zum Beispiel die des Klassenclowns. Denn sie können witzig sein, oft am Rande der Respektlosigkeit, jedoch nie dümmlich, aber selten wirklich humorvoll, denn Humor ist ein entfernter Verwandter der Güte und Gutmütigkeit, was beides nicht unbedingt Eigenschaften sind, welche das Einser-Kind für sich verbuchen kann. Sind die Bedingungen günstig, wird das Einser-Kind guten Willen, Ehrgeiz und Familienbezogenheit entwickeln und die positiven Aspekte seiner Struktur in schönster charismatischer Form verwirklichen. Sein Dank wird lebenslange Loyalität und Treue sein.

Die typischen Eltern eines Einser-Geborenen sind entweder eine sehr dominante, pflichtbewusste Mutter und ein introvertierter, versteckt ehrsüchtiger Vater, der, für Außenstehende, das Regiment an seine Frau abgegeben hat. Das weibliche Gegenstück ist die unter einem sehr herrschsüchtig und rücksichtslos agierenden Ehemann leidende, ewig kränkelnde Frau, die ständig beklagt, dass sie sich nie »verwirklichen« konnte.

Geburtstag 2., 11., 20. und 29.

Alle unter diesem Datum Geborenen haben sich aus der Ur-Idee der Zwei entwickelt. Ihre Erinnerungen haben immer mit einem »Du«, mit einem Gegenüber zu tun und beziehen ihr Selbstverständnis aus der Beziehung. Dies kann sowohl die familiäre als auch jede andere Form der Partnerbeziehung betreffen. Sie werden von Anfang an ihre Orientierung durch eine bestimmte Bezugsperson erhalten, auf die sie in all ihren Handlungen angewiesen sind. Ist dieses Gegenüber nicht in erwarteter Intensität vorhanden, hat der Zweier-Geborene Schwierigkeiten, sein Selbstverständnis zu formieren. Bei seinem Tun sucht er die Rechtfertigung in der Reaktion seines Gegenübers. Er will sich in Zusammenarbeit verwirklichen, und zwar mit der Person, die er als sein »Du« akzeptiert und die am meisten seinem inneren Bild entspricht. Allein gelassen wird er es schwer haben, sich zurechtzufinden, zu lernen und sich zu entwickeln. Oft wird er deswegen als zu anhänglich, ja sogar als aufdringlich empfunden, doch es ist nur sein tiefstes innerstes Bedürfnis, das ihn dazu treibt, sich auf diese Weise zu verhalten. Für ihn ist die Welt nur dann in Ordnung, wenn er sie mit jemand anderem teilen kann. Er stellt sich niemals eine Frage selbst, sondern richtet sie an den anderen und wird unruhig, wenn die Antwort auf sich warten lässt oder gar nicht erfolgt. Das »Du« ist die Orientierungshilfe auf seinem Lebensweg. Sein Wille ist auf die Verwirklichung einer Welt mit einem »Du« gerichtet.

Auffallenderweise werden aber gerade diese Zweier-Geborenen mit Anfangssituationen konfrontiert, die diesem Bedürfnis nicht entsprechen oder in denen dieses »Du« erst erarbeitet oder erkämpft werden muss. Nicht selten werden Zweier-Kinder aus Verbindungen geboren, die man als nicht dauerhaft und harmonisch bezeichnet. Eltern dieser Kinder werden dann oft von ihnen direkt oder indirekt zur Weiterführung einer nicht intakten Ehe veranlasst. Es ist schwer, ihren Bitten und Bedürfnissen nicht nachzukommen, die sich oft über nonverbale Ebenen, wie beispielsweise Handlungen oder etwas, was man als stilles Flehen bezeichnen könnte, ausdrücken. Werden Zweier als Einzelkind geboren, wird jede Gelegenheit wahrgenommen, einen Freund zu finden und sei es auch nur ein Hund oder ein Meerschweinchen. Sie sind leicht erpressbar, vor allem mit Liebe, nach dem Schema: »Wenn du nicht brav bist, dann hab ich dich nicht mehr lieb.« Macht das Kind über längere Zeit diese Erfahrung, wird es dazu neigen, diese Erpressungsversuche weiterzugeben und auch Züge von Käuflichkeit entwickeln.

»Zuneigung und Aufmerksamkeit um jeden Preis« heißt dann die Devise und die Bezahlung dafür kann auf Kosten der Persönlichkeitsentwicklung gehen. Zweier-Kinder passen sich gerne und leicht an, bekommen aber gerade dadurch nicht immer das Maß an Zuwendung und Aufmerksamkeit wie wesentlich schwierigere andere Kinder, die durch Widerstand ihre Betreuer in Atem halten.

Zweier-Geborene vertragen Ortswechsel so lange gut, wie ihre Bezugspersonen diese Veränderungen mitmachen. Wird in der Kindheit diese Basis durch Trennung oder Tod entzogen, verzögert sich die Entwicklung oder zeigt deutliche Spuren von Störung wie zum Beispiel Stottern, Bettnässen und Konzentrationsschwierigkeiten.

Zweier-Kinder reagieren empfindlich auf Streit, Gewalt, Bedrohung und unsichere Verhältnisse. Sie haben empfindliche Ohren für Untertöne und sind in der Lage, aus scheinbar normal geführten Gesprächen die Wahrheit herauszuhören. Ihre feinen Antennen lassen sie Unstimmigkeiten und Zwistigkeiten oft erahnen, bevor sie wirklich in Erscheinung treten. Dauert ein Spannungszustand über längere Zeit an, reagieren sie mit Nervosität und Zeichen der Angst.

Zweier-Kinder freuen sich über kleine Geschwister und wollen in deren Pflege einbezogen werden. Sie sind von Natur aus zärtlich und reagieren mit Fröhlichkeit und Hilfsbereitschaft auf Zuwendung. Wird ihnen diese versagt oder nur in knapper Dosierung gewährt, ziehen sie sich in sich selbst zurück und führen lange Gespräche mit unsichtbaren Freunden, deren Gegenwart sie als so reell empfinden, dass es auf die Umgebung manchmal unheimlich wirkt. Allein gelassene Zweier-Kinder neigen zu Depression und Ängstlichkeit, was dann oft als Kommunikationsarmut und Feigheit missverstanden wird.

Zweier-Geborene sind begeisterte Kindergarten-Besucher, wo sie nicht selten schon sehr früh als Helfer der Großen beschäftigt werden wollen.

Im Kindesalter nach ihren Berufswünschen befragt, werden kleine Mädchen antworten, dass sie ihren Papi heiraten oder Mutter vieler Kinder werden wollen. Aber genauso oft wird auf der Wunschliste Mannequin, Tänzerin oder Schauspielerin stehen, denn die Zwei hat eine tiefe Sehnsucht nach bewundernder Beachtung. Kleine Buben hängen lange an ihrer Mutter, zeigen aber gleichzeitig schon früh technisches Interesse und Verständnis. Sie forschen gerne, beobachten intensiv Frösche, Käfer und anderes Kleingetier und freuen sich über Geschenke wie einen Zauberkasten oder ein Kinder-Mikroskop.

Zweier-Kinder sind niedlich und bewahren sich lange die Ausdrucksformen des Kindchen-Schemas. Sie haben Charme und wirken sogar im Schmollen unwiderstehlich, weswegen sie oft gerne verhätschelt und verzogen werden, was ihnen aber nicht hilft, denn sie neigen zu Verweichlichung und Bequemlichkeit. Niemand kann so gut delegieren wie verzogene Zweier-Kinder, was sich bis zur Familien-Tyrannei ausweiten kann. Durch ihre innere Konstellation neigen sie leider leicht dazu, sich fragwürdigen Freunden anzuschließen und sich von diesen zu Handlungen, deren Folgen nicht immer positiver Natur sind, anstiften zu lassen, nur um anerkannt zu werden. Bezüglich einer solchen Form der Entwicklung benötigt ein Zweier-Kind besondere Aufsicht.

Die typischen Eltern eines Zweier-Kindes sind entweder die auffallend harmonisch lebenden Paare oder auch total zerstrittene, die weder mit noch ohne einander existieren können, was paradoxerweise dazu führt, dass das Du-bezogene Zweier-Kind in keinem der beiden Fälle innerhalb dieser Gemeinschaft die Einzel-Bezugsperson findet, nach der es instinktiv sucht. Sehr oft ist ein Elternteil auffallend gut aussehend, während man sich beim anderen fragen muss, welche inneren Qualitäten das Zustandekommen der Partnerschaft wohl bewirkt haben könnten.

Geburtstag 3., 12., 21. und 30.

Der unter diesem Aspekt Geborene hat sich nach dem Bild und Gleichnis des sogenannten Dritt-Geborenen gerichtet. Würde man seine Erinnerungsbilder durch Rückführung heraufbeschwören, so hätten diese immer mit einem Clan, einer Bande, einem Team, einem Verein oder natürlich mit einer Familie zu tun.

Dreier sind geborene Gruppenmenschen ohne ausgeprägten Dominanz-Anspruch. Dominant werden sie nur, wenn es die Gruppen-Harmonie erfordert, denn von der Harmonie, die diese erzeugt, leben sie wie eine Pflanze vom Licht. Ein Dreier erscheint selten allein. Er liebt Versammlungen jeder Art und ist kein Freund stiller Zurückgezogenheit. Er teilt sich gerne mit, hört aber auch gerne zu. Er ist ein wirklich guter Geschichten- und Witzeerzähler, wobei er mitunter zu Übertreibungen neigt und darauf achten muss, dass die Grenze zur Lüge nicht allzuoft überschritten wird. Er liebt das Wohlergehen und die Bequemlichkeit, ist aber auch durchaus sportlich und arbeitsam.

Dreier-Kinder schaffen sich innerhalb ihres Reviers wiederum Klein-Reviere, die ihren speziellen Bedürfnissen entsprechen. Schlimmstenfalls können das bei diesen nicht unbedingt ordentlichen Zeitgenossen kleine oder größere Häufchen sein, die, thematisch geordnet, das Wiederfinden der einzelnen Gegenstände erleichtern sollen. Eltern haben für diese Form des organisierten Chaos nur selten Verständnis, was den Dreier veranlasst, listenreich wiederum neue Häufchen zu erzeugen. Er sollte bei dieser Tätigkeit nicht allzusehr gestört werden, denn er lernt über diese Einteilungsstrategie mit einem Thema umzugehen, das in seinem späteren Leben eine große Rolle spielen wird: die Organisation. Ganz nebenbei werden ihm dadurch auch noch die Grundkenntnisse eines anderen, für den Dreier höchst interessanten Betätigungsfeldes vermittelt: die der Diplomatie. Denn es wird viel rhetorisches Geschick und entschiedenes Auftreten erfordern, diese Lebensform gegen den Rest der Familie durchzusetzen.

Dreier-Kinder sind früh »aushäusig«, denn draußen lockt das Leben mit Spiel und Abenteuer. Keine Mutter verbraucht so viel Waschmittel wie die von Dreier-Kindern, die den Tag im Ganzkörper-Einsatz verbringen. Dafür wird ihre Aufsichtspflicht dadurch erleichtert, dass sie durch das ausgeprägte Stimmorgan, über das die Dreier verfügen, auch über weite Entfernungen bestens über die Aktivitäten ihres Kindes informiert ist. Sie sind hochgeeignete Chorsänger, denen es nicht so sehr um die Schönheit und Tongenauigkeit, wohl aber um das Gefühl des gemeinsamen Erlebens geht.

Dreier-Geborene teilen gern, gehören aber leider auch zu den Tischgenossen, die gern aus den Tellern anderer probieren, eine Unart, die sich im späteren Leben auch auf andere Bereiche erstreckt.

Sexualität ist schon für das Dreier-Kind ein durchaus attraktives Thema, welches mit der Erforschung des eigenen Körpers seinen Anfang findet und nicht selten, zum betretenen Erstaunen der Eltern, in differenzierten Doktorspielen seine Fortsetzung erlebt. Dabei ist der Dreier nicht schamlos, sondern nur neugierig und informationshungrig. Er will einfach sehen, was bei den anderen los ist und verschafft sich dieses Wissen ohne den Hauch von Gewissensbissen.

Sein angeborenes soziales Empfinden macht ihn in der Gemeinschaft zum gern gesehenen und beliebten Mitglied. Er wird gerne und oft eingeladen und ist auch selbst ein guter Gastgeber. Kinder-Geburtstagsfeste von Dreiern sind vielbegehrte Veranstaltungen, wobei darauf geachtet werden muss, dass die generell übergroßen Augen den Magen nicht allzusehr überfordern, ein Charakterzug, der sich, wie bereits bei den Tischmanieren erwähnt, im späteren Leben auch auf andere Bereiche erstrecken könnte.

Dreier-Geborene sammeln gerne: Briefmarken, getrocknete Frösche, bunte Sticker, Barbie-Puppen, Mini-Autos, Freunde, Anerkennungen und Erfahrungen. Das ermöglicht ihnen, ihrem natürlichen Bedürfnis nach Tauschgeschäften nachzukommen.

Wird ein Dreier in all diesen Ansprüchen von seiner Umgebung unterdrückt, wird er aufdringlich und ein lästiger Störenfried. Er will integriert und als Mitglied anerkannt werden. Darüber findet er zu sich selbst und zu seinem Entwicklungsweg.

Typische Eltern eines Dreier-Kindes sind viel auf Reisen, streben nach gesellschaftlicher Anerkennung und legen Wert auf einen guten Ruf. Oft kämpfen sie mit dem Existenz-Minimum, was sie genauso wenig zeigen wie die wohlhabende Version, die sich gerne im Understatement übt. Obwohl die Verbindung dieser Paare sehr oft durch Besuche in Nachbars Kirschgarten gestört werden, kommt es selten zur Scheidung, doch öfter zu mehr oder weniger lange andauernden Trennungen.

Geburtstag 4., 13., 22. und 31.

Die charakteristischen Wesenszüge der Ur-Idee Vier drücken sich natürlich auch durch die Geborenen dieser Tagesdaten aus.

Der Vierer erinnert sich nicht, er *ist* seine Erinnerungen und diese hat er in jeder Ecke seiner Seele und in jeder Zelle seines Körpers abgespeichert. Unter keinem anderen Tagesdatum werden so viele behinderte Kinder geboren wie unter der Vier und es sind leider auch unter diesen Daten die Krankheitsanfälligsten zu finden, nur noch übertroffen von den Achter-Geborenen.

Das Vierer-Kind ist meist nicht besonders hübsch und neigt auf Grund von eigenartigem Essverhalten dazu, etwas zart und unterernährt zu erscheinen. Aber auch das extreme Gegenteil wird oft beobachtet.

Die Vierer werden in die Beschränkung geboren, in ein Umfeld der Disziplin, der Pflicht und der Strenge. Auf den ersten Blick mag diese Aussage in vielen Fällen nicht bestätigt sein, doch bei genauerem Nachfragen stellt sich immer heraus, dass sich diese Komponenten auf Grund von Umweltkonstellationen, wie schwierigen Familienverhältnissen, straffen Tagesabläufen, ärztlichen Anordnungen oder durch das Kind selbst ausgelöste Probleme zwangsläufig ergeben haben. Seltsamerweise können diese Kinder mit diesen Umständen erstaunlich gut umgehen, als hätten sie nichts anderes erwartet. So entwickeln sie früh eine auffallende Begabung, vom »Prinzip Hoffnung« zu leben. Vierer-Kinder sind scharfe Beobachter und geborene Analytiker. Es hat wenig Sinn, ihnen etwas vorzumachen, denn sie tragen die Ahnung überall lauernder

Schwierigkeiten in sich. Sie sind nativ intelligent und praktisch veranlagt, und scheinen mit dem Leitsatz auf die Welt gekommen zu sein: »Hilf dir selbst, denn sonst tut es keiner!« Das Wort »Schlüsselkind« könnte für die Geborenen dieses Tages erfunden worden sein, und zwar nicht nur in dem bekannten Sinn, sondern auch in Beziehung auf die Tatsache, dass sie tief verborgen den Schlüssel zu den Kellerräumen des genetischen Familienarchivs in sich zu tragen scheinen. Dadurch werden sie von ihrer Umgebung sehr oft als »schwierig« eingestuft. Dabei ist niemand besser geeignet, die unverarbeiteten Potentiale der Familie in Angriff zu nehmen, als diese Nachkommen.

Das Thema Unterdrückung, Manipulation und Verkennung präsentiert sich in vielerlei Verkleidung. Entweder ist das Kind zu gut beaufsichtigt und zu sehr geliebt und dadurch in seiner Entfaltung behindert, oder es wird, auch unter vorher genannten Umständen, sträflich vernachlässigt. Viele unter diesem Datum geborene Hochbegabte werden, vor allem unter hinzugefügten Achter-Aspekten, sprichwörtlich mit Gewalt dazu gezwungen, ihre Talente verkümmern zu lassen, die sich meist auf die sogenannten »brotlosen« Künste beziehen oder auf ein der Familie nicht vertrautes Gebiet.

Vierer-Kinder geben gern das »letzte Hemd«, nicht nur weil sie geliebt sein wollen, sondern weil sie bis zur Selbstaufgabe freigiebig und mitfühlend sind. Da ihre Grundkonstellation sie für spätere verantwortungsvolle und mit viel Arbeit verbundene Positionen prädestiniert, lernen sie früh, hart im Nehmen, aber auch im Austeilen zu werden. Vierer-Kinder sagen die Wahrheit und sind außergewöhnlich mutig, vor allem wenn es um die Durchsetzung der Belange anderer geht. Sie sind geborene Kämpfer und ausgezeichnet geeignet, extreme Strategien zu entwickeln und Neuland sowohl zu entdecken als auch zu verteidigen.

Wenn das Vierer-Kind das Glück hat, in eine verständnisvolle und liebevolle Umgebung geboren zu werden, entwickelt es sich früh zu einer außergewöhnlichen, charismatischen Persönlichkeit mit einem etwas spröden, jedoch geheimnisvollen, unwiderstehlichen Charme. Es zeigt früh Führungsqualitäten und wird während seiner Schulzeit oft als Klassensprecher in Erscheinung treten. Es trägt in sich die Ahnung, dass nichts so bleibt wie es ist, und dass das Glück ein flüchtiger Gast ist. Deswegen klammert es gern oder kostet angenehme oder beglückende Situationen so intensiv und offensichtlich aus, dass dies von der Umwelt als übertrieben empfunden wird. Dieses Talent des intensiven Erlebens und Ausnützens eines Moments gibt ihm gleichzeitig die Möglichkeit, sich innerhalb einer Sekunde mit beinahe magischer Intensität sammeln zu können und dadurch auf seine Umgebung eine nachhaltige Wirkung auszuüben.

Das Vierer-Kind ist ein verbissener und ausdauernder Arbeiter, wenn es sich mit den Gebieten beschäftigen darf, zu denen es sich hingezogen fühlt. Wird es dabei behindert, mutiert es zu einem scheinbar faulen und interesselosen Zeitgenossen, einem wehleidigen Hypochonder, der nur auf extremen Druck reagiert. Es wird zum Spezialisten für Erledigungen in letzter Minute und zum Meister des Aufschiebens. Daraus kann sich das unheilvolle Programm des »Schubenergetikers« entwickeln, der seine Kräfte nur dann aktiviert, wenn es unbedingt notwendig ist.

Typische Eltern eines Vierer-Kindes sind in der positiven Form traditionsverbundene, pflichtbewusste und pragmatisch denkende Leute, die Wert auf Ansehen und soziales Engagement legen; im negativen Sinn zeigen sie sich als latent sadistische, unberechenbare Personen, die unterschwellig das Gefühl mit sich herumtragen, nicht das erreicht zu haben, was sie hätten erreichen können oder vom Glück nicht in der Form bedacht worden zu sein, die sie eigentlich verdient hätten. Sehr oft neigen sie dazu, ihre eigenen nicht zum Ausdruck gekommenen Talente bei ihrem Vierer-Kind zu unterdrücken, was unbewusst einer Missgunst entspringt, nach dem Motto: »Was ich nicht gehabt habe, sollst du auch nicht bekommen!« Genauso oft sind sie aber auch hervorragende Förderer eben dieser Talente ihrer Nachkommen, mit dem tiefen Bedürfnis, durch ihren intensiven Einsatz dem Kind ein selbst erlittenes Schicksal zu ersparen.

Geburtstag 5., 14. und 23.

Der angeblich eigentliche Herrscher der Elemente, der Träger der Geheimnisse des Mikro- und Makrokosmos, ist der Vater der Ur-Idee dieser Geborenen.

Diese eigene Werteinschätzung ist die Grundlage der Erinnerungen aller Fünfer-Geborenen, welche den ersten Satz des Grundgesetzes »Die Würde des Menschen ist unantastbar« konstituiert zu haben scheinen. Sie sind von Anfang an selbstbewusst und haben keinerlei Schwierigkeiten, sich mit Materie und Menschen verbunden zu fühlen – es sei denn, diese zollen ihnen nicht die Wertschätzung, welche ihnen nach ihrer eigenen Empfindung gebührt. Obwohl sie es nicht sofort zeigen, sind Fünfer empfindlich und nachtragend und verfügen über das berühmte Elefantengedächtnis. Sie sind nicht rachsüchtig, aber sie vergessen nie, und auch das Verzeihen ist nicht unbedingt ihre Stärke. Dafür sind sie denen, von denen sie geliebt und anerkannt werden, treu und tief verbunden und revanchieren sich für erwiesene Wohltaten in genau entsprechendem Maß. Der Fünfer ist nicht überschwänglich, doch kann er mit seinen Zeichen des Dankes und der Zuneigung durchaus überraschen.

Ein Fünfer-Kind möchte, dass sein Geburtstag vom ersten Moment des Erwachens bis zum Betreten der abendlichen Bettkante ausgiebig und feierlich begangen wird. Als Geschenk wird alles gern entgegengenommen, was als wertvoll empfunden wird, wobei der Fünfer-Geborene oft recht seltsam anmutende Anschauungen darüber besitzt, was in dieser Welt als »wertvoll« einzustufen ist. Nahrungsmittel der gehobenen Klasse (feine Pralinen, Konditoreigebäck, kunstvolle Torten) gehören genauso dazu wie Kleidungsstücke, die dazu angetan sind, das Äußere des Fünfers zu optimieren. Mit weithin als Markenartikel erkennbaren Gegenständen kann man den Fünfer außerordentlich erfreuen, denn sie vermitteln ihm ein Gefühl der Wertschätzung, das sich sofort auf sein ewig hungriges Selbstbewusstsein überträgt.

Eltern dieser Geborenen tun gut daran, auf Kommandotöne in ihrer Erziehung zu verzichten und den ungezügelten und phantastischen Ideen ihrer Kinder einen gewissen Widerstand entgegenzusetzen, was nicht einfach sein wird, denn die manchmal versteckte Leidenschaftlichkeit der Fünfer äußert sich auch in einer gewissen Hartnäckigkeit beim Durchsetzen einmal gefasster Ziele.

Fünfer-Mädchen müssen von ihren Betreuern etwas früher geweckt werden, denn das Auswählen der Kleidungsstücke und das Herstellen der passenden Frisur wird mehr Zeit in Anspruch nehmen, als es den übrigen Badbenützern lieb sein kann. Dabei ist dieses Kind vernünftigen Argumenten durchaus zugänglich und zeigt in Diskussionen einen realistischen und klaren Verstand.

Fünfer-Geborene fühlen sich von der Natur angezogen und geben sich gern Betrachtungen des Schönen im Allgemeinen hin. Ein blutroter Sonnenuntergang, eine nebelverschleierte Wiese, ein im Mondschein glitzernder See können aus einem Fünfer auf der Stelle einen Poeten machen, wobei die Texte, die er verwendet, nicht unbedingt seiner Feder entflossen sein müssen. Obwohl er selbst durchaus in der Lage wäre, sich durch seine Leistung Lorbeerkränze zu verschaffen, verwendet er gern die Arbeitsergebnisse anderer, um sich selbst damit zu schmücken, denn er neigt dazu, ein bisschen bequem zu sein, was sich bei seinem ausgeprägten Erholungsbedürfnis leider sehr oft auf seine Figur niederschlägt und nicht unbedingt durch ein intensiv-sportliches Training ausgeglichen wird. Überhaupt ist die Grundeinstellung gekennzeichnet vom Anspruch: »Ich bewege die Welt, die Welt bewegt sich um mich, und ich mich dabei möglichst am allerwenigsten!«

Fünfer-Kinder haben meistens etwas zu futtern in der Tasche und bringen es damit zur wahren Meisterschaft im Tauschhandel, wobei das Eingetauschte den Wert des Gegebenen meist übertrifft. Hier zeigen sich schon die eingeborenen Talente des künftigen Händlers, Managers und Gastronomen.

Ist der Dreier ein begabter Chorsänger, so ist der Fünfer der begabte Solist, dessen schmeichelndes, sogar glänzendes Stimmkolorit schon früh eine mögliche Berufsrichtung erkennen lässt, die seinem Bedürfnis nach eindrucksvollem Auftreten weitgehend entgegenkommen wird. Sammelt das Dreier-Kind wahllos um des Sammelns willen, so beschränkt sich der Fünfer in dieser bei ihm äußerst ausgeprägten Leidenschaft auf Seltenes und Wertvolles, wobei die gesammelten Gegenstände nicht zusammenpassen müssen. Nicht selten bringt ein Fünfer-Kind sehr früh Pokale oder sonstige sichtbare Zeichen der Siegerehrung in die elterliche Wohnzimmer-Vitrine.

Viele Fünfer-Kinder tragen in sich ein tiefes Bedürfnis nach Mystik und Transzendentalem und schließen sich deswegen gerne religiösen Institutionen an. Arbeitet man sich durch die Daten der Vertreter der Kirchengeschichte, findet man dort eine auffallende Ansammlung von Fünfer-Geborenen, die sich in diesem Berufsstand mit viel Geschäftssinn, Glanz und Gloria verwirklicht haben.

Typische Eltern von Fünfer-Kindern sind Kaufleute, Hotelbesitzer, aber auch Schauspieler und Künstler, schlimmstenfalls sogar verkannte Genies, deren vermeintliches Hypertalent von der verbohrten, mit Blindheit geschlagenen Umwelt nie erkannt wurde. Fünfer-Eltern finden sich aber auch sehr oft als Angestellte oder Leiter großer Betriebe, in denen sie Positionen bekleiden, die ein gutes Auskommen garantieren.

Geburtstag 6., 15. und 24.

Die Ur-Idee der sonnengeborenen Sechs ist die Basis der Menschen, die an diesem Tag das Licht der Welt erblickt haben.

Der Sechser erinnert sich, vor allem in seinen überaus reell empfundenen nächtlichen Träumen, an ein Dasein in Harmonie, Schönheit, Wärme und Fülle und natürlich will er diese Träume in seiner jetzigen Existenz auch verwirklicht sehen.

Es ist überraschend, wie oft sich dieses harmoniebedürftige und schönheitshungrige Wesen in eine Anfangsumgebung begibt, die mit diesem Thema so gut wie nichts am Hut hat. Fast scheint es, als hätte sich die Umgebung das Kind und nicht das Kind die Umgebung ausgesucht.

Sechser-Kinder sind nicht unbedingt schön oder süß, sondern sie sind von einer strahlenden Fröhlichkeit, die sich förmlich durch die Augen in die Welt zu ergießen scheint.

Will der Fünfer-Geborene Glanz durch Äußerlichkeiten erzeugen, so haben die Sechser diese Hilfsmittel nicht nötig: Sie strahlen durch sich selbst. Sie konzentrieren sich mit ihren Bezogenheiten nicht auf eine einzige Person, sondern empfinden die Umgebung als kollektives Ganzes, in das sie sich auch unter erschwerten Bedingungen relativ widerstandslos einfügen.

Für das Sechser-Kind ist es wichtig, geliebt und liebenswert gefunden zu werden und es ist nicht wählerisch in Bezug auf die Personen, welche diese Liebe demonstrieren. Es ist zugänglich für Schmeicheleien und Verlockungen, was weniger mit einer eitlen Grundkonstellation zu tun hat, als mit dem grundsätzlichen Bedürfnis nach Schönem, Gutem und Edlem. So wenig wählerisch der Fünfer im Sammeln vermeintlich wertvoller Dinge erscheint, so wahllos ist der Sechser-Geborene am Anfang seines Lebens im Verteilen und Einsammeln des Gefühls, das man Liebe nennt. Das birgt viele Gefahren in sich, wie vor allem die Polizeiberichte zeigen. – Deswegen müssen vor allem Sechser-Mädchen besonders nachdrücklich angewiesen werden, sich von keinem Fremden mitnehmen, einladen oder beschenken zu lassen. – Sechser-Kinder haben viele Freunde und versuchen, diesen Freundeskreis über Jahre stabil zu halten. Da sie mit Verlusten schlecht umgehen können, geben sie lieber nach, als ihre wirkliche Meinung durchzusetzen.

In der Schule liefern Sechser-Kinder recht schwankende Leistungen ab, was mit ihren ebenso schwankenden Gemütsverfassungen zu tun hat und mit ihrem nicht unbedingt extrem ausgebildeten Ehrgeiz. Außerdem bleiben diese meist musisch begabten Kinder nicht gerne bei einer Sache, denn die Ausdauer haben sie ebenfalls nicht erfunden. Sind sie gezwungen, sich zwischen mehreren Möglichkeiten zu entscheiden, geraten sie in tiefe Konflikte, weil sie einerseits niemanden enttäuschen wollen, auf der anderen Seite aber auch mit der Vorstellung, im Nachhinein erkennen zu müssen, falsch gewählt zu haben, nicht ruhigen Herzens weiterleben könnten. Überhaupt haben sie mit dem Wörtchen »Nein« ein gewisses Problem, was dazu führt, dass sich um sie herum opulente Fülle und Angebote ausbreiten. Das erschwert natürlich den Umgang mit dem ganz speziellen, einzigen »Du«, und die Erfahrung des Kämpfen-Müssens um dieses Gegenüber, wird von Kindern dieser Geburtstage nur schwer angenommen und verarbeitet.

Wenn Eltern ein Sechser-Kind als Erstgeborenen bekommen, verfallen sie dem Irrglauben, alle Kinder seien einfach, denn hier wird nicht nächtelang gebrüllt, ja sogar die Trotzphase gestaltet sich äußerst moderat. Das Sechser-Kind weiß, dass es nur seine Strahleäuglein nach oben zu richten hat und schon zerfließt sämtlicher Widerstand. Trotzdem müssen Eltern in der Erziehung dieser liebenswerten Geschöpfe konsequent bleiben, denn sie neigen dazu, auf längere Verwöhnungszeiten mit sehr offensichtlichen Anpassungsschwierigkeiten in der Gemeinschaft zu reagieren und sind in der Folge nur mehr schwer in einen festen Rahmen zu fügen, der nicht die gewohnten Vergünstigungen beinhaltet.

Aus diesem Ur-Potential erwachsen die meisten Superstars des Showgeschäfts und der Comedy, nie hintergründig, undurchschaubar und mystisch, sondern ihrem Naturell entsprechend glanzvoll, strahlend und heiter. Begabungen und Ansprüche der Sechser-Kinder weisen schon sehr früh auf diese Berufszweige hin, aber auch generell auf alle Betätigungen, die im weitesten Sinn mit Verschönerung und Verwirklichung von Sinnlichkeit zu tun haben.

Leider ist ein wesentlicher Charakterzug der Sechser-Geborenen auch die Oberflächlichkeit und Käuflichkeit, denn sie machen sich, trotz eines klaren Verstandes, nicht allzuviel Gedanken über die Hintergründe scheinbar glanzvoller Angebote. Deswegen ist es für diese Kinder fast symptomatisch, dass sich in ihrem Geburtsdatum korrigierende Faktoren finden lassen, welche sich vor allem durch die Acht und die Vier ausdrücken. In der Realität sieht es so aus, dass sich in der Umgebung des Sechser-Geborenen in den ersten sieben Jahren oft viele Umbrüche und Situationen ergeben, die mit Minderung und Verlust zu tun haben. Nicht selten ist bei diesen

Geborenen frühe Bekanntschaft mit Todesfällen und Scheidungen zu verzeichnen.

Typische Elternpaare von Sechser-Kindern sind Beamte, Techniker, aber oft auch Pädagogen und Geisteswissenschaftler, deren Kennzeichen es ist, dem »Club der unbeschäftigten Philosophen« anzugehören. Auffallend ist auch das komprimierte Vorkommen von Müttern, die in der Jugend eine vielversprechende Karriere vor sich zu haben glaubten und diese wegen Schwangerschaft oder Heirat mehr oder weniger freudig an den Nagel gehängt haben. Aus dieser Spezies resultiert die »Eislauf-Mutter«, aber auch die Gesangslehrerin der eigenen Kinder. Ebenso auffallend ist die sehr häufige Verbindung von Sechser-Kindern mit Vätern, die entweder gar nicht zu Hause sind oder die Rolle eines Hausmannes übernommen haben.

Geburtstag 7., 16. und 25.

Die Ur-Idee der Sieben, des Glorienträgers, ist Grundlage bei denen, die sich diesen Tag als »Einstieg« gewählt haben.

Der Drang nach Höherem ist tief in der Erinnerung der an diesem Tag Geborenen eingegraben. Sie identifizieren sich gern mit glanzvollen Persönlichkeiten und wählen sich sehr früh schimmernde Vorbilder, deren Kennzeichen es ist, repräsentative, gloriose Stellungen zu bekleiden. Oft bezieht sich diese Identifikation auf Persönlichkeiten aus der Vergangenheit, wie zum Beispiel auf Prinzessinnen, Könige, Pharaonen und große Feldherren. Das bezeichnendste Merkmal der Siebener-Einsteiger ist, dass sie gerne repräsentieren und Positionen einnehmen, welche sie wenigstens einige Zentimeter über die anderen stellen.

Siebener-Kinder verkleiden sich gern mit wallenden Gewändern, wie beispielsweise mit Vorhängen oder der Abendgarderobe der Familie, um sich, dergestalt geschmückt, meist auf einem Hocker oder anderen Podesten dem erstaunten Volk zu präsentieren. Nicht selten findet man diese Kinder auch dirigierend vor dem Fernsehgerät oder der Stereoanlage, auch mimische Synchronarbeit ist vor dem Bildschirm schon öfter beobachtet worden. Sie sind begabte Nachahmer mit einem anfänglich eher ungewollten Zug der Karikatur ihres Vorbilds. Sie möchten gerne darstellen, Rollen übernehmen, wobei sie in sich versunken der Wirkung ihres eigenen Schauspiels auf sich selbst und andere nachfühlen, als seien sie der Erinnerung längst vergangener und leider nie wiederkehrender Zeiten auf der Spur. Am Anfang ihres Lebens sind sie nie gerne das, was sie sind, es sei denn, sie werden schon als Prinz oder Prinzessin geboren. Das Unverständnis oder Schmunzeln der

Umwelt über dieses Benehmen scheinen sie gar nicht wahrzunehmen oder übersehen es geflissentlich so, als wollten sie sagen: »Wenn ihr wüßtet, wer ich eigentlich bin …«

Niemand eignet sich so gut zum Aufsagen von Gedichten zu Großmutters Geburtstag, wobei es, wenn man diesen Kindern die Auswahl selbst überlässt, durchaus zu Heiterkeitsausbrüchen oder peinlichen Reaktionen der Familie kommen kann, denn sie scheinen sich mit ihren Texten überhaupt nicht zu identifizieren, weil es ja nicht um Interpretation, sondern um Präsentation geht. So hat man schon beobachtet, dass aus dem Munde des kleinen Festredners anlässlich des 80. Geburtstages des Großvaters Worte wie »Du armes Schwein, du tust mir leid« erschallen, was nicht immer mit Wohlwollen aufgenommen wird. Das zuletzt Gehörte wird verwendet, nicht das Passendste, was damit zusammenhängt, dass der Siebener über ein nicht unbedingt großartiges Langzeitgedächtnis verfügt, sondern bereits Erlebtes wie ein Gesamtpaket in die momentanen Eindrücke integriert und in der Lage ist, die Summe dieser Impressionen ad hoc wiederzugeben. Dieses auffallende Merkmal befähigt ihn generell, die von anderen geleistete Vorarbeit mit Neuem so zu verbinden, dass man den Eindruck bekommt, er sei der geborene Erfinder und Wissenschaftler. Diese Fähigkeit hat weniger mit hoher Intelligenz als mit einem äußerst beweglichen, Situationen blitzschnell einschätzenden Geist zu tun.

Niemand kann sich so genial aus einer peinlichen Lage herausreden und eine bedrohliche Stimmung zu seinen Gunsten verändern wie der kleine Siebener. Er findet für alles eine Erklärung und ist ein so meisterlicher Überredungskünstler, dass man seine Bemühungen durchaus als Überrumpelung bezeichnen kann. Als Mitwirkender von Theateraufführungen seiner Schule ist der Siebener sehr gefragt, wobei er seine Mitspieler oft damit zur Verzweiflung bringt, dass jene sich bei der Premiere mit Texten konfrontiert sehen, die bei der Generalprobe noch nicht im Manuskript standen. Der Berufstand des Souffleurs würde an ihm zugrunde gehen, denn korrigierende Zurufe empfindet er ebenso als persönliche Beleidigung wie er für Zurechtweisungen generell wenig zugänglich ist. Er hat früh eine ausgeprägte Vorstellung davon, wer er ist und wie er sich zu präsentieren hat, was mitunter absonderliche Darstellungsformen annehmen kann.

Die familiäre Umgebung des Siebener-Kindes muss in jeder Beziehung darauf achten, von ihm nicht als »Hofstaat« benützt zu werden, denn es lässt sich mit Vorliebe bedienen, wobei es lieber mit schönen Worten als mit Taten bezahlt. Niemand schreibt in der Schule so gerne ab und wird so selten erwischt wie dieses Kind, wobei es auffällt, wie leicht es ihm die anderen dabei machen.

Es ist jedoch nicht immer die Regel, dass der Siebener-Geborene sein Leben in einer, seinen Ansprüchen entgegenkommenden Umgebung beginnt. Oft wird er früh mit Demütigung und Missachtung konfrontiert und sein angeborenes Bedürfnis nach einem angemessenen Ambiente wird ad absurdum geführt. So verkannt, entwickelt er leicht Profilneurosen oder wird zum verlachten Angeber, was in seiner späteren Entwicklung dazu führen kann, dass er nicht in der Lage ist, seine Grenzen richtig einzuschätzen und Gefahr läuft, zum Hochstapler oder Blender zu werden. Die Filmfigur James Bond könnte für einen Siebener erfunden worden sein: »Im Auftrag seiner Majestät und unter ständigem Einsatz des Lebens im Dienst für Volk und Vaterland!« Die durchaus glanzvollen Attribute, die dieser unbesiegbaren, eleganten und unwiderstehlichen Figur Kultstatus verliehen haben, könnten fast ausnahmslos aus der Requisitenkiste des Siebeners stammen.

Bezeichnenderweise sind die typischen Eltern eines Siebener-Kindes selten selbst glanzvoll, sondern neigen eher zu Sparsamkeit und Minimalismus. Die auffallend häufig vorkommenden Berufsbilder sind Versicherungsvertreter, Beschäftigte im weiten Bereich der Dienstleistungen und alle Betätigungen, die sich hinter dem Vorhang der großen Bühne des Lebens abspielen. Sehr oft sind sie auch unscheinbare, aber wichtige Berater großer Persönlichkeiten aus Politik und Wirtschaft, Ghostwriter oder Lehrer.

Geburtstag 8., 17. und 26.

Die Ur-Idee der schicksalsträchtigen, kompromisslosen Acht entspricht dem Grundcharakter jedes an diesem Tage auf diesem Planeten erschienenen Erdenbewohners.

Der Achter-Geborene trägt seine Erinnerungen in Form von Ahnungen in sich, die mit den Schattenseiten und mit den Abgründen der menschlichen Psyche zu tun haben. Themen wie Tod, Krankheit, Schicksalsschläge, Verlust und schwere Zeiten können ihn nicht schrecken, sondern sind ihm tief vertraut, wie alte Bekannte. Man wird von ihm sagen, er sei ein Einzelgänger, doch in Wirklichkeit sehnt er sich zutiefst nach Gesellschaft, die ihm hilft, mit seinem komplizierten und oft destruktiven Innenleben wenigstens für kurze Zeit nicht allein zurechtkommen zu müssen. Er ist als Analytiker geboren, kennt die Dunkelkammern der menschlichen Seele und ist deswegen extrem vorsichtig mit der Offenbarung der eigenen, prall gefüllten Dunkelkammer seiner Psyche.

Eltern von Achter-Kindern fühlen sich von ihren Sprösslingen oft beobachtet und durchschaut, weil man glaubt, aus ihren Augen eine alte Seele blicken zu sehen, nicht immer eine gütige, doch eine um das Leid des Mensch-Seins wissende, die dieses Wissen jedoch unter einem Mäntelchen der unbeteiligten Nonchalance zu verbergen versucht, so, als sei es ihr peinlich, in diesem zarten Alter schon so viel zu wissen. Trotzdem erwecken diese Kinder sehr oft den Eindruck eines altklugen, vor der Zeit gereiften Sprösslings.

Dem Charakter des Vierer-Geborenen nicht unähnlich, würde sich dieser Gerechtigkeitsfanatiker jedoch nie wehleidig oder hypochondrisch zeigen, denn Schwäche ist ihm ein Greuel und so leidet er lieber still vor sich hin und wartet hoffnungsvoll darauf, dass andere seine Bedürftigkeiten entdecken, was natürlich auf sich warten lässt, weil er sehr zäh ist und durchhaltefähig bis zum Umfallen.

Wird ein Achter-Kind krank, so ist es schwerkrank, ist ein Achter-Kind traurig, so ist es tieftraurig, ist es beleidigt, dann ist es tief beleidigt. Ist es begeistert, dann ist es euphorisch, ist es fröhlich, so ist es exaltiert, es gibt nur Schwarz und Weiß und Entweder-Oder in diesem jungen Leben, das sich in keinem Bereich seines Daseins auf Kompromisse einlassen will. Das ist ein Wesenszug, der viel mit der angeborenen Intoleranz dieses Charakters zu tun hat, der gern mit zweierlei Maß misst: mit dem, was ihn selbst betrifft und einem, das die anderen beurteilt. Dabei ist das Achter-Kind durchaus zugänglich für das Leid und die Bedürfnisse anderer, sofern diese echt sind, denn es ist gefühlvoll und nachdenklich und in der Lage, sich gut in andere zu versetzen. Die starke innere Spannung, der diese Geborenen ausgesetzt sind, lässt sie oft launisch, unberechenbar und kritiksüchtig erscheinen, worunter sie selbst am meisten leiden, was sie unter einer Maske des unverletzlichen, über den Dingen stehenden »Highlanders« zu verbergen versuchen. Achter-Kinder sind hochbegabte Dramatiker, welche ihrer unergründlichen Gefühlswelt bei manchmal recht unpassenden Gelegenheiten Luft machen und mit ihrem, diesem frühen Alter wenig entsprechenden Pathos eher Heiterkeit erregen als die von ihnen angestrebte Ergriffenheit des Publikums. Nicht immer können sie ihr tief empfundenes Gefühl für Würde nach außen so umsetzen, dass das Ergebnis ihren Ansprüchen genügt.

Was immer ein Achter-Kind erlebt, es wird nie vergessen, aber auch nie verzeihen, selbst wenn es aus Höflichkeit das Gegenteil behauptet, wobei diese Höflichkeit eher mit Verschlossenheit als mit gutem Benehmen zu tun hat, denn dem Achter-Kind ist es in dem Moment, in dem es für sich oder andere kämpft, ziemlich egal, was man von ihm denkt. In prekären Situationen wird es zum Kamikaze-Flieger, der ohne Rücksicht auf eigene und fremde Verluste versucht, sich durchzusetzen, und die Art und Weise, wie er das tut, zeigt, dass Macht durchaus ein Thema für ihn ist, weshalb er viele Möglichkeiten in sich trägt, diesen Bereich zu leben: Entweder er wird unterdrückt oder übt Druck auf seine Umwelt aus, er wird gequält oder neigt dazu, andere zu drangsalieren, er wird protegiert oder setzt sich vehement für die Belange der anderen ein, wobei er seine Kompetenzen nicht immer richtig einschätzen kann.

Das Spektrum der Begabungen der Achter-Kinder ist oft so weit gespannt, dass sie Schwierigkeiten haben, sich nicht zu verzetteln und sich auf einen Punkt zu konzentrieren. So verbissen sie auch sein können, so sind sie in ihren Leistungen nicht kontinuierlich, was mit ihrer extremen Erholungsbedürftigkeit zusammenhängt. Sie geben im Moment alles, verwenden ihre ganze Kraft für das Gebot der Stunde, so als wollten sie alles möglichst schnell und perfekt hinter sich bringen, damit die Sache ein für allemal erledigt ist, denn sie sind weder geduldig, noch warten sie gerne Langzeitergebnisse ab. Sie möchten die Früchte ihrer Arbeit auf der Stelle sehen und verlangen auch von anderen, dass sie schnell reagieren und eindeutig handeln. Wird das Achter-Kind dauerbelastet, wird es total introvertiert, sein Widerspruchsgeist wird zur Renitenz, und es entwickelt eine subtile Fähigkeit, den Forderungen, die gestellt werden, in einer Weise nachzukommen, die sein Gegenüber bis aufs Blut reizen kann. Es wird zu einer lebenden, stillen Revolution, entwickelt seine eigenen Gesetze und Existenzformen, was bewirkt, dass es sich seiner Umwelt immer mehr entfremdet.

Ein Achter-Kind kann mit lautstarken Gemeinschaftsveranstaltungen nicht allzuviel anfangen, denn es fühlt sich bei diesen allgemein beliebten Belustigungen nie wirklich integriert. Lieber geht es zu Veranstaltungen, die seinem Bedürfnis nach stiller Beobachtung entgegenkommen, wie beispielsweise ins Theater, zu Versammlungen mit feierlichem Charakter und zu Festlichkeiten, die seinem mystischen Bedürfnis entsprechen. Kontemplation ist eine Fähigkeit, die dieses Kind nicht erst zu erlernen braucht. Es verschafft sich diesen Eigen-Rapport mehrmals täglich, so, als wolle es nachsehen, ob es mit dieser Welt noch wirklich verbunden sei.

Als Eltern dieser Kinder findet man oft Menschen mit Partnerschafts-, Kommunikations- und Suchtproblemen. Nicht selten sind es Psychologen, Analytiker, Wissenschaftler und Juristen, die Wert auf eine akribische Lebensführung ihrer Umgebung legen, um ihre eigene Labilität dahinter zu verstecken. Leider werden die Achter-Kinder oft in Familien mit Straftätern oder psychisch, sehr oft auch physisch Kranken geboren, die so viel mit ihren eigenen Problemen zu tun haben, dass ihre Kinder automatisch involviert werden. Auch in sozial schwachen Familienverbänden, die Schwierigkeiten mit ihrer Außenseiterrolle haben, findet man vermehrt Achter-Kinder; aber auch das krasse Gegenteil wird oft beobachtet, nämlich Eltern, die einen so auffallend exponierten Status einnehmen, dass die Kinder Schwierigkeiten haben, den Anforderungen, die sich aus dieser Situation ergeben, gerecht zu werden.

Geburtstag 9., 18. und 27.

Das Unfassbare, Unbegreifliche, welches der tiefste Wesenszug des Urbildes der Neun ist, tritt bei den Angehörigen dieser Geburtstage als tiefe Prägung zutage.

Als Erinnerungen melden sich Träume, Phantasiebilder und Imaginationen, denen diese Geborenen mehr ausgeliefert sind, als dass sie ihnen konstruktiv gegenüberstehen können. Etwas nicht Fassbares, Zartes und Fragiles umgibt sie und bewirkt, dass man versucht ist, sie mit den berühmten Samthandschuhen zu behandeln. Anfänglich leben sie in einer scheinbaren Traumwelt, so, als hätten sie vergessen, das unbeschreibliche Jenseitige an der Schwelle der Geburt abzugeben. Die Identifikation mit der harten Realität fällt ihnen schwer und deswegen werden sie oft als Tagträumer und unkonzentrierte Traumtänzer missverstanden. Will man einen Neuner-Geborenen bis ins Knochenmark erschrecken, setze man ihn auf eine von Presslufthämmern bebende Baustelle mitten hinein, in ein Oktoberfestzelt mit Marschmusik oder in eine gut besuchte Boxveranstaltung. Die sichtliche Abneigung, mit der er reagieren wird, entspringt seiner mit diesen Formen menschlichen Daseins nicht kompatiblen Seelenkonstruktion, deren fein gewobenes Netz für die eher unmerklichen Schwingungen der unsichtbaren Dinge als für die handfesten Demonstrationen menschlicher Körperlichkeit empfänglich ist.

Neuner-Kinder brauchen Ruhe, Harmonie und Ausgeglichenheit, um zu sich selbst finden zu können. Sie brauchen lange, bis sie als Säuglinge ihren Tag-Nacht-Rhythmus gefunden haben und sie sind die sprichwörtlich schlechten Esser, die ihre Eltern mit Nahrungsunverträglichkeiten zur Verzweiflung bringen können. Kommt man ihren Bedürfnissen nicht weitgehend entgegen, reagieren sie mit Erbrechen, Hautkrankheiten und Durchfall sowie mit Allergien und asthmatischen Beschwerden. Doch man täusche sich nicht! Durch ihre ganz besonderen inneren Verarbeitungsfähigkeiten sind sie viel widerstandsfähiger als man glaubt und entwickeln in problematischen Familien eine so unglaubliche Fähigkeit, Diskrepanzen auszugleichen, dass man sie als Schutzengel der »Beladenen« bezeichnen könnte. Allein durch ihre Gegenwart fordern und erzeugen sie Rücksicht, wie sie auch selbst bereit sind, anteilnehmend zurückzustecken, wenn es die Situation erfordert.

Niemand tröstet traurige Eltern so gut wie ein zärtliches Neuner-Kind, aber keines kann auch so herzzerreißend weinen und verzweifelt wirken, vor allem wenn gegebene Versprechen nicht gehalten werden. Denn damit wird das tiefe Sicherheitsbedürfnis auf eine harte Belastungsprobe gestellt und die dringend benötigte Identifikationsbasis entzogen, welche diese Geborenen mehr als alle anderen brauchen, um sich dieser Welt zugehörig zu erkennen.

Neuner-Geborene verfügen über eine früh erkennbare hervorragend funktionierende Feinmotorik und werden deswegen schon als Kind gern für Arbeiten eingesetzt, die nach »feinen Fingerchen« verlangen. Sie lieben es, wenn man mit ihnen bastelt, Musik macht, Geschichten erzählt oder Scharaden spielt, wie sie es überhaupt gerne haben, wenn man sich mit ihnen einzeln beschäftigt. Die größte Begeisterung wird man jedoch dadurch erwecken, wenn man diese Kinder auf den Schoß nimmt und ihnen erzählt, woher sie gekommen sind, auf welcher Wolke sie vorher gewohnt haben und welche Blume ihre erste Wiege war. Man erschrecke sie nicht mit dem

Ansinnen frühen Verständnisses für menschliche Sexualität und konfrontiere sie nicht, weder in der Realität noch in Filmen, mit Gewalt und Pornographie. Man könnte sie dadurch so nachhaltig verstören, dass die Schäden für lange Zeit nicht mehr gut zu machen sind. Muss gesagt werden, dass es ausgerechnet diese Kinder sehr oft genau mit diesen Themen zu tun bekommen in Gestalt von »guten Onkeln«, rabiaten Geschwistern und erziehungsbegabten Eltern, die glauben, dass man ausgerechnet diese Kinder mit abhärtenden Methoden fit fürs Leben machen muss?

Neuner-Kinder beschäftigen sich gerne allein mit Malutensilien, reich illustrierten Büchern, mit Bausteinen und Stecksystemen jeglicher Art, aber auch mit Märchen und Abenteuern, in denen sie förmlich versinken, was die erschreckten Eltern oft dazu verleitet, die Bücher oder Videos zu konfiszieren. Das ist mehr als unklug, denn wer die Neuner kennt, weiß, dass sie alle nicht durchlebten Träume zu irgendeinem Zeitpunkt nachholen müssen.

Sie fühlen sich zum Wasser hingezogen und lieben es zu schwimmen, wenn das nasse Element geeignete Temperaturen aufweist, eine Eigenschaft, die sie bis ins hohe Alter nicht verlieren werden und die sich in ausgedehnten Aufenthalten in der heimischen Badewanne äußern.

Neuner-Geborene sind empfindlich gegen Kälte, weil sie zu niedrigem Blutdruck neigen und dadurch zu Niedergeschlagenheit und Unlust. Deswegen findet man sie in meist überheizten Räumen und in wärmende Gewänder gehüllt, die möglichst aus weichem, natürlichem Material hergestellt sein sollten, denn das Neuner-Kind liebt alles Schmeichelnde, Glatte und Samtige. Es kuschelt gern und liebt aus diesem

Grunde Daunendecken, Riesenpolster und bettgerechte Schmusetiere, die durchaus auch lebendig sein dürfen.

Die Ideal-Eltern dieses Kindes sind künstlerisch veranlagte Menschen wie Maler, Dichter, Musiker, Schauspieler, aber auch Kunsthandwerker aus den Reihen der Goldschmiede, Uhrmacher, Designer und Restaurateure. Erstaunlicherweise finden sich in unserer Kartei aber eher sogenannte »bodenständige« Eltern-Berufe wie zum Beispiel Beamte, Polizisten, Buchhalter, Steuerberater und Manager sowie Kaufleute und Handlungsreisende.

»Und was ist mit mir?«, sprach die mächtige Null … Geburtstag 10., 20. und 30.

Nein, wir vergessen sie nicht, dieses mächtige Nichts, diese Wiege sämtlicher Ausdrucksvielfalt allen Seins, die auf jeden Nachbarn, ob er will oder nicht, ihre Wirkung ausübt durch die Ahnung ihrer unendlichen Möglichkeiten von Sein, Werden und Vergehen.

Wer diese Zahl, egal an welcher Stelle seines Geburtsdatums findet, wird mit der Idee der Unendlichkeit in Berührung kommen, die man nur damit erklären kann, dass sie im Innersten dieselben Gefühle erweckt wie unsere Gedanken an Unendlichkeit. Diese Unendlichkeit hat nach unseren kleinen und beschränkten Vorstellungen immer mit Zeit und Raum zu tun gehabt, mit rührenden Versuchen, etwas darzustellen, auszudrücken, das sich unseren Beschreibungs- und Verständnismöglichkeiten entzieht. Dieses Unfassbare teilt sich durch die Null mit und gibt die Möglichkeit zu innerer Größe, zum Sprengen des üblichen engen Rahmens, zum unendlichen Ausbau des Gegebenen. Nur drei Daten haben die Gnade dieses Attributs: Der 10., der 20. und der 30.

Die Null erzeugt kein Charakterbild, klammert sich nicht an eine Idee, sondern gibt eine ganz bestimmte Form der Expansionsmöglichkeit, welche erkannt oder negiert werden kann, je nach Reife des Geborenen, der dieses Datum in Anspruch genommen hat, ihm entsprochen hat. Es gibt keine Empfehlungen, keine Gebrauchsanweisungen für die Verwendung dieser Zahl. Es gibt nur das Wissen um das Vorhandensein eines Mysteriums, das diese Zahl in sich birgt und das in tausendfachen Formen auf das Menschen-Dasein übertragbar ist. »Nütze die Null«, kann man nur sagen, »nütze deine Ahnungen, deine Intuitionen, deine Erinnerungen, dann kann die Null zum Segen werden.«

Erinnern Sie sich an das wunderschöne Märchen »Des Kaisers neue Kleider«, in dem ein unbekleideter Regent nur von einem Kind durchschaut wird, und zwar sowohl in seiner eigenen Nichtigkeit als auch in seiner sichtbaren Nacktheit.

»Wenn ihr nicht werdet wie die Kinder, dann werdet ihr weder das Himmelreich, noch das Geheimnis der Null jemals in seiner ganzen Schönheit und Vielfalt schauen«, könnte man sagen, denn weder das eine noch das andere ist in den Vorstellungsmöglichkeiten unserer Phantasie enthalten.

Und über allem schwebt ein Geier

Die neun Quersummen und ihre Deutungsmöglichkeiten

Wie der Geier zu seinem Namen kam

Vor 15 Jahren lebte ich in einem kleinen Dörfchen in der Nähe von München, welches über eine Kirche, eine Tankstelle, ein Schloss, einen Supermarkt und eine Apotheke verfügte. Letztere wurde von unserer Familie wegen einer unter Allergien leidenden Kinderfrau stark frequentiert. Zuhause stapelten sich in Bad und Küche hilfreiche Medikamente in Tropfen-, Tabletten- und Ampullenform, doch nichts half! In prekären Momenten war nie *das* Mittel vorhanden, nach welchem in jenem Augenblick als das einzig wahre, hilfreiche und gute verlangt wurde.

Also wanderte ich eines Tages wieder zum Behufe der Herbeischaffung eines bestimmten medikamentösen Rettungsankers in Richtung Pharmacia, um dort angekommen festzustellen, dass ich den Namen des betreffenden Wundermittels vergessen hatte. Ich quälte und marterte mein Gehirn, raufte mir die Haare und zeigte auch sonst alle Anzeichen der tiefen Verzweiflung. Der Apotheker, ein Mann in den mittleren Jahren, sah sich veranlasst, sich meiner anzunehmen. Ich schilderte ihm mein Elend und gab wegweisende Wortschöpfungen von mir, die jenes Haus wahrscheinlich noch nie zuvor gehört hatte. Meine fruchtlosen Versuche gipfelten in dem gereizten Ausruf: »Ach was – weiß der Geier!«

Der Apotheker lächelte sphinxisch, verschwand zwischen seinen Regalen und brachte innerhalb von Sekunden das Mittel, um dessen Namen ich in meinem Gehirn minutenlang erfolglos gerungen hatte, und stellte es triumphierend vor mir auf die Theke, indem er sagte: »Der Geier weiß alles, kann alles und findet alles!« Was ich nicht wußte, war: Der Name des Apothekers, dieses Helfers in höchster Not war – Geier!

Als ich nach einem allgemein verständlichen Sammelbegriff für das Phänomen Quersumme suchte, fiel mir der Ausspruch des Herrn Geier ein, der bis heute noch immer alles weiß, alles kann und alles findet. So wurde er zum Vater der Bezeichnung »Geier-Zahl«. Er möge es mir verzeihen, aber er hat mit dieser Namensgebung zum Verständnis dieses überaus schwer begreiflichen Symbol-Komplexes beigetragen und unsere ewige Dankbarkeit ist ihm sicher.

Mit dieser Geschichte sind die Eigenschaften der Quersumme noch nicht vollständig beschrieben, denn sie beinhaltet auch das Wissen um das Programm, sie »weiß« die Richtung und auch das Ziel. **Sie beinhaltet die Möglichkeiten, aber sie weiß nicht um den tiefen Sinn des individuellen Menschenlebens, der ja nur das Programm benützt, um sich zu verwirklichen.**

Wenn der Mensch seine Bestimmung, den Sinn seines Daseins begreifen will, muss er lernen, auf seine innere Stimme zu hören, die ich in meinen früheren Büchern versucht habe mit dem Phänomen »Schutzgeist« verständlich zu machen. Unter diesem sehr volkstümlichen Begriff, der bei den griechischen Philosophen als »Daimon«, bei den Römern als »Genius« erscheint, hat man zu allen Zeiten einen unsichtbaren, von Geburt an mitgegebenen Begleiter verstanden, der das Seelenmuster und die Aufgaben, die zur Vervollkommnung des Menschen im Laufe seines Lebens führen sollen, in seiner besten Form in sich trägt und sie, mit Hilfe der bei uns mit »Basisprogramm« bezeichneten Grundlagen, zu verwirklichen versucht. Das Basisprogramm ist ein allgemeiner Faktor, den wir mit vielen anderen teilen, so wie wir einen Zug mit vielen anderen Reisenden teilen können. Unser Daimon, unser Genius, unser Schutzengel jedoch ist so einmalig wie unser Daumenabdruck. Er ist in der Lage, über unsere Entscheidungen und Handlungen auf alles einzuwirken und alles nach seinem Bild zu formen.

Die Wirkung der Geierzahl hingegen bezieht sich auf die Einhaltung des Programms und nimmt Einfluss auf jede andere Zahl, wie ein Dirigent, der mit Hilfe seiner Partitur das Orchester zur Werktreue anleitet. Er ist der sogenannte »leader of the program«, welcher schon der Einsteiger-Zahl die Richtung weist und Entwicklungsmöglichkeiten anbietet. Dass dies mit sanfter Gewalt geschieht, unterscheidet seine Mächtigkeit von der Einflussnahme, welche in der Astrologie die Sterne auf den Menschen ausüben, die ja angeblich nur geneigt machen, aber niemals zwingen. **Die Energie dagegen, welche die Quersumme repräsentiert, zwingt so lange, bis man geneigt ist, sich ihrem Einfluss zu beugen.** Das ist der Unterschied. Im weitesten Sinne ist diese Zahl ein Korrektor des sogenannten freien Willens, welcher der Erzeuger und die Wurzel allen Schicksals zu sein scheint. Je älter man wird, desto weniger Lust verspürt man, dieser unentwegt gegenwärtigen Forderung Widerstand entgegenzusetzen und die Zeit lehrt, dass die Minderung dieses Begehrens keineswegs ein Verlust ist, sondern Weisheit und Erkenntnis bringt.

Wenn Sie selbst, liebe Leser, schon die Jahre der Jugend hinter sich haben, werden Sie sicher schon einmal den Satz ausgesprochen haben: »Ach, wäre ich doch 20 Jahre jünger, aber mit *dem* Wissen, das ich heute habe!« Dass Sie dieses Wissen erlangt haben, dafür hat ein Lebenslauf gesorgt, für den der Geier als mitverantwortlich zu bezeichnen ist, wobei *wir* aber nie vergessen dürfen, dass wir es waren, die ihn durch die Wahl des Geburtstages erzeugt haben. Dieses mitunter äußerst lästige Haustier haben wir uns selbst eingekauft, gefüttert und gepflegt und sicher kennen Sie das sinnige Sprichwort, das durchaus auch hier seine Anwendung finden kann: »Wie der Herr, so 's G'scherr!«

Das weite Feld der Möglichkeiten zu beschreiben, das sich hinter dem Symbol der Quersumme verbirgt, ist fast ein Ding der Unmöglichkeit, genauso wie es unzählige Wegbeschreibungen für ein und dieselbe Reise gibt. Deswegen beschränken sich meine Ausführungen auf das, was man auch als ADAC-Empfehlung bezeichnen könnte: Eine knappe, den bereits gemachten Erfahrungen am besten entsprechende Richtungsbeschreibung mit Routen-Empfehlungen, welche zeitfressende Umwege ersparen und die »Kosten« in erträglichen Grenzen halten.

Auf Lebenswege übertragen erschwert sich die Ausführung des Themas natürlich schon deswegen, weil sich der angestrebte Zielort unserer direkten Kenntnis, nicht aber der Eigendynamik unseres unsichtbaren Plans entzieht. Um in diesem »heiß-heiß, kalt-kalt-Spiel« nicht die Nerven oder besser, das Ziel aus den Augen zu verlieren, heißt es, sich streng an die Regeln zu halten, welche besagen: *Die bestehenden Komponenten müssen benutzt, die unsichtbaren erarbeitet werden.* Das kann nur gelingen, wenn die Empfehlungen unserer inneren Stimme im Eifer des Gefechts nicht überhört oder missdeutet werden. Der Umgang mit dieser inneren Stimme, die oft auch als Gewissen bezeichnet wird, muss genauso erlernt werden wie der Umgang mit den sogenannten Zufällen, den scheinbaren Hilfsmitteln, welche uns das Programm zukommen lässt.

Über den Begriff »Zufall« ist ebenfalls zu allen Zeiten viel spekuliert und diskutiert worden. In der Esoterik macht man es sich insofern leicht, weil behauptet wird: Zufall ist alles, was auf dich »zufällt«. Doch damit hat man nur eine Seite der Medaille beschrieben, denn das Erleben dieser Zufälligkeit lässt unzählige Möglichkeiten der Verwendung des Erlebten offen. Schlimmstenfalls ist die einzige Reaktion ein verwundertes Staunen ohne konsequente Reaktion, bestenfalls wird ein intuitives Erkennen und Verwenden der gebotenen Situation die Folge sein. Wieder lässt sich hier die Wichtigkeit der Mitarbeit des Daimons erahnen, dessen Wahrnehmung umso stärker zutage tritt, je vertrauter der Umgang mit ihm bisher war. Obwohl, wie wir wissen, diese Wahrnehmungen trainierbar sind, scheinen sie doch auch ein Ergebnis von Reife und Introspektion zu sein, der Bereitschaft, die eigenen seelischen Vorgänge zu beobachten, in sich selbst hineinzuhören. Reife und Wille, welche die Bereitschaft bewirken und die Befolgung umsetzen können, sind nicht berechenbar, sondern ein Ergebnis des schrittweisen Erfahrens des eigenen Programms. Nur wer fähig wird, die innere Stimme mit den Zeichen des äußeren Programms vernünftig zu einer Gesamtinformation in sich zu vereinen, wird zu einer optimalen und bewussten Gestaltung seines Lebens fähig sein.

Dazu muss gesagt werden, dass das Optimale oft in einer Maskierung auftritt, die wir als »hartes Schicksal« oder »widrige

Umstände« empfinden, denn wir messen unsere Lebensqualität am Faktor »Glück«, am widerstandslosen Ablauf, an reibungslosen Beziehungen. Hätten wir jedoch die Möglichkeit, auch nur einen Moment hinter den Vorhang zu schauen, der uns von der Erkenntnis des tiefen Sinnes unseres Daseins trennt, würden wir zugeben müssen, dass gerade die als negativ empfundenen Komponenten uns ermöglichen, das Angestrebte zu erreichen. Wir alle tragen einen Plan in uns, dessen Erfüllungsmodalitäten nicht immer Begeisterung bei uns selbst und anderen auslösen, ja sogar Zweifel an der allmächtigen Güte aufkommen lassen: »Wie kann Gott so etwas zulassen?« Es ist für gläubige Menschen sicher schwer verständlich, dass sich all die Greuel genauso wie alle Schönheit dieser Welt unter demselben Protektorat abspielen. Doch vielleicht wird diese Tatsache für Teilbereiche verständlicher, wenn man sich damit abfindet, dass Gott, wer immer damit auch gemeint sein mag, sicherlich nicht zuständig ist für die freiwillige Verwaltung seines an uns vergebenen Potentials. Er hat die Ur-Ideen geschaffen, die Verwendung ist unsere Sache.

Da sich die Programme aus den Expansionsbedürfnissen der Ur-Ideen entwickelt haben, finden sich deren Charaktereigenschaften auch in diesen Abläufen wieder, und zwar in Form symptomatischer Dramaturgien. Es ist kein Zufall, dass das in dem Wort »Dramaturgie« enthaltene griechische »ergon« (= Werk) auch dem Wort »Energie« zu Grunde liegt, welches »wirkende Kraft« bedeutet. Diese in unseren Lebensprogrammen wirkende Kraft ist es, die im Zusammenspiel mit den Willensäußerungen der Menschen immer weitere Spielarten dieser Prozesse erzeugt. Jeder gelebte Ablauf ist Grundlage einer weiteren, daraus entwickelten Variation. **Und so sind wir nicht nur die Architekten unseres eigenen Schicksals,**

sondern auch die Regisseure der Dramen, welche unsere Nachkommen durchleben werden. Alles was geschieht, baut sich auf bereits Erlebtem auf, ist Teil einer endlosen Kette, deren Glieder unmerklich ineinandergreifen und unlösbar miteinander verbunden sind.

Stellen Sie sich vor, dass Sie am Ende Ihres Lebens Ihren gesamten Lebensfilm in einem riesigen Video-Verleih abgeben, der täglich von Tausenden von Inkarnationswilligen besucht wird, die zwar eine vage Vorstellung davon haben, wie sie ihr Leben gestalten werden, jedoch noch nach dem letztendlichen Schliff suchen. Sie werden die Hand natürlich nach den Filmen ausstrecken, deren Thematik ihren eigenen Ansprüchen und Vorstellungen entgegenkommt. Wahrscheinlich stellen sie ihr Lebensprogramm aus mehreren Videos zusammen, deren Handlungen mehr oder weniger gut übereinstimmen.

Fast könnte man diesen Vorgang auch mit der berühmten »Schlacht am kalten Buffet« vergleichen, vor dem man anfänglich auch mit einem leeren Teller steht, der sich je nach Hungergefühl und Geschmack in kürzester Zeit füllt. Sind die Augen größer als der Magen, wird man sich entweder »überfressen« oder die Hälfte auf dem Teller liegen lassen. Als unbeteiligter Beobachter einer solchen Szenerie wird man Buffet-Erfahrene sofort von den Neulingen unterscheiden, die sich gierig auf alles stürzen, was verlockend aussieht, ohne zu bedenken, wie sich der unbedachte Konsum wenig später auf die Verdauung auswirken wird. Die richtige Selbsteinschätzung muss durch Erfahrung erlernt und durch eine klare Erinnerung unterstützt werden.

Wenn wir diese Weisheiten auf den Inkarnationsvorgang übertragen, wird uns klar, warum manche Schicksale so chaotisch und leidvoll verlaufen, andere wiederum scheinbar problemlos in völlig geordneten Bahnen. »Dein Charakter ist dein Schicksal«, hat ein kluger Mann einmal gesagt. Wie recht er hatte! Denn unser Charakter ist nicht erst durch die Vermischung der Genetik unserer Eltern entstanden, sondern ist Ausdruck eines Wesens, dessen Grundzüge auf einer ewigen Matrize festgelegt sind, das sich für dieses Menschenleben einer entsprechenden Genetik bedient, durch die das Ursprüngliche, das Eigentliche seine materielle Ausdrucksform erhält. Je »hungriger« dieses Wesen ist, je ausgeprägter sein Begehren und seine Abhängigkeiten sind, desto mehr werden die aus dem »Buffet« seiner Eltern gewählten Anteile diesen Trieben entsprechen und damit einem Programm, welches der Bearbeitung dieser Kombinationen dienen wird. Manche dieser Zusammenstellungen sind so chaotisch, dass eine Übersetzung in die Realität besser nicht stattgefunden hätte, weil aus der Mischung der beiden elterlichen Potentiale aus ursprünglich harmlosen Anteilen plötzlich hochexplosive Mischungen entstehen.

Auch hier schützt Unwissenheit in der Wahl nicht vor dem Preis, den wir für das Unheil, das wir mit unserer unbesonnenen Zusammenstellung anrichten, bezahlen müssen. Der Vergleich mit dem im guten Glauben aufgenommenen Kredit, den man später nicht mehr zurückzahlen kann, ist durchaus nicht fehl am Platz. Verfügt der Betroffene über einen gütigen Engel, wird er frühzeitig aus dieser unglückseligen Existenz erlöst, bevor die unheilvolle Programmgestaltung so weit fortgeschritten ist, dass sie nicht mehr gestoppt werden kann. Noch einmal muss gesagt werden: **Es ist nicht das Programm, welches das sogenannte Unglück erzeugt, sondern unsere unselige Verwendung, deren Folgen sich auf unsere Nachkommen übertragen, von ihnen bearbeitet werden müssen,** solange, bis sich die Verwendung in der Form zeigt, wie sie ursprünglich geplant war. Kinder sind dazu verdammt, die Träume ihrer Eltern leben zu müssen, bevor sie ihre eigenen leben dürfen. Die Schulden der Vorfahren müssen beglichen werden, die Schulden, die darin bestehen, dass die von ihnen benützten Programme nicht vollständig verwendet oder missbraucht worden sind. Diese Schuldbegleichung ist die Grundlage jeder wirklichen Frei-Willigkeit. Es gibt keine »Gnade der späten Geburt« – ein dubioser Begriff, der sich auf alle bezieht, die nach dem Jahr 1945 geboren wurden, also außerhalb der Zeitspanne, in der Schuld erzeugt wurde –, denn es gibt nur eine Erlösung durch Verarbeitung. Diese Verarbeitung muss die bewusste Loslösung von genau *den* triebhaften Strebungen betreffen, die uns dazu bewogen haben, genetische Anteile in der Weise zu verwenden, dass sie zum idealen Nährboden für die Züchtung langgepflegter Begierden wurden.

Macht man sich die Mühe, viele hundert Daten der verschiedensten Menschen auszuwerten, so drängt sich die Vermutung förmlich auf, dass die einzelnen Zahlen eine Entsprechung bestimmter Ahnenprogramme sind. Rechnet man sämtliche Daten stammbaummäßig durch und vergleicht sie miteinander, so kommt man schnell dahinter, welche Programme aus der Vergangenheit man für die gegenwärtige Lebensreise »gebucht« hat. Interessant ist auch zu sehen, dass gerne eine Generation übersprungen wird, so dass Kinder nicht unbedingt die Träume ihrer Eltern, sondern die ihrer Großeltern nachholen.

Leider gibt es nicht nur die schönen Träume zu verarbeiten, sondern auch die Nachtmahren, die Alpträume, die nie aus den dunklen Ecken der Seelen unserer Vorfahren hervorgelassen wurden und nun, möglicherweise einem schwächeren

Charakter unterstellt, »fröhliche Urständ'« feiern. Nicht vollständig ausgeschöpfte Potentiale kehren immer wieder zurück und sind in der Lage, sowohl Jeckyll als auch Hyde zu erzeugen, je nach Verfassung des Trägers. Aus Paranoia kann ein zweiter Mozart werden, aus tiefen Mordgelüsten eine zweite Mutter Teresa, wenn das Grundbegehren des Verwalters dieser Anteile edel ist. Dass durchaus auch das krasse Gegenteil eintreten kann, ist nicht mehr als logisch. Diese individuelle Verwertung ist nicht berechenbar.

Was jedoch für einen geübten Numerologen zu sehen ist, sind die Informationen, die sich aus widersprüchlichen oder harmonischen Kombinationen ergeben, welche wiederum Schlüsse sowohl auf ein äußeres wie auch auf ein inneres Spannungsfeld zulassen, welches vom Inhaber im Ganzen verarbeitet werden muss. Hat man die Person, die man berechnet, vor sich, ist es für den Numerologen natürlich einfacher abzuschätzen, inwieweit und in welcher Weise die Kombinationen verwendet werden. Hält man jedoch nur Name und Geburtsdaten in Händen, ist eine optimale Einschätzung nicht möglich. Es ist immer wieder verblüffend zu beobachten, wie unglaublich verschieden dieselben Elternpotentiale sogar von eineiigen Zwillingen verwendet werden. Und lassen Sie sich nicht durch äußere scheinbare Ähnlichkeit oder gleiche Lebensabläufe täuschen!

Hinter der Maskierung verbergen sich zwei verschiedene Welten, womit deutlich wird, dass sogar dasselbe genetische Material durchaus verschieden verwendet werden kann. Fast scheint es, als ob zwei Schneider für einen Wettbewerb ein Kleid aus demselben Stoff fertigen müssen, ohne sehen zu können, was der andere tut. Die scheinbare Ähnlichkeit könnte höchstens mit der Vorgabe des Wettbewerb-Veranstalters zu tun haben, welcher detaillierte Angaben über die Art des Kleidungsstückes vorgegeben hat: Abendkleid, Kostüm, kleines Schwarzes usw. Die Gleichheit des Stoffes könnte den oberflächlichen Betrachter leicht irreführen und glauben machen, zwei oder mehrere Male dasselbe gesehen zu haben. Erst die nähere Beschäftigung wird ihm Aufschluss über die wirkliche Machart geben, und genauso ist es mit Zwillingen, Drillingen, Vierlingen etc.: Nicht einmal, wenn sie in einer Reihe im Gleichschritt tanzen würden, wären sie gleich, denn das Temperament, ein weiterer Familienangehöriger von Trieb und Wille, ließe jede Bewegung von einer individuellen Herkunft und einem eigenwilligen Besitzer erzählen. Eineiige Zwillinge haben oft frappierend ähnliche Lebensdarstellungen, was logisch ist, da sie sich ja auch dasselbe Programm teilen. Genauso oft kommt es aber auch vor, dass sich die Lebenswege völlig verschieden gestalten und die so oft bestaunten Rapport-Punkte überhaupt nicht vorkommen. Unter Rapport-Punkten hat man in diesem Fall Momente zu verstehen, in denen unter normalen Umständen Mehrlings-Geborene dasselbe erleben müssten. Tatsächlich beobachtet man oft gemeinsame Zwillings-Hochzeiten, gleichzeitig stattfindende Geburten der Kinder, datengleiche Wechselfälle des Lebens und akkurat übereinstimmende Sterbedaten, was dazu verleiten könnte zu glauben, dass hier zwei Personen ein »Doppel-Leben« geführt hätten. Gerade deshalb ist es hochinteressant zu sehen, dass sich selbst bei genauester Einhaltung dieser Rapporte die Lebensführung innerhalb dieser Abschnitte vollkommen voneinander unterscheidet.

Fazit: Kein Mensch ist wirklich reproduzierbar! Mögen die Programme auch noch so gleich sein, das Äußere und sogar die Lebenswege identisch erscheinen, niemals wird sich die

Verwendung eines Programmes, einer elterlichen Genetik, einer Konstellation in Jahrtausenden wiederholen.

Das Menschenlos ist eine intime, selbsterfundene Darstellung einer einmaligen persönlichen Geschichte, die, wenn sie einmal erzählt ist, in dieser exakten Form von niemandem mehr wiederholt werden kann, so wie ein Vorbild von einem Nachahmer nie genau erreicht werden kann. Er kann besser sein oder weit unter der vorgegebenen Qualität bleiben, es wird und kann doch nie dasselbe Endergebnis entstehen, denn jeder wird sein Erbe anders verwalten. Das altgriechische Wort für »erben, einen Anteil erhalten«, »kleronomeo« enthält in sich »kleros«, das Wort für »Los, Menschenlos«, unter dem wir heute wie damals nichts anderes verstehen als Schicksal, also einen Lebensverlauf, der sich durch einen Plan ergibt, welcher sich aus vielen möglichen (andere würden sagen: aus zufällig zustandegekommenen) Programmen zusammensetzt.

Wenn Sie mit Hilfe der nachfolgenden Beschreibungen Ihrem eigenen Lebenslauf nachspüren, dann versuchen Sie bitte nicht, sich Punkt für Punkt wiederzufinden, sondern spüren Sie den Grundstrukturen hinterher, welche den augenscheinlichen Demonstrationen zu Grunde liegen. Nur dann werden Sie dem Geheimnis auf die Spur kommen.

Die Quersumme Eins

Die Grundsätzlichkeit des Programms:

Die wichtigste Aufgabe besteht darin, selbständig und unabhängig zu werden. Entscheidungen sollen ohne Mitwirkung anderer gefällt, Partnerschaften ohne Spekulation geschlossen werden. Das Thema Spekulation schließt Unterdrückung, Anklammerung, Versicherung, Versorgung, Aufwertung der gesellschaftlichen Stellung und beruflichen Position, wirtschaftliche Besserung und Verantwortungsentlastung ein.

Die Betroffenen beginnen ihren Lebensweg in einem Umfeld, das sie spürbar auf das Kommende vorbereitet. Es sollten früh Pflichten und Verantwortungen übernommen werden, welche für die Gemeinschaft, aber nicht gemeinschaftlich ausgeführt werden. Der Alleingang wird sich früh abzeichnen und je besser er am Anfang geprobt wird, desto leichter kann er später gelebt werden.

Die schwerste Aufgabe ist, die programmgemäße Einzelgängerstellung ohne profilneurotische Komponenten in die Allgemeinheit zu integrieren. Als Berufe werden sich alle Betätigungen anbieten, in denen selbständig gearbeitet werden kann, die Zeiteinteilung selbst geschaffen werden muss und die Beurteilung der eigenen Leistungsfähigkeit nicht von anderen erwartet werden kann, sondern durch objektive Selbsteinschätzung den Forderungen angepasst werden muss. Team-Geborgenheit und Arbeitserleichterungen werden unter diesem »Geier« nur anfänglich geboten, um sich später, wenn man der erste Mann oder die erste Frau an der »Front« geworden ist, in der rückblickenden Beurteilung als »Schonzeit« herauszustellen.

Im privaten Bereich werden Partner auftauchen, die entweder extrem anhänglich oder nur schwer greifbar sind, und die das Gefühl erwecken, man müsse alles selbst tun. Oft entsteht auch die Situation, dass trotz immenser Bemühungen angestrebte Verbindungen nicht in der Form funktionieren, wie man es sich erhofft hat, wobei die entstehende Enttäuschung nicht mit anhaltender Frustration, sondern mit der Erkenntnis beendet werden sollte, dass Dinge des Lebens nicht durch Manipulation, sondern allein durch Gleich-Gültigkeit erreicht werden sollten. Genauso oft sind unter diesem Geier Menschen zu finden, die sehr früh heiraten, dann sehr bald feststellen, dass sie eigentlich für eine Ehe doch nicht so gut geeignet sind, aber nicht den Mut haben, den Partner mit dieser Erkenntnis zu konfrontieren. So schleppen sich diese Ehen oft jahrzehntelang hin, wobei die »Krücken«, welche die Verbindung aufrecht erhalten, offensichtlich sind: Gemeinsame berufliche Projekte, ein Haus, das immer weiter ausgebaut werden muss, ein Kind, das nach besonderer Zuwendung verlangt, kurzum, äußere Umstände, die eine Trennung scheinbar unmöglich machen. Um wirklich die volle Qualität dieses Programms ausleben zu können, müssen genau diese Komponenten durchschaut und in einer passenden Form in das übrige Lebensprogramm eingegliedert werden.

Am härtesten wird der ganze Ablauf, wenn ein Einser-Einsteiger ein Einser-Quersummen-Programm leben muss. Man kann nur beten, dass derjenige nicht auch noch einen der Eins entsprechenden Namen hat, denn dann wird die Forderung der Eins zum unerbittlichen Treiber, der auf dem Weg nach oben kein Atemholen gestattet.

Die Quersumme Eins wird nach Menschen suchen und solche auch finden, die bereit sind, lange Gespräche zu führen, wobei das Thema dieser Konversation ziemlich klar ist: Alles, was die Eins betrifft! Und das bezieht sich vor allem auf die Konstruktion des Karriereweges, das Zusammenstellen der Seilschaft, ohne die das Programm der Eins nicht gelebt werden kann und die endlose Bestätigung der bisherigen Leistungen.

Es muss damit gerechnet werden, dass die anfänglich scheinbar leicht zu erreichende Position immer wieder streitig gemacht wird, und oft bricht das mühsam erarbeitete Kartenhaus mitten im trügerischen Zenit zusammen. Das wird immer der Fall sein, wenn die Position unter nicht ganz ehrlichen Voraussetzungen herbeigeschafft worden ist oder in einer Form missbraucht wurde.

Das Einser-Programm verlangt Ehrlichkeit, Selbstkontrolle und Eigenkritik. Fehlt die Bereitschaft zur Verwendung dieser Fähigkeiten, entstehen innerhalb dieses Programms unerträgliche »Selbstbeweihräucherer« oder, was fast noch schlimmer ist, die selbsternannten Genies, deren dramatische Lebensgeschichten automatisch Fluchtreflexe in jedem Zuhörer auslösen.

Dieses Programm ist ein exzellentes Trainingslager für Leute, die nicht zuhören können. Sie werden in die Nähe von »Mitreisenden« gezwungen werden, welche unter demselben Redezwang leiden, und das Umgehen mit der dadurch entstehenden Ungeduld und Aggression ist ein weiterer Punkt auf dem anstrengenden Lehrplan, der wenig Ruhepausen einplant. Diese kurzen Zeiten müssen optimal genutzt werden, und zwar nach dem Motto: Erholung ist nicht schlafen, sondern etwas *anderes* tun! Dieses *andere* darf nichts mit Anstrengung, Wettkampf oder Leistung zu tun haben, sondern mit Spaß, Freude und Müßiggang.

Größere Wohngemeinschaften sollten vermieden werden, genauso wie Betätigungen in Großraumbüros oder als Teil eines Gruppenverbandes, der einem dominanten Chef unterstellt ist. Diese Kombination wird immer zu unliebsamen Situationen und Unzufriedenheit führen. Wird der Betroffene, was sehr häufig vorkommt, in einen Abhängigkeitsstatus gedrängt, muss er seinem inneren Drang, sich freizuschwimmen, unbedingt nachkommen, was natürlich auf Kosten der Bequemlichkeit und des äußeren Friedens geht.

Bezeichnenderweise finden vermehrt Orts- oder Berufswechsel statt, welche die Flexibilität schulen sollen und dafür sorgen, dass die Anpassungsfähigkeit nicht in der Gewöhnung an Langzeitprogramme erstarrt. Ganz nebenbei wird auch der Umgang mit Gewinn und Verlust geprobt, was unter dem Einfluss der Eins eine immer wiederkehrende Prüfungsaufgabe zu sein scheint, nach dem Motto: Mal sehen, wie gut du loslassen kannst.

Die Quersumme Zwei

Die Grundsätzlichkeit des Programms:

Die wichtigste Aufgabe besteht darin, sich selbst durch und über ein Du zu erkennen. Dieses Programm ist ausgezeichnet geeignet, um egoistische Grundstrukturen aufzulösen und aus rücksichtslosen Alleingängern fürsorgliche Menschen zu machen. Die Du-Erkenntnis bezieht sich auf keinen Fall ausschließlich auf intime Partnerschaft, sondern auf jede bewusste Gegenüberstellung mit einem anderen Menschen. Nach dem Motto »steter Tropfen höhlt den Stein« wird selbstbezogener Beharrlichkeit genauso hartnäckiger Widerstand geboten wie egozentrischen Revieransprüchen.

Das bekommt der Betroffene schon in den ersten Jahren seines Lebens zu spüren. Meist wird er in eine Familie geboren, in der er schnell die Position eines verwöhnten Einzelkindes durch weitere Geschwister verliert und mit dem Verlust der Vorrangstellung dann alleine fertig werden muss. Sehr oft ist das nachfolgende Geschwisterkind besonders pflegebedürftig und verlangt nach Fürsorge der gesamten Familie, wodurch sich automatisch ergibt, dass die bereits vorhandenen Kinder in die Pflege einbezogen werden und ihre Leistung nach ihrem dabei gezeigten Eifer mit Anerkennung honoriert wird. Eine andere Variante ist das Einzelkind eines Allein-Erziehenden, das sich durch dessen schlechte Verfassung oder Lebenssituation aufgefordert sieht, sehr früh als Stütze zu fungieren.

Doch es sind nicht immer harte Lebensumstände, in die ein mit einem Zweier-Geier beglückter Zeitgenosse geboren wird. Oft darf er als Kind einer wirklich glücklichen Ehe durch diese Demonstration die Zweisamkeit erlernen oder durch eine tiefe

Geschwisterbeziehung seine non-dualistischen Grundzüge auflösen, was ein charakteristischer Trainings-Programmpunkt dieses Plans ist.

Es wird oft beobachtet, dass sich solche Geborene früh einen Freund suchen, den sie ihr ganzes Leben behalten, wobei die groteske Variante beobachtet werden kann, dass dies nicht immer ein selbstgewählter Freund ist, sondern jemand, der sich scheinbar zufällig (!) angeschlossen hat und nun, ob man will oder nicht, seine Anhänglichkeit mit Ausdauer beweist.

Wie auch immer, die Zweier-Quersumme zwingt in die Auseinandersetzung mit einem freundschaftlich oder feindlich gesonnenen Du, wobei das Du auch als Gruppe in ihrer Gesamtheit erscheinen kann. Das Lehrprogramm heißt: »Geben ist seliger als nehmen« und »Was Du nicht willst, das man Dir tu, das füg auch keinem andern zu«.

Gleich-Gültigkeit soll erlernt werden und gleichzeitig die Empfindlichkeit der Balance zwischen den zwei Seelen, die in jedem von uns schlummern. Teamarbeit ist angesagt in dieser Biographie und Zurückstellen der eigenen Bedürfnisse zu Gunsten eines anderen; ein Thema, das sich auch in der intimen Partnerschaft herausprofiliert. In dieser Beziehung wird auffallend oft ein »Du« gewählt, welches die ganze Kraft in Anspruch nimmt, entweder durch Karriere, durch Krankheit oder eine bestimmte Form von Suchtverhalten. Es ist weniger das Dienen-Lernen, welches in diesem Programm verlangt wird, sondern das Bedienen-Lernen, manchmal sogar in einer weit unterqualifizierten Position, was gelegentlich den Eindruck erweckt, dass man gezwungen wird, von Grund auf ein völlig neues »Handwerk« erlernen zu müssen. Wer sich gegen dieses Lernprogramm sträubt, dem zeigt es der »Geier«. Er erfährt Abhängigkeit in den unangenehmsten Formen, bis hin zur Hörigkeit. Diese Quersumme leitet naturgemäß zur Ehe, mit oder ohne Trauschein, wobei es durchaus nicht wahr ist, dass die unter dem Protektorat der Zwei geschlossenen Verbindungen besonders gut sind. Im Gegenteil, es scheint fast, als hätte sich unter dem Symbol der Zwei der »Ehe-Lehrlings-Club« versammelt, der anhand fürchterlicher Erst-Beziehungen schließlich und endlich dann doch in einem glücklichen Hafen der Zweisamkeit landen darf, dessen Motto lauten könnte: »Arm in Arm mit Dir, so zwing ich mein Jahrhundert in die Schranken!«

Als Teilnehmer dieses Reiseprogramms gerät man oft in Gruppen, welche aus vielen Paaren bestehen; man selbst ist dann in die Rolle des Zuschauers gedrängt. Aus der Sehnsucht, welche durch die ständige Konfrontation mit dem »Anschauungs-Material« hervorgerufen wird, soll dem Unterbewusstsein das innere Vorstellungsbild der Zweisamkeit entlockt werden, das als künftige Grundlage der angestrebten Dual-Existenz unerlässlich ist. Unter diesen Bedingungen können negative Charakterzüge wie Neid oder »Kuckucks-Verhalten« bestens bearbeitet werden, denn natürlich werden durch symptomatische Programm-Punkte laufend die »Kirschen in Nachbars Garten« angeboten, welche zu Übergriffen scheinbar geradezu einladen. Es lockt das fremde, warme Nest oft gar zu deutlich, und der schönste Partner ist immer gerade der, den man nicht hat. Fällt man auf diese Prüfungen herein, verbringt man anschließend lange Zeit damit, sich mit den Verdauungsschwierigkeiten, welche der Genuss der verbotenen Früchte erzeugt, auseinanderzusetzen und über diesen schmerzvollen Prozess den Fluch der Wahllosigkeit am eigenen Leib zu erfahren.

Je strikter man auf der autarken Revierabgrenzung der vielfältigen Formen von Zweisamkeit beharrt, desto mehr werden sich von außen oder innen Störeinflüsse bemerkbar machen, welche dieses Begehren ad absurdum führen, denn auf dieser Reise hat man nicht ein Separée im Speisewagen gemietet, was viele Leute zu glauben scheinen, sondern man ist eher das Kellner-Paar in diesem fahrenden Restaurant, das den anderen das Leben leichter machen soll. Der Blick für die Bedürfnisse von »Fremden« soll durch diese Dual-Verbindung geschult und ermöglicht werden, und zwar in beide Richtungen, was Rücken an Rücken leichter zu vollziehen ist, als allein auf weiter Flur.

Die Quersumme Drei

Die Grundsätzlichkeit des Programms:

Die wichtigste Aufgabe besteht darin, als dienendes Glied in einer Kette zu wirken, als Gleichberechtigter in einer Gruppe zum Gelingen der gemeinsamen Aufgaben beizutragen, soziales Empfinden und Umweltbewusstsein zu entwickeln. Das Allgemeinwohl soll als tief empfundenes Anliegen erarbeitet werden, wobei die Allgemeinheit in unzähligen Gestalten vorkommen kann.

Der Dreier-Geier lässt seine Leute die ersten Jahre gerne als Teil einer größeren Familie verbringen, in der sich die Geschwister selbst erziehen und das Thema »Selbstverwaltung« großgeschrieben wird. Interessant ist es zu beobachten, dass sich einer der wichtigsten Prüfungspunkte innerhalb dieses Programms mehr oder weniger immer gleich gestaltet: Es wird dem Betroffenen zu irgendeiner Zeit in seinem Leben eine exponierte Stellung angeboten, die ihn aus der bisherigen Gruppenexistenz hinauskatapultieren würde. Wird dieses Angebot akzeptiert, kann man mit Gewissheit, die jenseits jeglicher hellseherischen Fähigkeiten liegt, behaupten, dass der Wechsel gelinde gesagt keine Freude machen wird. Je glanzvoller sich die Ablösung anbietet, desto weniger ruhmvoll wird das Ergebnis sein. Das heißt nun aber nicht, dass es in diesem Stück nur »siamesische Drillinge« gibt. Immerhin hat es auch einem Johann Wolfgang von Goethe die Möglichkeit verschafft, für alle Zeiten einen Platz in den Lexika der Welt zu ergattern, wobei aus dem Lebensprogramm dieses berühmten Dichters vor allem zwei Weisheiten für optimale Lebensführung dieser Spezies herausgefiltert werden können:

1. Nur über enge Freunde und deren Protektion kommt man in die Gruppen, durch deren Energie das eigene Potential zum Blühen kommt, und
2. wenn man seinen Platz in diesen Gruppen eingenommen hat, sollte man
   a) dieselbe Hilfestellung, die einem gewährt wurde, an einen nächsten weitergeben und
   b) möglichst keine intimen Verhältnisse innerhalb dieser Gruppe beginnen.

Warum?
Weil diese Zweisamkeit gegen das Gesetz des Dreiers verstößt.

Es gibt ein volkstümliches, etwas derbes Sprichwort, welches wieder einmal zeigt, wie genau das Unterbewusste der Volksseele die Gesetze kennt: »Da, wo gekocht wird, soll man nicht hinscheißen!« Deutlicher kann man es nicht sagen, um verständlich zu machen, wie sich zwei an und für sich gute und notwendige Vorgänge gegenseitig ausschließen. Goethe musste auch noch unliebsame Bekanntschaft mit einem anderen Gesetz dieses Geiers machen: Ein Leben in stiller Zweisamkeit ist unter den Bedingungen des Dreiers ebenso nicht angesagt. Hier kann man auch mit Sicherheit sagen, dass mit unerwartetem Nachwuchs, pflegebedürftigen Schwiegermüttern oder sonstigem Familienzuwachs gerechnet werden muss.

Auch wer in sich einen Drang zum Solistentum verspürt, wird sich in einer solchen Existenz bitter enttäuscht sehen, denn er wird seine diesbezüglichen Vorstellungen im Bedarfsfeld einer Gruppe für immer begraben müssen. Versucht er weiterhin, unermüdlich seine Primus-Ambitionen unter Beweis zu stellen, wird ihn sein Schicksal eines Besseren belehren, und zwar um so nachdrücklicher, je länger der Widerstand andauert. Wenn derjenige klug ist, wird er sich mitsamt seinem Talent der Gruppe zur Verfügung stellen und es ihr überlassen, ihm die geeignete Position zuzuweisen. Unter diesen Voraussetzungen haben sich schon die glanzvollsten Karrieren ergeben, die vorher niemals möglich gewesen wären, weil erst durch den Umgang mit der Gruppe eine klare Selbstbeurteilung entstehen konnte. Besonders krass tritt dies zutage, wenn eine Einsteiger-Drei mit einer eben solchen Quersumme konfrontiert wird, oder eine Drei als Ziel-Zahl gewählt worden ist, denn die Drei fordert eine klare Darstellung, eine Klärung der inneren wie der äußeren Befindlichkeiten. Dieses Programm ist geradezu ideal für unsichere Leute mit verwirrtem Innenleben, für verträumte »Neunerchen« und »hamletische Achter«.

Unter dem Flügelschlag des Dreier-Geiers muss man Acht geben, dass man nicht zur Gruppen-Marionette wird, sondern auch unter kollektiven Bedingungen die Individualität bewahrt und weiterentwickelt. Sehr oft erweist sich dieses Programm als Kuraufenthalt für gequälte Seelen, die in früheren Existenzen von Einsamkeit oder Isolation gequält wurden, und auch für unter Verantwortung zusammengebrochene einstige Einser oder Vierer sowie profilneurotische Siebener. Je bewusster man dieses Programm wahrnimmt, desto mehr wird man in sich das Bedürfnis nach Harmonie und Gleichklang, nach Ausgleich und Frieden entwickeln, zusammen mit einer Lust auf Umgang mit anderen Menschen, deren Reaktionen als Lebensdirektiven verwendet werden. Deswegen stammen aus dieser Programm-Kiste viele Künstler, Autoren und Darsteller, welche von der Reaktion ihres Publikums leben.

»Wage es, mir Dein Innerstes zu zeigen, damit ich Dir die Wahrheit zeigen kann«, scheint eine der intensivsten Forderungen auf diesem Lebensweg zu sein. Das fordert tiefes Vertrauen in sich selbst und in eine höhere Führung, ein weiterer Programmpunkt, welcher der weiteren Entwicklung dienen soll, ohne zum Leichtsinn zu verleiten. Jeder von uns hat schon erlebt, dass er innerhalb einer Gruppe Eigenschaften zum Ausdruck bringen konnte, die als »Solist« nie möglich gewesen wären. Der Schutz der Gemeinschaft macht mutig, lässt die Angst kleiner werden und gestattet einen Rapport, welcher durch seine Vergleichsmöglichkeiten richtige Handlungsweisen herausfordert, zu denen man ohne die Hilfe dieser unsichtbaren Fingerzeige nie fähig gewesen wäre.

Das aus den Einzel-Energien entstehende Gesamt-Potential kann unter dem Einfluss der Drei eine völlig selbständige, übergeordnet wirkende Macht entwickeln, welche von sämtlichen Mitgliedern wie ein unsichtbarer Reiseführer empfunden wird und dessen Informationen und Empfehlungen, je nach Qualität der Charaktereigenschaften der Einzelnen, zum Wohl oder Wehe der Gemeinschaft verwendet werden. Das Motto dieses Programms ist ohne Zweifel folgendes: »Immer strebe zum Ganzen. Und kannst du selber kein Ganzes werden, als dienendes Glied schließ an ein Ganzes dich an.« (Friedrich Schiller)

Die Quersumme Vier

Die Grundsätzlichkeit des Programms:

Die wichtigste Aufgabe besteht darin, sich in eine bereits bestehende Form fügen zu müssen, ihr zu entsprechen und dadurch Disziplin und Pflichtgefühl zu üben. Es wird erlernt, auf einem Platz auszuharren, trotz Verlockungen und Widerstände, um über dieses Programm den Verzicht und die Selbstbeschränkung zu erfahren. Die Beschränkung wird zum Segen, der Segen zur Beschränkung, der freiwillig Dienende zum Herrn, der egoistische Herrscher zum Untertan.

Es gibt kaum Angehörige des Vierer-Programms, die nicht am Anfang oder zumindest in den ersten 14 Jahren ihres Lebens in ein Umfeld gezwungen werden, das ihnen eine bestimmte Verhaltensform aufzwingt, die nicht unbedingt den landläufigen Vorstellungen von »angenehm« entspricht. Diese »Umfelder« können sowohl Menschen, als auch Lebensreviere sein. Es ist bezeichnend, dass bei diesen Daten sogenannte glückliche Umstände nie lange halten, und zwar genau in Bezug auf die Art von Glück, auf die der Betroffene ausdrücklichen Wert legt. Hängt er besonders an einem harmonischen Familienleben, so wird sich dieses, so es besteht, auflösen. Hängt er an einer schönen Umgebung, wird er in die Kargheit gezwungen, hängt er an der Geselligkeit, wird er in die Isolation gedrängt, hat er eine innige Berufsstrebung, wird diese durch äußere Umstände vereitelt, glaubt er, ohne einen bestimmten Menschen nicht leben zu können, so wird ihm dieser genommen.

Sollte sich dieses Programm für Sie grässlich anhören, wird ihnen eine andere Form der Darstellung den tiefen Sinn dieser Abläufe verständlicher machen: Bluthochdruck-Gefährdete werden daran gehindert, in die Sauna zu gehen, Epileptiker vor einer Diskothek mit Flackerlicht bewahrt, Allergiker vor Katzenhaaren verschont. Auf den Vierer übersetzt heißt das: Hier wird man in ein Programm verfrachtet, das auf den ersten Blick wie ein Verzicht aussieht, in Wirklichkeit aber ein Schutz gegen Einflüsse ist, die existenzgefährdend sein würden. Dieses Korsett-Programm hält ein schwaches Rückgrat aufrecht, ein Hälmchen, das unter anderen Programmen zu schnell brechen würde und deswegen erst eine Ausbildung durchlaufen muss, durch welche es so gestärkt wird, dass es gegen bestimmte Einflüsse resistent wird.

Wir alle, egal welcher Herkunft wir sind oder welche Geburtsdaten wir aufzuweisen haben, müssen in irgendeiner Existenz ein oder mehrere Male diesen Weg hinter uns bringen, genauso wie jeder, der ein Auto fahren will, die Theorie-Prüfung zu durchlaufen hat.

Auf den ersten Blick mag es so aussehen, als hätten wir es hier mit einem »Pawlowschen Hundeprogramm« zu tun, in dem bestimmte Verhaltensformen konditioniert werden sollen. Doch dieser Eindruck trifft nur teilweise zu, denn hier werden grundsätzliche und lebenswichtige Verhaltensformen geübt, ohne die ein Aufstieg, eine Entwicklung nicht möglich ist. Es ist sicher so, dass das Vierer-Programm eines der schwersten und schmerzlichsten ist. Daher kommt auch sein schlechter Ruf und das Erschrecken jeden Fachmanns beim Erblicken dieser Quersummenzahl. Aber dieses Erschrecken ist eigentlich nicht mehr als das aus der eigenen Erinnerung auftauchende Mitleid für den anderen, in memoriam der eigenen unvergesslichen Schwierigkeiten, die man bei der Bewältigung dieses Pflicht-Programms hatte. Es ist keine Strafe, es ist keine Zumutung hartherziger unsichtbarer Mächte, es ist auch keine Prüfung eines strafenden Gottes, sondern es ist ein Programm, das durchlaufen werden muss, und zwar von jedem Lebenden zu irgendeiner Zeit. Zur Erholung darf dann auch jeder ein oder mehrere Male, je nach Bedarf, in den Genuß des Sechser-Programms kommen, über das sich noch keiner beklagt hat.

Auf den Lebenswegen der Vier wird sie selbst nicht nur einmal mit dem Thema »Fremdbestimmung« konfrontiert. Diese Fremdbestimmung hat viele Gesichter. Bestenfalls zeigt sie sich in der gefälligen Verkleidung der sogenannten Liebe, schlechtestenfalls im zerschlissenen Gewand uralter negativer Ahnen-Strebungen, denen wir auf Gedeih und Verderb ausgeliefert sind, wenn nicht durch Gnade eine Erleichterung gewährt wird. Tatsächlich scheint es so, als ob innerhalb dieses Konstrukts das »große Reinemachen« im »Ahnen-Zoo« stattfindet, ein Purgatorium der besonderen Art, aus dem selbst extrem schwache Wesen zwar gebückt, doch trotzdem wissend und gestärkt hervorgehen. Sicherlich ist das für die Betroffenen nicht unbedingt erheiternd, doch zumindest ein kleiner Trost auf einem Trainingsweg, der trotz mancher Muskelzerrungen und Knochenbrüche zuletzt doch die Fähigkeit der Bühnenreife verspricht.
Nach langjähriger Beobachtung zahlreicher, von diesem Programm betroffener Menschen kann ich mit Sicherheit eines sagen: Hände weg von Erleichterungsversuchen der mittel- oder unmittelbar Betroffenen, denn dieses Programm inhaliert jeden, der sich in den zu engen Dunstkreis seines Energiefeldes begibt. Der einzige, der es betreten muss, begleiten darf, durchkreuzen kann, ist der Achter, der durch seine Rolle als »Extrematiker« (Extremist plus Charismatiker) die Vier so ad absurdum führen kann, dass sie in sich pervertiert und dadurch ins Gegenteil umschlagen muss. Trotzdem bleibt die

Forderung erhalten und kann umso stärker zum Ausdruck kommen, je mehr man dazu neigt, dieses Programm misszuverstehen, das heißt, auf die leichte Schulter zu nehmen.
Wer aus seinem Datum die Quersumme Vier errechnet hat, sollte sich, egal welchen Beruf er wählt, damit abfinden, dass er die »Nachtschicht«, also die eher unbeliebten Seiten der Arbeit zu erledigen hat. Zum Trost sei gesagt: Erfüllt man diese Forderung wissentlich und freiwillig, stellt sich so etwas wie ein unsichtbarer Bonus-Faktor ein, der sich vor allem im Erreichen von unerwartet hohen Positionen niederschlägt. Der Lebenssatz des Vierer-Betroffenen ist: »Was dem een sin Uhl, ist dem annern sin Nachtigal«, und mein Vogel ist leider immer die Eule, selbst wenn sie manchmal als Nachtigall verkleidet einherflattert. Ein anderer weiser Satz, den sich diese Spezies an den Spiegel schreiben sollte, ist: »Sei nett zu den Leuten, die du beim Aufstieg triffst, denn du wirst sie zwangsläufig beim Abstieg wiedersehen«, denn je weniger »nett« man am Anfang war, desto mehr wird man später auf genau dieselben Übergangenen angewiesen sein, und damit auf ein Russisch-Roulette-Spiel in Bezug auf charakterabhängige Reaktionen. Merke: *Gnade ist kein Zufall, und Protektion muss hart erarbeitet werden!*
Der Vierer-Geier bewirkt, wenn er entsprechend gelebt wird, tiefen Respekt und Anerkennung, vielleicht sogar ein Denkmal im Park. Wer ihm jedoch die Kampfansage macht, wird an seinem Gesetz zerbrechen, denn mit diesem Programm ist nicht zu spaßen: Es ist die Aufnahmeprüfung für die höheren Weihen.

Die Quersumme Fünf

Die Grundsätzlichkeit des Programms:

Die wichtigste Aufgabe besteht darin, die Dinge *richtig* zu machen. Dieses »richtig« hat nichts mit Gerechtigkeit zu tun oder mit dem Antipoden des Wortes »falsch«, sondern mit *einrichten,* richtig verteilen, der Zeit gemäß einsetzen, eine Flexibilität entwickeln, die die Richtigkeit der gestrigen Handlung nicht als Maßstab für die heute erforderlichen Tätigkeiten nimmt. Es war wohl die Energie des Fünfers, die den Satz erfunden hat: »Was kümmert mich mein dummes Geschwätz von gestern!« Kein anderer, als der von der Quersumme Fünf Betroffene wird sofort verstehen können, was dieser Satz wirklich bedeutet, nämlich: andere Zeiten, andere Erfordernisse!

Das Fünfer-Programm ist das Stretch-Trainingsprogramm für alle, die ihr Leben zu lange in geschlossenen Räumen, sprich in zu kleinen oder begrenzten Revieren verbracht haben. Der Horizont muss erweitert, die Übersicht vergrößert, die Urteilskraft geschult werden. Zuschauen und aus dem Hintergrund mehr oder weniger passende Kommentare abgeben, das ist hier nicht mehr gefragt. Jetzt geht es um das Handeln, um das Tun und um das Umgehen mit dem Risiko. »Hinaus ins feindliche Leben« ist die Devise, was für den einen das Treiben auf der Straße vor dem Haus und für den anderen die Präsidentschafts-Kandidatur in Amerika bedeuten kann. In diesem Programm wird man, im wahrsten Sinn des Wortes, einbezogen in die Wirtschaft, in die Wissenschaft, in die Politik, in die Probleme, in die Notwendigkeiten, in die Bedürfnisse der Welt. Der »Anfänger« wird zum Hand-Werker, der »Fortgeschrittene« zum Manager, der »Meister«

zum geistigen Anführer. Innerhalb dieses weit gespannten Spektrums bieten sich Tausende von Möglichkeiten, sich zu ver-*wir*-kl-*ich*-en, nämlich das Ich in das Wir so einzubringen, es so zu verwenden, dass beide einen Nutzen davontragen. Die Fünf soll nicht unbedingt karitativ wirken, doch sie ist aufgerufen, hilfreich zu sein, um mit dem Vorteil, den sie aus einer Hilfsaktion zieht, an anderer Stelle wiederum eingreifen zu können, gleichgültig ob dieser Vorteil materiell oder aus der Erfahrung entstanden ist. Er muss wieder verwendet, weitergegeben werden, expandieren, mutieren, um sich zuletzt als der Weisheit letzter Schluss zu präsentieren.

Der Weg zu dieser Weisheit geht über sorgfältig erlerntes Handwerk, vernünftig verwendete Intuition, zukunftsorientierte Planung und eine Risikobereitschaft jenseits der hinreichend bekannten »Salti mortali« profilneurotischer Emporkömmlinge. Optimal genutzt bietet dieser Weg ein manchmal etwas unruhiges, jedoch sehr kontinuierliches Aufbauprogramm, das vielschichtig und farbenfroh alle Bereiche der Kommunikation ausleuchtet.

Doch, wo viel Licht, da auch viel Schatten! Nirgendwo lockt die Versuchung mehr, sich in den Niederungen der menschlichen Habgier auszutoben; und diese Habgier hat hier viele Gesichter, denn auch ihr wohnt die der Fünf generell zugehörige Flexibilität inne, welche die Grundlage der Vielschichtigkeit dieses Programms ist. Häufig ist der sogenannte »Workaholic«, der sein Desinteresse an sämtlichen anderen Gebieten seines Daseins mit übersteigertem Arbeitseifer zu übertünchen versucht. Ein weiteres beliebtes Gesichtchen ist der in Bayern weithin bekannte und belächelte »G'schaftlhuber«, der glaubt, immer und überall mitmischen zu müssen, um dadurch eine Kompetenz vorzutäuschen, die er im Grunde erst erlernen muss.

Die schlimmste aller Masken jedoch ist der macht- und habgierige »Bescheidene«, der durch seine scheinbare Abwehr immer mehr Zugeständnisse herausfordert, bis er sein Gegenüber schließlich an den Platz manipuliert hat, wo er ihm als Schachfigur in seinem Spiel am meisten dienlich ist. Diese Marionetten-Spieler finden wir in stattlicher Anzahl in den höheren Chargen der Bereiche Wirtschaft, Politik und, wer hätte das geglaubt, Kirche. Die begnadetsten Blender finden unter dieser Quersumme hervorragende Möglichkeiten, ihre Charakterschwächen bis zum tatsächlichen Umfallen auszuleben.

Aber dieses Programm hat eine auffallende, wenn auch für manche Menschen eine etwas unangenehme Eigenschaft: Man darf sich die Früchte seiner Handlungen noch in diesem Leben abholen. Bei manchen Inhabern dieser Daten führt dies zu einem späten, aber nachhaltigen Waterloo, meistens begleitet von dem Satz: *Das* habe ich *nicht* verdient!

»Gehet hin in alle Welt und treibet fröhlich Handel«, könnte die Grundaufforderung dieser Quersumme sein, begleitet von einer Lust am Bewegen der Dinge und der Freude am Zupacken. Der Sinn dieser Aktivitäten jedoch ist viel weniger extrovertiert als man oberflächlich betrachtend vielleicht annehmen könnte. Die ganze demonstrative Geschäftigkeit dient nämlich nur dazu, die von ihr betroffenen Menschen gemeinschaftsfähig zu machen, ohne zum Mitläufer zu werden, zur Selbständigkeit reifen zu lassen, ohne in den Egoismus zu verfallen, demokratisch denken zu lernen, ohne durch zu viele Köche den Brei verderben zu lassen.

Auch viele aggressive Charaktere tummeln sich in diesem Revier, die gerne ihr Süppchen auf Kosten anderer kochen würden, viele Spieler, Hasardeure und Glücksritter, aber auch genauso viele Geizhälse, Aussitzer und Dogmatiker, welche mit ihren reaktionären Ambitionen dem Charakter der Fünf scheinbar entgegenwirken, tatsächlich aber durch ihre Staudamm-Wirkung die Widerstände begünstigen, welche in der Geschichte der Menschheit die Grundlage jeder Revolution und der Anfang jeder Erneuerung war.

Der Fünfer-Geier verleitet gern zu Leichtsinn, Überanstrengung und Überspannung und verhilft durch die daraus entstehenden Rückschläge zu einer bewussten und vernünftigen Selbsteinschätzung, selbst wenn diese mit der berühmten Existenz unter der Brücke endet.

Das Spannungsfeld, das innerhalb dieses Konstrukts entsteht, erzeugt leider bei seinem Benutzer körperliche Symptome, welche die Reaktion auf die ständige Forderung dieser Energie ist. Dazu gehören vor allem nervöse Herzbeschwerden, Infarkte und Störungen des vegetativen Nervensystems sowie Magengeschwüre. Die Grundlage all dieser Krankheiten ist auf der einen Seite die ständige Überforderung und das Gefühl, etwas leisten zu müssen, um existieren zu dürfen, zum anderen das durch die berufliche Anspannung ständig gestörte Privatleben, in dem sich liebevolle und intensive Beziehungen nicht wirklich entwickeln können.
Der begnadete Berater kann unter dem Einfluss dieses Programms entstehen, aber auch der skrupellose Intrigant, der nichts anderes ist als ein entfernter Verwandter des vorher erwähnten Gschaftlhubers. Große Politiker sind aus dieser Konstellation hervorgegangen, aber auch große Erfinder und grandiose Künstler.

Um der Wahrheit die Ehre zu geben, muss man aber auch sagen, dass unter dem Protektorat der Fünf der Größenwahn schaurige Schimären und Perversionen erzeugen konnte.

Die Quersumme Sechs

Die Grundsätzlichkeit des Programms:

Die wichtigste Aufgabe besteht darin, mit der Fülle des Angebots angemessen umzugehen, sonst könnte es sein, dass man sich an dem reich gedeckten Buffet, welches sich zu jeder Zeit auf dieser Reiseroute anzubieten scheint, leicht den Magen verdirbt, denn viele dieser Speisen sind den vergifteten roten Äpfelchen der bösen Stiefmutter Schneewittchens nicht unähnlich. Die Vermutung könnte nahe liegen, dass sich hier in einem Erholungsprogramm die Lieblinge der Götter ein Leben lang auf einer fetten Wiese tummeln dürfen. Doch nein! Dazu verbergen sich viel zu viele gefährliche Tümpelchen unter der blumenreichen Oberfläche.

So unglaublich es auch scheinen mag: Dieser Lebensweg bietet eine wunderbare Gelegenheit herauszufinden, was der Mensch *wirklich* braucht, um glücklich zu sein. Der Fischer und seine Frau könnten Pate gestanden haben für den Erkenntnisweg, der sich hier anbietet. Doch, wenn ich die vielen Daten betrachte, die sich im Lauf meiner numerologischen Arbeit angesammelt haben, muss ich eines feststellen: Der Sechser-Geier scheint immer dann in Anspruch genommen zu werden, wenn ein Charakter bearbeitet werden soll, der von Natur aus entweder allzu karg oder allzu üppig angelegt ist, so als wolle eine gütige Macht beide gleichermaßen auf einen goldenen Mittelweg geleiten. Leider wird dieses Angebot sehr oft missdeutet, und zwar dergestalt, dass die Maßlosen oft glauben, es sei ihr ewiges Geburtsrecht, noch mehr Fülle um sich herum anzuhäufen, und die Kargen den plötzlichen Reichtum als Bedrohung empfinden. So ist es nicht erstaunlich, dass ausgerechnet unter dieser Quersumme sehr viele jugendliche Drogensüchtige, Bulimiker und Straftäter zu finden sind. Die Umgebung mit dem Angebot der Außenwelt scheint sich hier als besonders schwerer Maßstab für die Selbsteinschätzung und Selbstkontrolle zu erweisen. Viele Hochbegabte sind nicht imstande, ihr Talent unter dieser Energie diszipliniert zu entfalten und enden oft als verzettelter »Hans-Dampf-in-allen-Gassen« oder als gescheitertes Genie in den hinteren Reihen der Gesellschaft.

Auf der anderen Seite zeigt sich dieses Programm besonders freundlich im Umgang mit Menschen, deren Geistesgaben bei näherer Betrachtung eher weniger grandios sind, welche aber durch eine unglaubliche Gunst der Stunde und beneidenswerte Hilfsfaktoren dermaßen begünstigt werden, dass sie, ohne es zu wollen, plötzlich wie Halbgötter erscheinen. Der Ex- und Hopp-Effekt, der sich meist hinter diesen kometenartigen Aufstiegen verbirgt, ist genauso bezeichnend wie die sich scheinbar schlagartig verändernde Gunst des Publikums, welche ein Ausdruck für die scheinbare Wahllosigkeit dieser Angebotspalette ist.

Unter keinem Geier habe ich so viele Menschen getroffen, die im Lotto gewonnen haben und mit dem Gewinn absolut nicht umgehen konnten, ja sogar an ihm zerbrachen. Dabei ist es, wären diese Menschen gut beraten, so einfach, das sogenannte kleine Glück unter den Fittichen dieser Zahl zu finden und zu hüten, um es dann an andere, weniger Begünstigte weiterzugeben. Bedauerlicherweise scheinen aber gerade diese »fortunati« mit der Rolle als Verwalter des Glücks überhaupt nicht zurecht zu kommen (was auch mit dem nicht gerade unterentwickelten Sexualtrieb dieser Spezies zu tun hat, dessen Kultivierung unter dieser Quersumme nach besonderer Aufmerksamkeit verlangt).

Erinnern Sie sich noch an »Pfi und Pfo«, die beiden Gegenspieler des glanzvollen Ludwig II., König von Bayern, besser bekannt als Staatsrat Pfistermeister und Ministerpräsident von der Pfordten, welche unentwegt versuchten, den maßlosen Machtdemonstrationen ihres Herrschers einen Riegel vorzuschieben? Diese beiden sind typische Stopp-Gestalten, Bremsklötze auf dem Lebensweg dieser Quersumme. Diese Pfi und Pfo haben viele Gesichter und viele Gestalten, jedoch nur eine Funktion innerhalb dieses Programmgefüges, nämlich als Warnsignale, wenn die Fahrt zu nahe an den Rand des Abgrunds zu führen droht. In einem normalen Menschenleben könnte Pfi der Bankbeamte sein, der den Kredit verweigert und Pfo der Chef, welcher die allzu schlampige Arbeitsmoral mit einer Kündigung quittiert. Diese Gestalten sind keine Feinde, sondern notwendige Korrektoren, die mit Dankbarkeit wahrgenommen werden sollten und deren Kritik ernst genommen werden muss. Solche Wegweiser tauchen vor allem immer in den Momenten der Entscheidung auf, die im Leben eines von der Sechs begünstigten Menschen eine eindeutige Stellungnahme erforderlich machen. Dieser Prüfungspunkt ist mit besonderen Schwierigkeiten verbunden, denn die Möglichkeiten zeigen sich gleichermaßen verlockend oder undurchsichtig, was für den Charakter, der sich diesem Programm unterworfen hat, eine Höllenqual bedeutet; denn der Verzicht ist nicht unbedingt seine Stärke, da ein Entschluss für das eine immer den Verlust der anderen Möglichkeit beinhalten muss. In der Folge wird er das Gefühl nie los werden, falsch gewählt zu haben und an der Chance seines Lebens vorbeigegangen zu sein. Dieses mit einem Steinchen versehene Pantöffelchen ist ein beliebtes Accessoire im Gepäck der gequälten Sechser-Reisenden, unter denen sicher auch die Prinzessin auf der Erbse zu finden ist.

Der Ideenreichtum und die Expansionsfreudigkeit, welche dieses Programm mit sich bringt, wird überall dort Anklang und eine Heimat finden, wo andere nicht in der Lage sind, die Annehmlichkeiten dieser Eigenschaften selbst zu erzeugen. Deswegen können vor allem Beschäftigungen empfohlen werden, welche der Verschönerung und Bereicherung des Menschenlebens dienen, ein Berufskaleidoskop, welches sich vom Blumenhändler über den Künstler, den Architekten, den Zirkusdirektor bis zum bahnbrechenden Wissenschaftler so weit gespannt zeigt wie kein anderes.

»Die Freude, die du gibst, wird in dein eigenes Herz zurückkehren«, könnte das Lebensmotto dieser Quersumme sein, welche bei richtigem Gebrauch als Erholungsprogramm des gesamten Zirkels, nicht nur für die direkt Betroffenen, sondern, durch deren Vermittlung als Trost- und Heilpflästerchen, für alle Bedürftigen eingesetzt werden kann.

Die Quersumme Sieben

Die Grundsätzlichkeit des Programms:

Die wichtigste Aufgabe besteht darin, nie zu vergessen, dass die Potentiale, welche man repräsentiert, nicht durch die eigene Arbeit entstanden sind, sondern nur verwaltet und dargestellt werden. Das Thema dieser Quersumme ist die Bearbeitung von Eigenschaften wie Eitelkeit, Selbstüberschätzung und Hochmut, aber auch die Korrektur der latenten Bereitschaft, sich unter die Herrschaft scheinbar stärkerer, klügerer oder wirtschaftlich besser gestellter Personen zu begeben, sich ausnützen oder quälen zu lassen.

Das größte Problem, mit dem unsere Siebener zu kämpfen haben, ist, vom Anfang ihres Lebens an das Gefühl nicht loszuwerden, dass sie zu Höherem berufen sind. Nun gibt es zwei Möglichkeiten, dieses Streben in die Realität umzusetzen: Die erste besteht darin, sich selbst so lange vorwärts zu arbeiten, bis man eine Vorrangstellung erreicht hat, oder man schließt sich jemandem an, der eine solche Stellung bekleidet und identifiziert sich mit ihm so nachhaltig, dass man es selbst nicht mehr nötig hat, sich um eine solche Position zu bemühen. Die große Frau hinter dem großen Mann ist wahrscheinlich innerhalb dieses Programms erfunden worden, genauso wie der Beruf des Models nur aus dieser Energie entstanden sein kann. Das heißt nicht, dass jeder, der im Scheinwerferlicht eines Laufstegs glänzt, als Quersumme eine Sieben vorzuweisen hat, sondern nur, dass diese Präsentation typisch für die grundsätzliche Strebung dieser Energie ist.

Wer diese Reiseroute benutzt, wird entweder selbst repräsentieren müssen oder Diener eines Repräsentanten werden. Der wichtigste Punkt im Lehrprogramm darf, soll die Übung gelingen, nie aus dem Bewusstsein gestrichen werden. Er heißt: Vergiss keinen Moment, dass du nicht der Erfinder bist, sondern nur der Darsteller. Doch gerade damit scheinen es alle Teilnehmer dieser Energie besonders schwer zu haben. Die Diener versuchen, die Herren zu spielen oder sogar ihre Positionen einzunehmen, während die Repräsentanten so tun, als wären sie Henne und Hahn gleichzeitig und hätten nicht nur das Ei gelegt, sondern auch konstruiert. Unter diesen Bedingungen ist das Scheitern vorprogrammiert.

Die Verwaltung der Potentiale, die es zu repräsentieren gilt, sollte uneitel und verantwortungsvoll und in einer der Sache angemessenen Weise vor sich gehen. Je glanzvoller der Bereich ist, den es zu vertreten gilt, desto glanzvoller sollte das Auftreten sein, denn der tiefe Sinn, der hinter dieser Demonstration steht, ist, denen, welche die Betrachter sind, den Bezug durch eine Vorbildposition zu erleichtern. Weicht die Darstellung des Vorbildes vom Anspruch der Idee, welche es vertritt, zu sehr ab, so wird die Präsentation für den Zuschauer unverständlich und somit überflüssig, und es kann sogar passieren, dass ein solcher Widerstand, eine solche Aggression erzeugt wird, dass der Repräsentant mit dem Verlust seiner Position zu rechnen hat.

Obwohl ich versprochen habe, den Namen Prinzessin Dianas nicht aufscheinen zu lassen, drängt es mich doch, darauf hinzuweisen, dass der Niedergang in dem Moment programmiert war, als sie sich entschloss, jenes unvergessliche und leider katastrophale Interview im Fernsehen zu gestatten, welches ihre Vorbildfunktion für immer, sowohl innerhalb der Familie als auch in der Öffentlichkeit, demontiert hat. Diese Fehlentscheidung hat mit einem programmtypischen Faktor zu tun, mit dem sich alle Teilnehmer früher oder später auseinandersetzen müssen: Dem Auftauchen von inkompetenten oder falschen Freunden, deren einziges Bestreben ist, von dem Glanz der Position zu profitieren und über diesen Weg zu partizipieren. Dahinter stecken, gut verborgen und maskiert, Neid und Größenwahn, zwei Eigenschaften, welche immer Wege suchen und finden werden, ihre Bedürfnisse auf einem geeigneten Podium auszuleben.

Es darf auch nicht verschwiegen werden, dass sich unter den Schwingen dieses Geiers auch die begnadetsten »Selbst-Saboteure« versammeln, die immer dann, wenn Glück oder Erfolg drohen, Mittel und Wege finden, das eigentlich angestrebte Ergebnis zu verhindern. Das Ergebnis sind dann hochmütige Menschen in eher unbedeutenden Positionen, die eine subtile Fähigkeit darin entwickeln, anderen Menschen das Leben schwer zu machen. Ich möchte jetzt keine speziellen Berufsstände angreifen, doch Sie werden ohne Schwierigkeiten die richtige Zuordnung treffen können, wenn Sie sich in diesem Zusammenhang das Bild des allseits beliebten Zeitgenossen vor Augen führen, der seine größte Befriedigung darin findet, nach oben zu buckeln und nach unten zu treten.

Verwendet der Teilnehmer dieses Programms jedoch seine Talente in vollem Verständnis seiner Situation, wird er zum Segen, zur Freude und zur Hilfe für die ganze Menschheit, selbst wenn dieses Verständnis eher im Unterbewusstsein beheimatet ist und die Position als Belastung empfunden wird.

Wer dieses Programm durchläuft, muss einen Weg finden, die geheime Macht, welche der Energie der Sieben zugeordnet ist, in einer entsprechenden Form zu verwirklichen. Es ist absolut nicht notwendig, sich bis zum Amt des Bundespräsidenten vorzukämpfen, welches ebenfalls unter diesen Bedingungen erfunden worden sein könnte, sondern es genügt vollkommen, die Grundforderungen in jeder noch so unbedeutend scheinenden Stellung zu erfüllen. Jeder Handelsvertreter, jede Verkäuferin und jeder Kellner kann zum Zugpferd, zum Erfolgsgaranten seines Verantwortungsbereiches aufsteigen, genauso wie jeder andere im engsten oder weitesten Sinne Vermittler einer Sache ist, die sich selbst nicht anbieten kann. Eine Idee, das Ergebnis wissenschaftlicher Arbeiten, eine Erfindung, dies alles benötigt zuletzt ein Sammelbecken, in dem sich die Erkenntnisse aller fokussieren und aus dem die anderen wie aus einem Brunnen schöpfen können.

Es war bestimmt nicht J. F. Kennedys eigene Idee, in seiner Rede am Schöneberger Rathaus den legendären Satz von sich zu geben: »Ich bin ein Berliner!« Doch wer hätte den Ghostwriter sehen wollen, der genialer Schöpfer dieses unsterblichen Satzes war? Wir werden wahrscheinlich nie erfahren, wer es war und das ist auch gut so. Denn nur ein glanzvoller Siebener konnte diese vier Worte in die Geschichtsbücher transportieren und wir können nur hoffen, dass er sich anschließend bei dem Mann im Hintergrund gebührend bedankt hat, denn das ist die höchste Pflicht, die sich aus diesem Programm ergibt: In Demut und Dankbarkeit denen zu dienen, deren Vorarbeit das Gelingen ermöglicht hat.

Die Quersumme Acht

Die Grundsätzlichkeit des Programms:

Die wichtigste Aufgabe besteht darin, der exzentrischen und extremen Gegensätzlichkeit dieser Energie nicht zu erliegen, sondern ihre antipodialen Ausdrucksformen auf einem goldenen Mittelweg zu versammeln. Dies wäre ein weiterer Schritt auf dem Wege der endlosen Friedensverhandlungen zwischen den sich ewig bekämpfenden Mächten des Universums, die Ausdruck der Bipolarität und in ihrer Gegensätzlichkeit Grundbedingung für jede weitere Entwicklung sind.

Unter keinem anderen Programm ist der Preis so hoch, den die Benützer bezahlen müssen, um es durchlaufen zu dürfen. Wer diese Zerreißprobe besteht, trägt für alle Zeiten einen unsichtbaren Lorbeerkranz auf dem ergrauten Haupte, falls ihm nicht vor Kummer schon vorher sämtliche Haare ausgefallen sind. Dieser Kummer entsteht schon früh durch das Hinundhergerissen-Sein zwischen dem, was man als gut und edel erkennt und dunklen Strebungen, die unter den Bedingungen der Acht einem so unwiderstehlichen Anreiz ausgesetzt werden, dass keine Vernunft der Welt den erlösenden Ausgleich bewirken kann. Mit Vernunft wird man in diesem Programm bestimmt nicht die Lorbeeren sammeln können, welche dereinst den angestrebten Kranz schmücken sollen, sondern eher mit einem fröhlichen Fügungsbewusstsein und Vertrauen in eine höhere Macht.

Das Gleich-gültig-Werden ist die große Aufgabe, die unter diesem Geier zu bewältigen ist, gemäß dem Motto »liebe deinen Nächsten wie dich selbst«. Doch eben diese Selbstliebe fällt bei diesen Bedingungen, die unentwegt zur Destruktion und Verzweiflung einladen, unendlich schwer. Und so entsteht der Hang zu Intoleranz und Ungerechtigkeit, zu Fanatismus und Unerbittlichkeit. Fast könnte man glauben, dieses Programm sei ein Straflager für Schwererziehbare, würde man als direkt Betroffener es nicht besser wissen. Sicher fehlt hier die Leichtigkeit des Seins, wie wir sie bei der Sechs oder der Drei antreffen können, doch andererseits bietet diese Reiseroute Einblicke in Bereiche, die den anderen für immer verschlossen bleiben.

Es ist kein Zufall, dass sich in den Reisezügen auf diesen Routen auffallend viele Skorpione tummeln, welche es sichtlich darauf anlegen, den darob etwas überforderten Mitreisenden ihre unüberwindliche Zähigkeit und Todesverachtung vor Augen zu führen. Die Frage, wie weit man sich im fahrenden Zug wohl aus dem Fenster lehnen kann, muss von einem Angehörigen dieser Spezies nicht nur erfunden, sondern bis zur völligen Erschöpfung realiter beantwortet worden sein. Zur Entstehung der Berufe wie Stuntmen, Hochseilakrobaten oder Rennfahrer hat diese todesverachtende Lebenseinstellung jedenfalls ohne Zweifel wesentlich beigetragen.

Da die meisten Lehrstunden im Plan dieser ganz speziellen Schule mit den Themen Vergänglichkeit, Verfall, Nichtigkeit des Seins und Tod zu tun haben, sollte man glauben, dass die Betroffenen in Bezug auf diese Gebiete bestens vorbereitet sind. Doch weit gefehlt! Nirgendwo findet man mehr Kaufleute aus Samarkand als in diesem Programm. Sie erinnern sich doch an diesen Händler, der sich auf eine lange Reise machte, um dem vorhergesagten Zusammentreffen mit dem Tod an einem bestimmten Ort zu einer bestimmten Zeit zu entgehen. Natürlich entkommt er seinem Schicksal nicht, denn der Tod lässt nicht mit sich handeln, was für alle eine bittere Enttäuschung ist, die bis dahin mit dem Teufel ganz andere Erfahrungen gemacht haben.

Dass der Tod ein Freund sein kann und der Teufel ein Lichtbringer, gehört zum exklusiven Erfahrungspotential des weit gespannten Angebots der Achter-Quersumme. In diesem Programm geht es nicht um Vernunft, sondern um emotionale Intelligenz, um intuitives »Ahmen«. Nein, das ist nicht der Druckfehler-Teufel, sondern eine Verbindung der beiden Worte »Ahnen« und »Meinen«, die in sich das glückhafte Zusammenspiel von Unterbewusstem, Erlerntem, Erinnertem und Erfahrenem vereint.

Wer diese Schiene »fährt«, muss mit einem abrupten Wechselspiel seines Lebensprogramms rechnen. Höhen und Tiefen werden sich manchmal oft gleichzeitig abspielen, und zwar in verschiedenen Lebensbereichen, und so dafür sorgen, dass sich nie ein wirkliches Lebenshochgefühl breit machen kann. Zu den Achtern gehören die seltsamen Leute, die, wenn sie im Begriff sind, ein gutes Geschäft zu machen, eine phantastische Rolle angeboten zu bekommen oder sogar den Partner ihres Lebens getroffen zu haben, den Bericht davon mit dem Satz abschließen: »Aber ich möchte nicht zu viel erzählen, sonst geht es wieder schief!« Zu oft haben diese Leidgeprüften erfahren müssen, dass ihre Vorfreude bitter enttäuscht und ihre Hoffnungen mit Füßen getreten wurden.

Die Phantasiewelt scheint für viele der einzige Ausweg zu sein, eine Traumwelt, die nur mit dubiosen Hilfsmitteln dauerhaft bewohnt werden kann, weil die Realität nicht mehr ertragen wird. Denn dieses Programm schärft die Sinne und stellt die Wahrheit so klar in den Vordergrund, dass alle Trost- und Verschönerungsversuche mit einer müden Handbewegung abgewunken werden. Die Konfrontation ist unausweichlich, die Stunde der Wahrheit unumgänglich, der Blick hinter den Vorhang unerlässlich. So hart es auch klingt, das Motto auf dieser Reise heißt: »Friss oder stirb!« Diese Aufforderung ist nicht immer wörtlich gemeint, sondern betrifft in den meisten Fällen die Träume und Phantasien, welche wild und maßlos das saturnische Korsett zu sprengen versuchen, welches das Reisekostüm auf diesem Abenteuer ist, dessen Charakter der Ersteigung eines Achttausenders ohne Sauerstoffmaske gleicht.

Es ist kein Zufall, dass es der Gipfelstürmer Reinhold Messner war, der dieses Ding der Unmöglichkeit vollbrachte, denn er untersteht nicht nur diesem Programm, sondern ist auch mit seiner Einsteiger *und* Ziel-Zahl eine Acht. Herr Messner bestätigt die Beobachtung, dass, wenn ein Schicksal aktiv nach außen gelebt wird, es sich nicht in der Psyche austoben muss. Wir wollen es hier unterlassen, zu spekulieren, wie Herrn Messners Leben wohl verlaufen wäre, wenn er sich nicht auf diese extreme Form der Selbstüberwindung eingelassen hätte. Auf der anderen Seite ist es typisch für die unter dieser Konstellation vorkommenden Idole, dass sie an einem vergleichsweise fast lächerlich erscheinenden Programmpunkt scheitern. Nein, ich meine nicht den Yeti, sondern Herrn Messners verunglückten Versuch, die eigene Hausmauer zu übersteigen, ein Vorfall, der bestens geeignet ist, diesen Programmpunkt zu charakterisieren.

»Alles oder nichts« ist das Motto auf dieser Reise, eine Forderung, welche alle Teilnehmer zu spüren bekommen, aber auch ihre Umgebung spüren lassen: Eine dramatische Aura umgibt die Mitspieler dieser Aufführung mit ungewissem Ausgang, die niemanden, der sie miterlebt, unberührt hinterlassen wird.

Wem es gelingt, innerhalb dieses Programms die Gleich-Gültigkeit der neutralen Mitte zu erreichen, der kann zum begnadeten und hochqualifizierten Berater aufsteigen, zum Helfer für alle, deren Kraft und Mut nicht ausreicht, dem schwierigsten Feind gegenüberzutreten, dem wir uns alle in diesem Leben stellen müssen: uns selbst.

Die Quersumme Neun

Die Grundsätzlichkeit des Programms:

Die wichtigste Aufgabe besteht darin, das Unaussprechliche, das Unfassbare, das Unbegreifliche nicht nur im eigenen Inneren konstruktiv zu verarbeiten, sondern die Früchte dieser Arbeit in begreiflicher und verwendbarer Form an die Außenwelt weiterzugeben. Leider ist uns das exakte Geburtsdatum des griechischen Philosophen Plato nicht überliefert, doch ich wage die Behauptung, dass die Quersumme seines Geburtsdatums wohl eine Neun gewesen sein muss, denn nur unter einem solchen Protektorat konnte etwas wie seine Ideen-Lehre entstehen. Ein weiteres Beweismittel wäre sein Umgang mit der Gestalt des Sokrates, von dem uns nicht ein einziges eigenes Schriftstück überliefert ist und von dem manche behaupten, dass er nur im Kopf des Plato existiert hätte.

Wie dem auch sei, auf diesem Reiseweg wird man es mit den lunaren Kräften zu tun bekommen, mit der Energie, die bewirkt, dass man drei Schritte vor und zwei zurückgeht, mit unerklärlichen Ahnungen, die begünstigen oder quälen, mit einer Welt der tausend Stimmen im Kopf, mit dem Ertrinken im Meer der eigenen Gefühle oder Phantasien, mit der Tür, hinter der sich Blaubarts Geheimnis oder der Gral befindet.

Auf keinem anderen Reiseweg hängt die Gestaltung des Programms so vom Zusammenspiel der in der Quersumme befindlichen Einzelzahlen ab, wie in dieser fragilen Vernetzung. Die größte Gnade, die einem Menschen dieser Existenzform widerfahren kann, ist ein Wegbegleiter, der in der Lage ist, die unfassbare Welt seines Partners in Form zu bringen, in ein angemessenes Revier zu versetzen, in die eigene Verständlichkeit zu transportieren. Leider wird sich die Dankbarkeit, die derjenige dafür erhält, in Grenzen halten, denn gegen nichts wehrt sich der Neuner mehr als gegen eben diese Forderung, welche Disziplin und Unterwerfung verlangt.

Je bodenständiger die Zahlen sind, welche mit dem Neuner-Geier konfrontiert werden, desto schwieriger, aber auch fruchtbarer wird sich die Auseinandersetzung mit dieser nervösen Energie gestalten, welche in sich alle ungelebten Träume des Chaos, aber auch alle Ideen des Kosmos versammelt. Könnte man sie zum Reden bringen, würde sie sagen: »Ich weiß genau, was zu tun ist, aber ich kann nicht ausdrücken, was ich meine und finde auch nicht die Kraft, es selbst zu erledigen.« Als Saint-Exupérys »Kleiner Prinz« die Wüstenschlange trifft, durch deren Biss er wieder zurück auf seinen Stern gelangt, sagt er zu ihr: »Du sprichst in Rätseln.« Sie antwortet: »Ich löse sie alle.« Sie muss eine Neun gewesen sein.

So zerbrechlich diese Energie auch zu sein scheint, sie ist tatsächlich die mächtigste von allen, denn sie ist in der Lage, alles und jedes in Frage zu stellen, aufzulösen und unter ihre Herrschaft zu zwingen. Diese Mutter aller Möglichkeiten begünstigt Erfinder, Künstler, Geisteswissenschaftler und Forscher. Doch sie verleitet auch zu Unachtsamkeit gegen sich selbst und andere, was nichts mit der üblichen Rücksichtslosigkeit zu tun hat, sondern mit einer gewissen Konzentrationsschwäche in Bezug auf die realen Dinge des Lebens. Deswegen gehen Menschen unter diesem Geier oft achtlos mit ihrer Gesundheit um, übergehen die Signale, welche der Körper aussendet, oder missachten sie, was sehr oft zu physischen und psychischen Zusammenbrüchen führt.

Auf der anderen Seite haben gerade sie die Möglichkeit, unter diesem Geier mediale Fähigkeiten zu entwickeln, die ihnen ermöglichen, Körpersignale ihres Gegenübers wahrzunehmen, Stimmungen nachzufühlen und Bedürfnisse zu erahnen. Die Hände vieler dieser Menschen sind in der Lage, heilende Energie zu übermitteln, was ihnen selbst meist gar nicht bewusst ist, genauso wenig wie ihre Fähigkeiten hellzusehen oder hellzuhören. Das zur Verfügung stehende Potential bietet eine ungeheure Fülle von spirituellen Erkenntnissen an, welche auf dem Weg der Neun zur Weisheit führen könnten – was seltsamerweise von den Partizipierenden dieses Programms selten in Anspruch genommen wird, so, als hätten sie Angst, in dieser Fülle zu versinken und ihr Ich zu verlieren.

Gerät ein Einsteiger-Neuner unter den Einfluss dieser Energie, kann es geschehen, dass durch die Verdoppelung das Maß des Normalen so überschritten wird, dass pathologische Veränderungen der Psyche auftreten, welche sich in den Krankheitsbildern der Schizophrenie und Paranoia widerspiegeln. Die Neun verlockt immer zur Reise in ein unbekanntes Land, in eine schönere Welt, in ein Spiegelkabinett des Universums, welches zuletzt auch das eigene Gesicht so verzerrt, dass man die Identität verlieren könnte, wenn der Verstand nicht als beherrschendes Element eingesetzt wird.

Man könnte diese Energie mit dem Lärm vergleichen, den ein Orchester erzeugt, in dem jedes einzelne Mitglied verschiedene Passagen vor sich hin übt. Ohne Dirigent wird man wohl nie dahinterkommen, welches Stück gemeint ist und erst das Erheben des Taktstocks wird die Musiker dazu bringen, sich der vorliegenden Partitur gemeinschaftlich zu widmen. Das ist die Forderung dieses Programms: Die Partitur zu finden und durch eindeutiges Erheben des Taktstocks die Energie dazu zu bringen, sich der angebotenen Ordnung zu fügen.

In diesem Programm finden sich auffallend viele Helden, was nicht daran liegt, dass sich unter diesem Geier besonders mutige Zeitgenossen versammeln, sondern eher mit dem Umstand zu tun hat, dass das Bewusstsein so beeinflusst wird, dass es eine Situation nicht in seinem ganzen Umfang einschätzen kann. Man denkt nicht nach, man handelt, zum Glück meist richtig, und erreicht dadurch ein Endergebnis, dass sich als heroische Tat darstellt und nicht als das, was es eigentlich war: unüberlegte Gedankenlosigkeit. Zum Glück scheint aber diese Energie die Heimat sämtlicher Schutzengel zu sein, welche dafür sorgen, dass sich alles zu einem glücklichen Ende fügt, was niemanden mehr erstaunt als die sogenannten Helden.

Der Zufall, die Gunst der Stunde kann in keinem Programm so unvermutet auftauchen und ungeplant genutzt werden wie in diesem. Exakt geplante Abläufe entwickeln oft eine unerwartete Eigendynamik, welche zu einer Optimierung des ursprünglich angestrebten Ergebnisses führen und dazu verleiten, zu glauben, ein genialer Einfall hätte diese glückliche Fügung bewirkt. Doch wehe dem, der sich auf diese wundersame Regie verlässt, nach dem Motto: »Es wird schon irgendwie gehen.« Tatsächlich scheint es so, als würden diese Zufälle erst durch besonders sorgfältige Vorarbeit angelockt werden, wie scheue, exotische Schmetterlinge, die sich nur auf ganz bestimmte Blüten niederlassen wollen, deren Züchtung besondere Sorgfalt erfordert. Auf den Lebensplan übertragen heißt das: Je klarer und bewusster die Reiseroute geplant und vorbereitet wird, je sorgfältiger der Koffer gepackt wird, desto besser ist man für die Überraschungen dieser Exkursion gerüstet.

Das Motto auf diesem Weg sei: »Man sieht nur mit dem Herzen gut. Die wesentlichen Dinge sind für das Auge unsichtbar.« Wer dann auch noch lernt, dass Schmetterlinge sterben, wenn man sie berührt, hat das Spiel gewonnen, welches die Meisterschaft des Loslassens vermittelt.

Die Mischfelder

oder Das Kreuz mit dem Kreuz

Kennen Sie folgenden Vorgang? Sie lernen einen Menschen kennen. Sie finden ihn wunderbar. Sie verbringen Stunden, Tage, Wochen mit ihm in trauter Zweisamkeit. Sie finden ihn immer wunderbarer. Eines Tages beschließen Sie diesen wunderbaren Menschen Ihrer Mutter vorzustellen. Der wunderbare Mensch lässt sich auf dieses Wagnis ein. Es geschieht etwas Seltsames: Ab dem Moment, in dem der wunderbare Mensch Ihrer Mutter gegenübertritt, sehen Sie ihn mit anderen Augen. Entweder wird er noch wunderbarer oder er verliert beträchtlich von seinem Zauber. Es liegt nicht daran, dass er sich anders verhält oder anders spricht, es geschieht einfach. Im Anschluss an diesen Besuch wird die Mutter behaupten, Sie hätten sich an diesem Tag völlig anders benommen als sonst, und es ist durchaus möglich, dass Sie Ihrer Mutter dieselbe Beobachtung mitteilen.

Die Mutter könnte natürlich auch der Vater, ein Freund, der Straßenbahnschaffner oder der Milchverkäufer sein. Denn Tatsache ist, dass diese Veränderung durch jeden Menschen bewirkt wird, dem wir gegenübertreten, nur fällt es uns nicht so auf, da uns die Meinung des Milchverkäufers nicht annähernd so wichtig ist wie eine aus unserer nächsten Umgebung. Jedes Gegenüber fordert uns heraus, reizt oder bestätigt uns, bringt uns in Bewegung oder lässt und kalt.

Unseren Zahlen geht es nicht anders. Manche vertragen sich grundsätzlich gut, andere bekriegen sich sogar noch aus der

Entfernung. Doch es kann auch vorkommen, dass harmonierende Zahlen unter besonderen Konstellationen plötzlich disharmonisch aufeinander reagieren, während die feindlichen unerwartet friedlich miteinander umgehen, wie Menschen, die in einer bestimmten Gesellschaft plötzlich gereizt oder umgänglich werden. Es braucht sicher nicht erwähnt zu werden, wie wichtig die Rolle des Gastgebers ist oder der Einfluss des »Leitwolfes« der betroffenen Gruppe. Der Gastgeber innerhalb ihrer numerologischen »Gesellschaft« sind Sie selbst, soviel steht fest; nur sind die »Gäste«, Ihre Zahlen nämlich, durchaus nicht bereit, sich auf Sie einzustellen, sondern erwarten umgekehrt von Ihnen, dass Sie sich nach ihnen richten.

Der »Kern« der Gesellschaft ist das Mittelfeld, welches vom Rückgrat und der unsichtbaren Verbindung zwischen den beiden Mischfeldern durchkreuzt wird. An diesem Kreuzpunkt prallen vier Energien gleichzeitig aufeinander. Sehen wir uns diesen Energie-Knotenpunkt mit Hilfe eines beliebigen Datums einmal genauer an:

8.11.1935

8 + 1 + 1 + 1 + 9 + 3 +5 = 28 = 2 +8 = 10

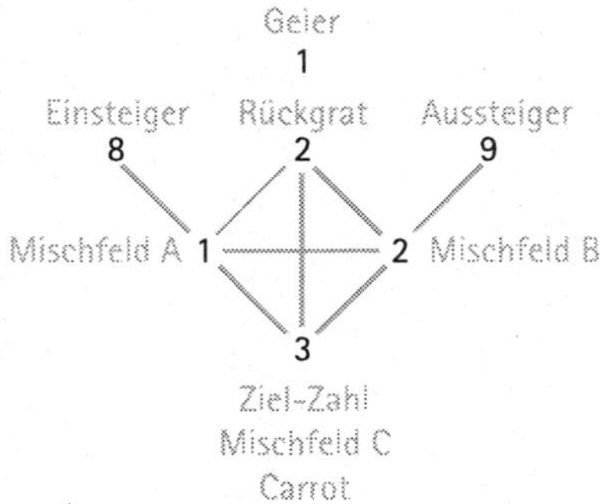

Wir sehen hier ein Mittelfeld, das sich aus der Verbindung der beiden Mischfelder Eins und Zwei sowie dem oberen und unteren Ende des Rückgrats Zwei und Drei zusammensetzt. Es ist Ihnen sicher nicht entgangen, dass der Geier dieses Basisprogramms eine Eins ist und damit unsichtbar bei jeder dieser vier Zahlen vertreten ist. Weiterhin werden wir auch im Hinterkopf behalten, dass diese Eins aus einer 28 hervorgegangen ist.

In der Entwicklung des Menschen, dessen Basisprogramm wir hier bearbeiten, verlangt die Mischfeld-Energie Eins, dass sich die etwas egoistische Grundschwingung im Laufe der Zeit der Energie des Mischfeldes Zwei angleicht. Dieser Vorgang wäre an und für sich relativ kontinuierlich und einfach, wenn ihn das Rückgrat nicht durchschneiden würde, dessen Zahlen aus Zwei und Drei bestehen. So ergibt sich das Bild eines Menschen, der auf der Suche nach seinem Du immer wieder gestört, oder besser gesagt, abgelenkt wird durch die eher auf die Gruppe konzentrierte Energie der Drei. Im realen Leben könnte sich diese Konstellation dahingehend auswirken, dass sich Verbindungen plötzlich zu einer Dreiecks-Beziehung ausweiten oder nur innerhalb einer Gruppe stattfinden dürfen. Der Partner dieses Menschen wird sein Leben lang das Gefühl nicht loswerden, seinen Gefährten mit anderen teilen zu müssen, ein Zustand, der nur erträglich ist, wenn ein hohes Maß an Toleranz und Vertrauen vorhanden ist oder die Tätigkeiten des Paares gemeinschaftlich verrichtet werden.

Aus der ganzen Konstellation geht weiterhin hervor, dass der »Gastgeber«, eine durch seine Einstiegs-Zahl und seinen Geier eher schwierige Persönlichkeit, ein tiefes Bedürfnis nach einem Du in sich trägt, welches sein labiles Innenleben stabilisiert und ihn auf seinem Weg zur Drei unterstützt. Obwohl die Ausstiegs-Zahl Neun in höherem Alter einen mildernden Einfluss auf die eher starre Grundhaltung dieses Menschen ausüben wird, sind Turbulenzen in seinem Umfeld wahrscheinlich an der Tagesordnung. Sehen wir uns noch einmal den Geier an, dessen Eins aus einer Zwei und einer Acht besteht. Das Zusammentreffen dieser beiden Zahlen ist ein Garant für schwierige Partnerschaften, was auch durch die Forderung der Eins nicht gerade gemildert wird. Dieser charismatische und schwierige Mensch wird es sicher nicht leicht haben, der Strebung seiner Ziel-Zahl Drei nachzukommen, denn die Verlockung, lebenslang als Big-Boss einherzuschreiten ist in diesem Konstrukt allzu offensichtlich und mit Sicherheit dazu angetan, eine exklusive Stellung zu ermöglichen, die, richtig verwendet, zu Ruhm und Ansehen verhelfen kann.

Obwohl die Acht und die Neun an der Entstehung dieses Mittelfeldes natürlich maßgeblich beteiligt sind, ist ihre direkte Einwirkung durch die Mischfelder stark moderiert, was in diesem Fall ein Segen ist, denn wenn Acht und Neun aufeinander treffen, besteht immer die Möglichkeit, zu einem Klaus Kinski zu werden, dessen Gesellschaft, wie mir berichtet wurde, nicht immer die reine Erholung war.

Klaus Kinski:

18.10.1926

$$1 + 8 + 1 + 0 + 1 + 9 + 2 + 6 = 28 = 2 + 8 = 10$$

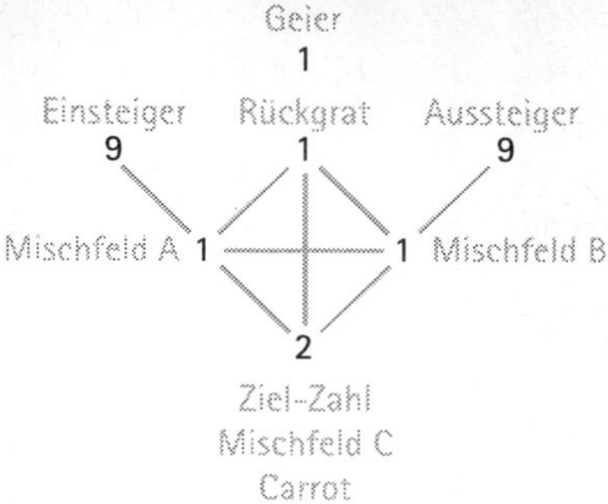

Sehen wir uns doch einmal zum Spaß das Basisprogramm dieses außergewöhnlichen Menschen an.

Ich glaube, Sie sind inzwischen so weit fortgeschritten, dass es keiner langen Ausführung mehr bedarf, um festzustellen, dass wir es hier mit einem wirklich exzentrischen, aber auch gefährdeten Menschen zu tun hatten, dessen egomanische Selbstbezogenheit sowohl Ehen als auch Zusammenarbeit zu einer Tortur gemacht haben müssen: Gleichwohl können wir unschwer erkennen, wie genial dieser Mensch gewesen sein muss, aber auch wie unendlich einsam und zerrissen. »Sein Kreuz war die Eins« hätte der Titel eines Films lauten können, dessen Hauptrolle er bestens besetzt hätte, wobei uns das Finale sicher kein Happy End beschert hätte.

Um Ihnen das Verständnis dieser schwierigen Kombination zu erleichtern, möchte ich noch ein drittes Datum verwenden, dessen Besitzer Ihnen sicher auch nicht unbekannt ist: Woody Allen.

Gewiss sind Ihnen die Skandal-Stories dieses genialen Autors, Regisseurs und Schauspielers noch im Gedächtnis, und sicher werden Sie nun fragen, wo um Himmels Willen lassen sich Herrn Allens vielschichtige Ambitionen im Basisprogramm nachvollziehen? Als erstes muss gesagt werden, dass Woody Allen unter einer Quersumme zur Welt gekommen ist, welche nicht unbedingt geeignet erscheint, ihn innerhalb des anspruchsvollen Konstrukts seines Lebensplanes auf Rosen zu betten. Die 22 ist eine wirklich schwierige Zahlenkombination, welche in den alten Büchern zusammen mit der 11 als Meisterzahl bezeichnet wird. So wunderbar die Möglichkeiten dieser beiden Zahlen sind, so schwierig gestaltet sich die Benützung dieser Hochspannungsenergien. Die 22 ist immer ein Garant für problematische Partnerschaften, was sich anhand von Herrn Allens Privatleben unschwer beweisen lässt. Sehen wir uns das Kreuz doch einmal genauer an. Wir finden hier zwei nette Dreien, wovon die eine leider einer Vier gegenübergestellt ist, während die andere mit einer Sieben fertig werden muss. Man hätte Mia Farrow vor der Eheschließung eine eingehende Beratung angedeihen lassen sollen. Das hätte beiden Gatten viel Kummer und Leid erspart, denn auf allen Positionen, an denen es Frau Farrow nach der harmonischen Schwingung einer Drei verlangt, hat Herr Allen eine Vier gegenzubieten, eine Kombination, die auf Dauer zermürbend ist.

Woddy Allen:

1.12.1935

$$1 + 1 + 2 + 1 + 9 + 3 + 5 = 22 = 2 + 2 = 4$$

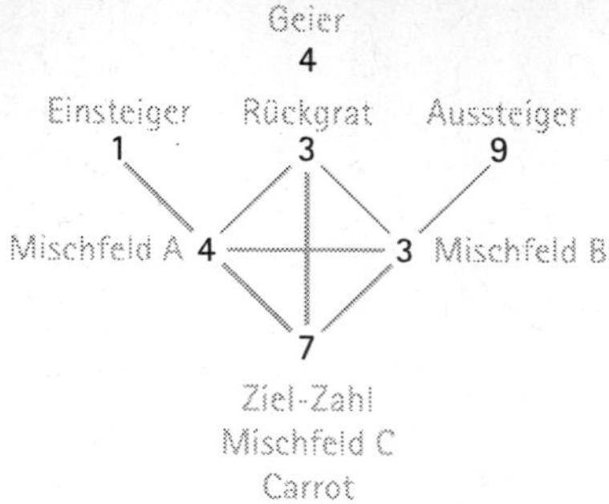

Außerdem hätte man auf eine weitere unübersehbare Komponente in Bezug auf Mia Farrows Basisplan hinweisen müssen: Die Entwicklung vom handsamen, leicht zu steuernden Mädchen zur äußerst selbstbewussten, sozialen Einzelkämpferin mit ausgeprägtem Geschäftssinn, was anhand nachfolgender Graphik unschwer zu erkennen ist (nächste Seite).

Mia Farrow:

9.2.1945

$$9 + 2 + 1 + 9 + 4 + 5 = 30 = 3 + 0 = 3$$

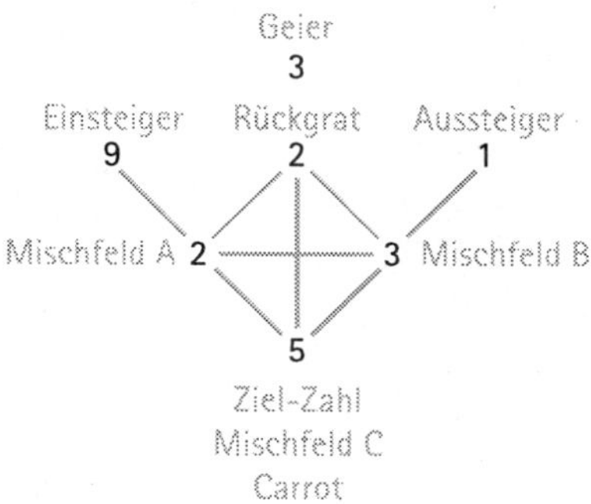

Wir sehen hier einen Entwicklungsweg von der Neun über die Zwei zur Eins, mit einer klaren Fünfer-Strebung (Carrot oder Ziel-Zahl) und einem Dual-Bewusstsein, das sich über soziale Betätigung in einer Gruppe entwickelt und manifestiert (Mischfeld A → Mischfeld B). Wer das Lied dieser Nachtigall stört, greift in ein Wespennest. Das hätte Herr Allen wissen müssen, als er sich mit seiner Siebener-Strebung mit dem vermeintlich verwandten Dreier-Geier verheiratete. Hier sorgte seine zweimal überaus elegant plazierte Vier nachdrücklich dafür, dass Frau Farrows Traum vom sweet, sweet home als gescheitertes Experiment in die Familien-Annalen einging.

Ich möchte hier keineswegs Partei ergreifen, doch ich wage zu behaupten, dass Woody Allen überhaupt nicht wusste, was er anrichtete als er anfing, seine Familie mit einem Harem zu verwechseln. Denn die Siebener-Strebung ist in der Lage, unter den starken Einflüssen der Drei und vor allem der Vier sultanische Anwandlungen zu entwickeln. Unter dem indirekten Einfluss der Neun wird ihm das Ganze wie ein Traum vorgekommen sein, der im Zusammenspiel mit Frau Farrows Traum zum Kollektiv-Alptraum missraten musste.

Für den fortgeschrittenen Numerologen wird auch die Beobachtung interessant sein, dass den beiden Kontrahenten gemeinschaftlich eine Zahl im Basis-Programm vollkommen abgeht, welche ihnen den Umgang mit der Thematik vielleicht erleichtert hätte: Die Sechs. Um Ihnen lange Erklärungen zu ersparen: Das Thema Sexualität hätte die Möglichkeit gehabt, auf einer anderen Ebene verarbeitet werden zu können.

Ich habe am Anfang des Buches gesagt, dass es keine bösen und keine guten Zahlen gibt, doch es muss darauf hingewiesen werden, dass vor allem die Vier, noch dazu im Verbund mit der Neun, gefährliche Auswüchse hervorbringen kann. Noch deutlicher wird dieser Tatbestand werden, wenn wir uns später mit der Errechnung der Namens-Zahlen befassen, welche vom Charakter und Triebleben der Menschen berichten. Geraten hier Vier und Sechs in Gestalt von Geier und Name aneinander, benötigt der Betroffene entweder eiserne Disziplin oder einen psychologischen Berater von der Pubertät bis zum Grabe.

Im Kapitel *»Nomen est Omen«* werden wir uns mit dieser Thematik eingehend auseinandersetzen, auch was die willkürliche Veränderung dieser Energiefelder durch Namenstausch betrifft.

Wenn Sie alle bisher besprochenen Mittelfeldkreuze betrachten, werden Sie feststellen, dass diese Fokus-Energie vor allem das Intimleben betrifft, und zwar nicht in sexueller, sondern in seelischer Hinsicht. Hier werden die tiefsten Verarbeitungsvorgänge sämtlicher Ahnenanteile sichtbar, mit welchen der Mensch konfrontiert wird und fertig werden muss, um sein Ziel zu erreichen. Der Querbalken des Kreuzes ist eine veritable Barriere, die mit Hilfe des Rückgrats überwunden werden muss, um im Finale erfolgreich zu sein.

Nur der Nachname, unter welchem der Mensch im Moment seiner Geburt erscheint, gibt noch mehr Auskunft über diese verborgenen, genetischen Zusammenhänge als dieses geheimnisvolle Kreuz.

Sehen wir uns auf der nächsten Seite noch einmal die einzelnen Plätze dieses Symbols genau an:

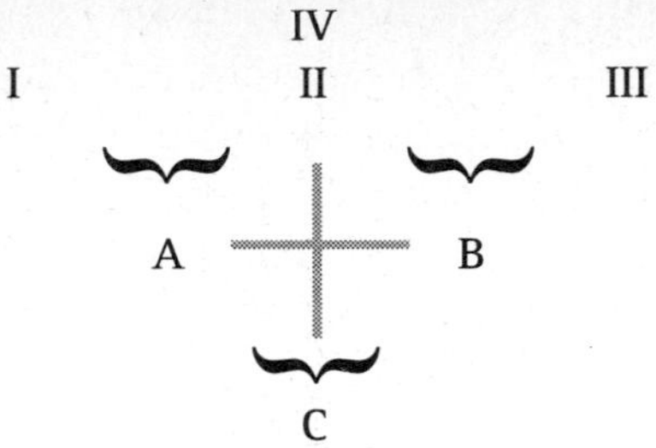

Wir sehen hier insgesamt drei Mischfelder, wobei sich das Mischfeld C (Carrot oder Ziel-Zahl) aus den Energien der beiden Mischfelder A und B ergibt. Wir haben es hier wiederum mit den verborgenen sublimen Vorgängen zu tun, die sich im psychischen Bereich abspielen und für das Auge nicht sichtbar sind. Der ganze Ablauf kann nur verstanden werden, wenn wir uns vergegenwärtigen, dass all unsere Berechnungen auf Symbolen beruhen. Diese Symbole sind nicht zufällig entstanden, sondern sind Ausdruck von Energien, unter deren Bedingungen wir uns in Programmabläufe geschleust haben, weil wir ihnen entsprechen. Die Grundlage dieser Entsprechung ist unsere genetische Konstellation, die wir uns aus dem Angebot unseres Eltern-Potentials »zusammengebraut« haben, eine Zusammenstellung, die als Ausdruck unserer grundsätzlichen, über Inkarnationen hinweg bestehenden Grundstrebung begriffen werden muss.

Vielleicht verstehen Sie die Zusammenhänge zwischen Strebung und Programm besser, wenn Sie sich vorstellen, dass ich Ihnen auf einer imaginären Bühne neun Dekorationen zeige: einen Urwald, einen Eislaufplatz, eine Schreinerwerkstatt, ein Treibhaus usw. Und nun stellen Sie sich weiterhin vor, dass ich Ihnen speziell kostümierte Menschen vorführe, die Sie diesen Dekorationen zuordnen sollen. Sie würden automatisch die Dame im Glitzerröckchen dem Eislaufplatz zuordnen, den Herrn im Tropenhelm und mit Gewehr in den Urwald verfrachten, den Mann im blauen Overall mit der Säge in die Schreinerwerkstatt und den Gärtner mit der Gießkanne ins Treibhaus schicken. Genauso funktionieren die Zuordnungen von Strebung und Programm. Aus der Art und Weise der genetischen Zusammenstellung ergibt sich eine ganz bestimmte, für den Fachmann erkennbare »Kostümierung«, deren Verbindung mit spezifischen Programmen unübersehbar ist.

Natürlich sind diese Kostüme manchmal etwas verfremdet dargeboten und es kann passieren, dass ihnen die Wahl der Zuordnung sogar als Spezialist nicht ganz leicht fällt, beispielsweise wenn die Eisläuferin mit einer Säge über der Schulter erscheint und der Gärtner einen Tropenhelm trägt. Doch man darf sich nicht täuschen lassen: Man kann in einer Schreinerwerkstatt nicht eislaufen und man braucht im Treibhaus kein Gewehr. Die Prioritäten zuzuordnen ist bei unserem Fach wesentlich schwerer als bei den eben genannten Beispielen und erfordert viel Übung und Einfühlungsvermögen. Denn genauso verfremdet wie die Kostüme können umgekehrt natürlich auch die Dekorationen sein. Nehmen wir einmal an, dass eine reine Sieben der Eislaufplatz wäre. Doch wäre die Sieben aus der Eins, der Neun, der Vier und der Zwei gebildet, dann könnte die Dekoration unter Umständen aussehen, als wäre sie dem Hirn eines verrückten Bühnenbildners entsprungen, vollgestopft mit Urwaldpflanzen, Kreissägen und Blumentöpfen, dazu noch gekrönt von der New Yorker Freiheitsstatue. Nur der geübte Theaterfachmann wird auf den ersten Blick sagen können: »Das ist und bleibt ein Eislaufplatz.« *Deswegen ist es unerlässlich, die Ur-Ideen, deren Ausdruck diese Symbole sind, wirklich begriffen zu haben, um in der Bearbeitung des Basisprogramms Fehleinschätzungen zu vermeiden.*

Die Symbole sind also Hilfsmittel, um die Zuordnungen leichter erkennen zu können, den Kostümierten den Weg in die richtige Dekoration zu ermöglichen und um sie auch im Umgang mit artfremden Requisiten zu unterstützen. Nur unter diesen Voraussetzungen kann eine qualifizierte Divination gelingen. Sehen wir uns also unseren Plan eingedenk all dieser Ausführungen noch einmal genau an.

Das Mischfeld A rekrutiert sich aus unserer Einsteiger-Idee und der Energie des Rückgrats und repräsentiert damit einen Entwicklungsweg von einem zum anderen. Auf unsere Reise übertragen würde es bedeuten, dass dieser Verbindungszug genommen werden muss, um auf die Reiseroute des Feldes II zu gelangen. Dasselbe spielt sich im Mischfeld B ab, welches die Überleitung von Rückgrat zum Aussteiger-Feld darstellt. Das Mischfeld C könnte das mit feinem Leder gepolsterte Taxi sein, das uns nach beendigter Reise zu unserem Zuhause bringt, wobei der Chauffeur natürlich die Züge unseres Geiers hat. Die Vorstellung eines Vierer-Taxis mit einem Achter-Chauffeur bereitet großes Vergnügen. Um Ihrer Phantasie etwas nachzuhelfen: Dies könnte ein Jeep mit einem sizilianischen Mafioso sein, der in Wirklichkeit der verkleidete Reinhold Messner ist, welcher im Kofferraum den sagenhaften Yeti versteckt hält. So vielschichtig und unterhaltsam kann Numerologie sein, wenn man akzeptiert hat, dass all diese Symbole Spiegelbilder des menschlichen Lebens sind! Im Verbindungszug A wird man sowohl die Eindrücke des Zuges I verarbeiten wie auch die Vorahnungen auf den Zug II, wobei man von der Hoffnung auf das gepolsterte Taxi C aufrecht gehalten wird. Diese Hoffnung wird von den Impressionen, welche sich im Zug II hinzugesellen, stark geprägt werden, ein Vorgang, der sich im weiteren Verlauf der Reise zunehmend vertiefen wird. Das letzte Wort jedoch wird nach der Beendigung des Reiseabschnitts III gesprochen werden, dessen Qualität weitgehend von der Verwendung des Mischfeldes B abhängen wird.

Vielleicht erwarten Sie nun eine differenzierte Besprechung des »Rückgrats« und des Aussteiger-Feldes. Doch das würde nur eine Wiederholung des bisher Gesagten bedeuten, denn die Ideen, sprich Programme, bleiben sich selbst bis zum glücklichen oder bitteren Ende treu, können aber durch den freien Willen im vorgeschrittenen Lebensstadium so verfremdet werden, dass eine Programmfestlegung mehr verwirren als aufklären würde. Wenn Sie das bisher Erfahrene unter Berücksichtigung der zunehmenden Reife des Menschen auf die Felder umsetzen, werden Ihnen keine Deutungsfehler unterlaufen.

Elisabeth Taylor:

27.2.1932

2 + 7 + 2 + 1 + 9 + 3 + 2 = 26 = 2 + 6 = 8

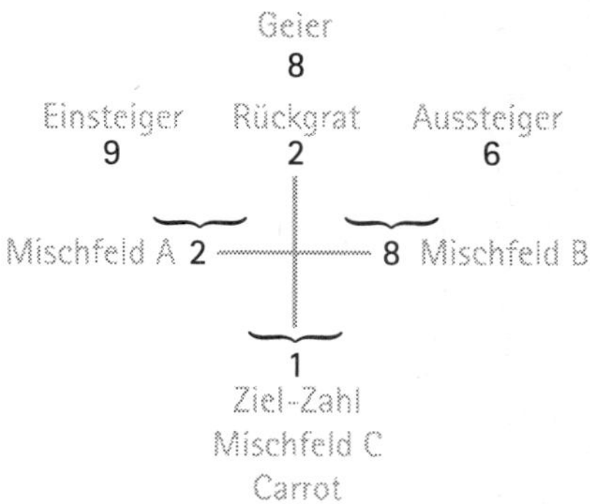

Nehmen wir, um der Sorgfaltspflicht genüge zu tun, noch einmal ein Datum zu Hilfe, dessen Benutzerin Sie alle kennen und die noch unter den Lebenden weilt: 27.2.1932. Ich habe

dieses Datum nicht nur gewählt, weil diese Grande Dame denselben Geier und dieselbe Carrot wie ich besitzt, sondern weil die allgemeine Kenntnis ihres Lebenswegs bei den nun folgenden Erklärungen äußerst hilfreich sein kann. Liz Taylor wurde mit der Einsteiger-Neun als Tochter eines Kunsthändlers und einer Schauspielerin geboren. Man könnte also sagen, wir haben es hier mit idealen Eltern zu tun. Doch gewitzt wie wir sind, sehen wir natürlich sofort, dass hier ein Achter-Geier über dieser scheinbar so großzügig gewährten Gunst des Schicksals schwebt, denn diese Schauspieler-Mutter war das, was man bei uns hämisch als »Eislauf-Mutter« bezeichnet: Eine Frau, die unbedingt wollte, dass ihre Tochter alles erreicht, was ihr selbst versagt geblieben war. So musste dieses arme Neunerchen schon mit fünf Jahren ins Ballett und wurde von Agentur zu Agentur geschleppt, bis sie als 11-jährige ihre erste Filmrolle bekam. Bis zu ihrem ersten großen Filmerfolg im Jahr 1956 (»Giganten« mit Rock Hudson und James Dean) stand sie ständig vor der Kamera. Gesegnet mit Talent und Schönheit hätte dieses Leben glanzvoll und unbeschwert sein können, wenn nicht eben diese vorher bereits erwähnte Acht unentwegt als 13. Fee (Sie erinnern sich an Dornröschen?) dazwischen gefunkt hätte.
Sehen wir uns doch einmal Frau Taylors Kreuz an.

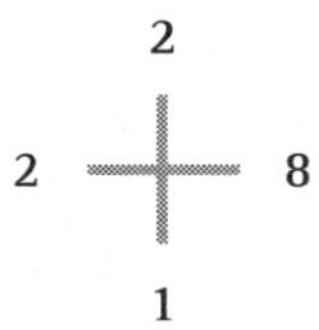

Verwundert es uns nach dieser Darstellung noch, dass jede der zahlreichen Ehen gescheitert ist? Erinnern Sie sich bitte an die Forderungen der Acht und im Gegensatz dazu an das Begehren der Zwei. Hier stehen sich Kontrahenten gegenüber, deren Zusammenarbeit nur unter dem ständigen Bewusstsein der Eins glücken kann. Im Klartext heißt das: Es wäre besser gewesen, die Verbindungen ohne Trauschein bis zum Exzess auszuleben, im Bewusstsein der Vergänglichkeit des scheinbaren Glücks. Das Beste, was Frau Taylor aus ihrem Leben machen kann, ist, ihre bitteren Erfahrungen auf dem Gebiet der Partnerschaft und der Sexualität für andere, vom Schicksal Leidgeprüfte zu verwenden. Damit würde sie der Forderung ihrer Aussteiger Sechs und des Mischfeldes B unter den Fittichen des Geiers Acht hervorragend genügen und gleichzeitig ihre Strebung Eins erfüllen können. Soviel uns bekannt ist, befindet sich unsere Probandin auf dem besten Weg, diesem Ansinnen gerecht zu werden, denn sie ist seit längerer Zeit Vorsitzende einer Vereinigung, die sich in vorbildlicher Weise um die Betreuung von Aids-Kranken bemüht.

Ich möchte Sie im besonderen noch einmal auf das Dreieck A – B – C hinweisen, welches eine Ehe unter der üblichen Erwartung »bis dass der Tod euch scheidet«, also bis ans Lebensende, unmöglich macht. Setzt man seinen Willen dagegen, sorgt das Programm dafür, dass sich dieser Satz in ein bitteres Lehrprogramm verwandelt – wenn man davon ausgeht, dass jedes Sterben einer Liebe in bestimmter Weise einem Tod gleichzusetzen ist, wovon Frau Taylor sicher ein wehmütiges Lied zu singen weiß.

Unter dem Aspekt der Acht werden auch die Alkohol- und Gewichtsprobleme dieser starken Frau verständlich, aber auch die Zähigkeit, mit der sie gegen diese Gespenster ihres Trieblebens immer wieder ankämpft, wobei sie von ihrer Ziel-Zahl Eins sicher nachdrücklichst Unterstützung erhält. Zusammenfassend müssen wir sagen, dass wir sie um dieses Schicksal, trotz funkelnder Diamanten und schimmernder Oscars nicht beneiden müssen, denn hier ist der Preis für den Ruhm und den Glanz extrem hoch bezahlt. Dass zu dieser gesamten Belastung auch noch ein schmerzhafter Rückgratschaden hinzukam, den sie sich in jungen Jahren bei einem Sturz vom Pferd zuzog, erscheint fast wie ein bösartiger Schachzug neidvoller Dämonen.

Wenn Sie mich nun fragen, wo in Frau Taylors Datum die Hinweise auf ihren Weltruhm zu finden sind, so muss ich Ihnen sagen, dass kein Datum der Welt Hinweise auf Weltruhm gibt. Dieser entsteht aus einer ganz persönlichen Nutzung der Reiseroute, wobei das Persönliche, auch von Liz Taylor, im Kapitel *»Nomen est Omen«* behandelt wird, denn wir haben in unserer ganzen Kartei kein besseres Beispiel als das von Frau Taylor finden können, welches klarer ausdrückt, wie das Zusammenspiel von Name und Programm die Durchsetzung sämtlicher Ahnenansprüche erwirken kann.

Wenn wir uns in diesem Zusammenhang noch einmal über Ahnen und ihre Ansprüche unterhalten, wird es sich anbieten, einige Erkenntnisse aus der bereits erwähnten Schicksalspsychologie von Leopold Szondi, welcher leider nicht unbedingt als Vater der bildhaften Erzählung zu bezeichnen ist, anzuführen. Deswegen werde ich versuchen, seine, gelinde gesagt, etwas trockene Abhandlung des Themas in eine für den normalen Menschen verständliche Form zu bringen.

Herr Szondi behauptet, dass das Geheimnis des Lebensplans (siehe unser Basisprogramm) bzw. unseres Schicksals, das sich in der Art und Weise unseres Wählens manifestiert, in den Genen liegt, die von Generation über Generation auf die Nachkommen weitergegeben werden. Diese Gene tragen untereinander einen Kampf aus, wer sich verwirklichen darf und wer nicht. Die »schwächeren« (latentrezessiven) Gene, welche durch die dominanten Ahnen verdrängt werden, wollen sich natürlich mit dieser untergeordneten Rolle nicht abfinden, sondern versuchen, sich anderweitig zu betätigen, oder besser gesagt, auszutoben. Dieses anderweitige Gebiet befindet sich innerhalb unseres Trieblebens und so steuern diese Anteile fröhlich unsere scheinbar freiwilligen Wahlen, sei es in Liebe, Arbeit, Freundschaft, Feindschaft, Gesundheit, Krankheit und sogar Tod.

Es mag nun durchaus der Gedanke an einen starren Determinismus aufkommen, doch dem tritt die Dimension der Willensfreiheit gegenüber. Diese kann sich logischerweise nur durch die Qualität der Person, welche sie benützt, äußern. Die Qualität der Person wiederum wird sich aus der Verwendung des Charakters, dem die Gene zu Grunde liegen, ergeben. Dieser Faktor der individuellen und willentlichen Verwendung von Genen kann zwar erahnt oder auch durch das Beobachten der betreffenden Person scheinbar festgestellt werden, mathematisch berechnet werden kann er jedoch nicht.

Letztendlich haben wir es hier mit der »Meteorologie des Schicksals« zu tun. Genauso wie ein Wetterbericht, von den bestehenden Witterungsverhältnissen ausgehend, danebengreifen kann, so sicher werden Fehleinschätzungen in der Beurteilung des Lebensplanes eines Menschen auftreten. Je besser der Fachmann die unvorhergesehenen Eventualitäten einzuschätzen weiß, desto klarer wird die Prognose, sprich Beratung sein.

Da die unvorhergesehenen Eventualitäten in enger Verbindung mit dem sogenannten freien Willen des Menschen stehen, der wiederum aus dem bewussten Ich und seiner Verwendung resultiert, werden wir nicht umhinkommen, uns mit dem Phänomen dieses »Pontifex maximus« (Übervater) auseinanderzusetzen. Dieser aus den Gegensätzlichkeiten der menschlichen Triebnatur entstandenen Regierung steht bei Szondi das Ich als »Pontifex oppositorum« (Gegenspieler des Übervaters) gegenüber. Seine Aufgabe ist es, zu sozialisieren, zu humanisieren, zu individualisieren und zu sublimieren, mit einem Wort also, beide »Pontifices« unter einen Hut zu bringen, sie miteinander zu versöhnen, eine diplomatische Aufgabe, die besonderes Geschick und lebenslange Anstrengung erfordert. *»Das Ich ist die Brücke zwischen Trieb und Geist. Es verbindet das Tierische im Menschen mit dem Göttlich-Geistigen.«*

Diese Erkenntnis, welche seinerzeit von Szondi, aber auch von Freud verkündet wurde, stammt ursprünglich von Plato, der all diese Zusammenhänge schon Jahrhunderte vor Christi Geburt begriffen hatte. Wer immer auch der erste Erkenntnisträger dieser Verbindungen war, Endergebnis ist und bleibt, dass das Ich eine Brücke zwischen sämtlichen Gegensatz-Polen der Seele ist, eine komplexe, mehrfache Achse des Schicksalsrades, an deren Polen die seelischen Gegensatzpaare hängen. Dieses Wissen um das Zusammenspiel von Faktoren, die das menschliche Schicksal bedingen, wird in vollendeter Weise auf der zehnten Trumpf-Karte eines uralten französischen Tarot-Spiels folgendermaßen kommentiert:

»Wenn Du in das, was kommen wird, einwilligst –
Wenn Du nichts anderes willst, als das, was Recht ist –
Wenn Du alles, was möglich ist, wagst –
Wenn Du Deine Vorhaben für Dich behältst –
Wenn Deine Wachsamkeit sich niemals erschöpft,
dann wirst Du eines Tages unter Deinen Händen
den Schlüssel finden.«

Der Schlüssel, von dem hier die Rede ist, kann nichts anderes sein als die bewusste Erkenntnis, wie mit den Gegensätzlichkeiten der Triebnatur umzugehen ist. Nur ein starkes Ich, welches mit Disziplin und klarer Zielsetzung diesen Austragungsort genetischer Ansprüche zu beherrschen weiß, wird seine individuellen Erwartungen in die Realität umsetzen können. Die klügste Form des Umgangs mit diesem schwierigen Bereich unseres Lebens ist in unserem Basisprogramm durch die Ziel-Zahl oder Carrot bezeichnet, während das Rückgrat als Symbol für die Umstände betrachtet werden muss, unter welchen diese Form zu verwirklichen ist. Die beiden Mischfelder A und B bezeichnen die Energien oder besser gesagt Strebungen, welche aus den Ahnen-Ansprüchen entstehen und welche überwunden, bzw. optimiert werden müssen.

Das Kreuz ist also ein Ausdruck der Widersprüchlichkeiten des »Pontifex maximus« und »Pontifex oppositorum«.

Szondi sagt dazu: »Die reifste Ausprägung des Ich ist der ›Pontifex oppositorum‹, der nicht mehr wählt, sondern integriert.« Dieses hohe Ansinnen kann man getrost auch als Kampfansage gegen die Unsitte des in der Esoterik beliebten positiven Denkens verstehen, welches dazu neigt, negative Strebungen oder Gedanken beiseite zu schieben, zu negieren und zu unterdrücken. Mit dieser Form des Umgangs mit negativen Energien erreicht man genau das Gegenteil von dem, was Szondi mit seiner Forderung der Integration bezweckt: Den konstruktiven Umgang, die bewusste Konfrontation mit den Schattenseiten unserer Seele. Dieses Bestreben des »Ich-Selbst-Seins« ist die einzige Möglichkeit, auf dem Weg zur Vollkommenheit schrittweise vorwärts zu kommen. Doch bis »Ich« und »Selbst« friedlich vereint unter einer Flagge für eine optimale Nutzung des Schicksalsweges sorgen können, liegt es wiederum an uns, dafür zu sorgen, dass diese friedliche Vereinigung zustande kommen kann. Aus der Welt der Diplomatie wissen wir, dass nur eine genaue Kenntnis der Verhandlungspartner sowie der bestehenden Umstände zu befriedigenden Ergebnissen verhelfen kann. Je mehr Information vorhanden ist, je klüger der Unterhändler ist, desto williger werden die Parteien seinen Ausführungen folgen, während dagegen unlogische Forderungen und mentalitätsfremde Vorgehensweisen die besten Absichten zum Scheitern verurteilen können. Der numerologische Basisplan, und vor allem das Kreuz, kann Sie bei richtiger Verwendung weitgehend in der Beurteilung Ihrer Eigenschaften und Handlungen unterstützen und Ihnen Wegweiser und Warner sein.

Informationen über den Charakter und die Persönlichkeit eines Menschen können dem Basisprogramm nicht entnommen werden, denn diese beiden Bereiche obliegen individuellen Gestaltungsfeldern, deren Information gesondert abgerufen werden muss. Dies geschieht mit Hilfe der Namen, welche die Menschen tragen und welche lange nicht so zufällig sind, wie die meisten von uns glauben.

»Nomen est Omen«

oder
Wie man das Kind beim Namen nennt

Gehören Sie zu den glücklichen Menschen, die mit ihrem Namen vollkommen zufrieden sind?

Dann gehören Sie zu den 42,3 % aller Sterblichen, die mit der Wahl ihrer Eltern einverstanden sind und sich mit deren Entschluss identifizieren können. Der Rest von 57,7 % hadert leise vor sich hin oder hat sich mehr oder minder widerstandslos mit einem Schicksal abgefunden, auf das anscheinend kein Einfluss zu nehmen war. Könnte man glauben. Die Wirklichkeit sieht jedoch anders aus. Fast 40 haben durch eigenen Entschluss ihren Namen geändert und es gar nicht gemerkt.

Und damit meine ich nicht die zahllosen Fälle, in denen Mädchennamen anlässlich einer Eheschließung gegen neue Familiennamen eingetauscht wurden und auch nicht die Namensänderungen, die durch ein Leben in der Öffentlichkeit manchmal erforderlich wurden, sondern die Verballhornungen, die sich meistens in den ersten Lebensjahren dadurch ergeben, dass die Kinder Schwierigkeiten mit der Aussprache haben. So wird Jan-Ulf zu Schnulf, Angelika zu Gacki und Reinhard zu Reini, was die Eltern »süß« finden und nicht wissen, was sie auf Dauer damit anrichten. Ich weiß nicht, wie es Ihnen geht, aber auf mich wirkt ein nicht ganz schlanker 50-jähriger Bankangestellter, der von seiner Umgebung hartnäckig Hasi gerufen wird, peinlich, und auch die ältere Verkaufsleiterin mit Namen Kicki berührt mich eher unangenehm.

Es geht hier weniger um meine Beurteilung von Namensschönheit, denn um eine generelle Veränderung der Namensqualität. Das gesprochene Wort hat eine eigene Kraft und so hat auch der ausgesprochene Name eine Wirkung, die alle betrifft, die diesen Namen verwenden.

Wie wichtig der Klang eines Namens ist, weiß jeder, der sich schon einmal mit dem weiten Feld der Werbung beschäftigt hat. So manche Seife und so manche Kaffeesorte hat nur mit Hilfe eines klangvollen Namens den Sprung in die oberen Regale geschafft, und auch an dem Erfolg einiger Musikgruppen war die phantasievolle Bezeichnung, unter der sie angeboten wurden, durchaus beteiligt. Wieder erhebt sich hier die Frage nach »Henne und Ei«. Ist es möglich, durch einen Namen Erfolg zu bekommen, den man sonst nie gehabt hätte, oder verändert man den Namen, weil der Erfolg schon seine Schatten vorauswirft und dadurch eine Namensänderung anbietet? Ganz abgesehen von der Tatsache, dass sich manche bürgerlichen Namen für das sogenannte Showgeschäft einfach nicht eignen (wer will schon als Herr Hirtreiter oder Frau Wirschinger in den Charts erscheinen?), muss man zugeben, dass das menschliche Ohr auf bestimmte Silbenfolgen eher unwillig reagiert. Manche Namen eignen sich ausschließlich für eine regionale Verwendung, während bei internationalem Bedarf der anglistische Sprachbereich mehr denn je verwendet wird. Es ist auffallend, dass sich kaum ein Italiener, Franzose, Engländer oder Amerikaner einer landesfremden Benennung bedient, während die anderen Nationen gerne auf die gefälligen Lautkombinationen der Nachbarn zurückgreifen. Fast scheint es, als ob die schmucken Mäntelchen, ähnlich wie eine hübsche Verpackung, den Käufer freundlich stimmen sollen, und in vielen Fällen geht die Rechnung auch auf.

Mit Hilfe einer arbeitsfreudigen Mannschaft habe ich mir die Mühe gemacht, zahllose Künstlernamen mit den ursprünglichen bürgerlichen Namen zu vergleichen, das heißt, diesen ihre numerologischen Entsprechungen gegenüberzustellen.

Das Ergebnis war frappierend. Entweder entsprachen die Kunst-Namen in ihrer Quersumme genau dem bürgerlichen Namen, oder ihr Besitzer hatte seinen Geier »beliehen«, also die Quersumme seines Geburtsdatums als Namenszahl verwendet. Auch die Ziel-Zahl findet in dieser Beziehung eine gewisse Würdigung, doch im Vergleich wirkt ihre Verwendung eher stiefmütterlich. Die einzige Ausnahme macht die Quersumme Neun, die bei Künstlernamen auffallend oft erscheint.

Vor Jahren zeigte ein deutscher Fernsehsender in einer Abendshow ein hochinteressantes Experiment: Ein Experte bekam zehn Namenszettel in die Hand, die er zehn ihm unbekannten Personen zuordnen sollte. Er sah den Leuten genau ins Gesicht, betrachtete ihre Gestalt von oben bis unten und verteilte innerhalb kürzester Zeit seine zehn Namen. Das Ergebnis war verblüffend fehlerlos. Die Probanden, Männlein wie Weiblein, kamen aus allen Altersstufen und auch aus allen sozialen Schichten. Der Experte hatte sie vorher noch nie gesehen und die Namenszettel erst im allerletzten Moment ausgehändigt bekommen. Wie konnte dieses Experiment also glücken?

»Was Du billigst, noch so fern,
ist nach Tagen oder Wochen
Dein, als ob Du's selbst gesprochen!«
Franz Grillparzer

Ein Name, mit dem wir uns identifizieren, zeichnet unsere äußeren Züge genauso wie Bildung oder ein ausgeprägtes Triebleben. Es gibt Menschen, die können einfach nicht Sylvia oder Jean-Marie heißen, oder Philipp oder auch ganz einfach Christian. Es »passt« nicht zu ihnen. Dabei könnte man gar nicht genau sagen, was diese Empfindung ausmacht, denn im Grunde könnte eigentlich jeder Mensch jeden Namen tragen. Doch genau diese Annahme ist falsch. Wie unter einem geheimen Kommando scheinen sich unter bestimmten Namen ganz bestimmte Charaktere einzufinden, ähnlich wie bei den Geburtstags-Daten. Da sich die Zeichen, welche auf bestimmte Namen hinweisen, nicht nur in der Physiognomie widerspiegeln, bedarf es langjähriger Erfahrung, um diese verborgenen Gesichts-Hieroglyphen zu entziffern. So wie die Erforschung dem Archäologen ermöglicht, die Botschaft vergessener Schriftzeichen zu enträtseln, genauso verhilft sie dem Physiognomiker (Physiognomik bedeutet Lehre vom Ausdruck des Gesichts), die verborgenen Zeichen der Gesichtszüge zu deuten. Wird dieses Wissen noch durch die Nominal-Numerologie bereichert, die viel mehr als das reine Berechnen der Namen ist, sind oben erwähnte Ergebnisse möglich. Der Mann im Studio konnte sein Handwerk perfekt. Das war das ganze Geheimnis des für Außenstehende frappierenden Vorgangs.

Bevor wir als Kind das Wort »Ich« bewusst als Selbstbezeichnung verwenden, benützen wir unseren Namen, um auf uns aufmerksam zu machen: »Christa hat Hunger, Mami!« oder »Papi, Martin will nicht spazieren gehen!« Das sind Sätze, die allen Eltern vertraut sind und die so lange verwendet werden, bis das Kind sein »Ich-Selbst« erkennt. »Am Anfang war der Name« könnte man sagen, auch wenn einige von uns mit ihm ein ganzes Leben lang nicht »warm« werden.

Mütter und Väter haben sich zu allen Zeiten die Köpfe zerbrochen, mit welchen Namen sie ihre Nachkommen bestmöglich schmücken könnten. Bei diesem Unterfangen wurden oft nächtelang Namenslexika gewälzt, Stammbäume durchforstet und Freunde wie Bekannte gequält. Nicht immer fiel das Endergebnis so aus, dass der Namensträger darüber später in Begeisterung ausgebrochen wäre. Ich erinnere mich in diesem Zusammenhang gerne an eine der glanzvollen Shows des Holländers Herman van Veen, als dieser, scheinbar völlig selbstvergessen, folgenden gedankenschweren Satz von sich gab: »Ich frage mich, wie eine Mutter dazu kommt, ihren Sohn Herrrr-Mannnn zu nennen?« Genauso gut könnte man fragen, was deutsche Eltern dazu bringt, ihre Töchter Carmen oder Jacqueline zu titulieren oder ihre Söhne mit den Namen Terence oder Hubert-Maria zu strafen, was um so schlimmer wirkt, wenn der Nachname so ähnlich klingt wie Streibelhuber oder Bicklberger. Der Drang nach Höherem oder das Bedürfnis, einem Erbonkel gefällig zu sein, war hier wohl stärker als die Vernunft oder die Voraussicht. So bleibt manchem nur die Hoffnung auf eine namensrettende Verehelichung oder Adoption, oder wie bereits vorher erwähnt, eine spätere Änderung, welche zeit- und geldraubend ist.

Ein interessantes Spiel bietet sich an: Was wäre aus Goethe wohl geworden, wenn ihn seine Mutter mit dem Namen Heinz-Rüdiger beglückt hätte? Und wäre aus Albert Einstein nur ein bescheidener Physikprofessor geworden, hätte man ihn mit dem Vornamen Holger geschmückt? Wir werden es leider nie erfahren, doch eine leise Ahnung drängt sich uns auf, dass diese großen Geister mit den angebotenen Nomina-Variationen wohl nie in den goldenen Büchern dieser Welt erschienen wären.

Noch ein Spiel: Manuel Einstein. Probieren Sie diese Kombination doch einmal aus, sagen Sie diese beiden Namen einige Male vor sich hin, fühlen Sie ihnen nach und warten Sie ab, welche Empfindungen in Ihnen entstehen. Vielleicht geht es Ihnen so wie mir. Ich dachte, das könnte ein Musiker sein.

Oder: Ernst-Karl von Goethe. Das kann doch kein Dichter sein! Ein Erfinder vielleicht, ein Feldherr möglicherweise, aber ein Dichter ... nein!

Albert Beckenbauer ...? Oh Gott! Dieses Spiel können Sie mit allen Gestalten der Weltgeschichte, aber auch in Ihrem engen Familienkreis veranstalten und Sie werden bestens unterhalten sein. »Doch an jedem Spaß ein Fünkchen Ernst«, würde der große Denker »Sigmund« von Doderer sagen, dessen wahrer Vorname natürlich ein klangvoller Heimito ist. Oder war es Rudi Morgenstern? Denn als verblüffende Wahrheit bleibt, dass wir die Namen tragen, die uns gebühren. Kein Name ist ein Zufall, scheint seine Herkunft noch so unverständlich, seine Verwendung noch so willkürlich, sein Gebrauch noch so widersinnig: Im Moment unserer Geburt »erschien« dieser Name passend. Nie werden wir die Einflüsse vollkommen nachvollziehen können, die unsere Namensgeber bewogen haben, dieses und kein anderes Wort zu unserer Bezeichnung auszusuchen.

Hinter dieser Wahl stehen natürlich immer persönliche Assoziationen, ausgelöst durch Erlebnisse oder Beurteilungen, welche sich als positive oder negative Erinnerungen in unserem Bewusstsein festgesetzt haben. Für unsere Nachkommen erhoffen wir ein glückhaftes Leben, Gesundheit und Erfolg. Deswegen werden Eltern ihren Kindern Namen geben, die sie mit diesen Begriffen in Verbindung bringen. Von einem

Standesbeamten weiß ich, dass der Name »Boris« seit 10 Jahren durch Herrn Becker eine »intensive Verwendungs-Intensivierung« (wie sich der Beamte ausdrückte) erfahren hat, während »Adolf« eher zurückhaltend eingesetzt wird.

Einen Rat möchte ich mir erlauben, bevor wir in die letzten Geheimnisse der Namensberechnung eindringen: Bitte geben Sie Ihren Kindern keine Namen von Verwandten oder anderen Menschen aus Ihrer nächsten Umgebung, die eines gewaltsamen Todes gestorben sind oder eine andere grässliche Todesart erleiden mussten.

Ich spreche hier aus eigener Erfahrung. Es dauerte fast 30 Jahre, bis ich auf das Geheimnis meiner Ohnmachtsanfälle angesichts grauer Fenster oder grau schimmernder Flächen kam. Der Geist meiner ertrunkenen Tante, deren Namen ich trage, wurde zu oft durch die Namensnennung heraufbeschworen. Vielleicht werden einige Reinkarnationsexperten behaupten, ich hätte Anteile der Verstorbenen in mir, was ich nicht bestreiten möchte. Doch, was ich mit Sicherheit behaupten kann, ist, dass mir aus diesem möglichen Fakt in Verbindung mit ihrem Namen nachweislich kein Vorteil erwachsen ist. Bezeichnenderweise wurde ich von meiner Familie, die numerologisch völlig »ungebildet« ist, von Puppi bis Gertele umbenannt, ohne dass ein Mensch erklären konnte, warum niemand den Originalnamen verwenden wollte. »In memoriam« bringt nicht immer Segen. Das sollte auch in Bezug auf die eigene Familienhistorie bedacht werden.

Den so genannten primitiven Völkern sind die Zusammenhänge von Bedeutung und Funktion eines Namens immer bewusst gewesen. Der französische Soziologe und Psychologe Lucien Lévy-Bruhl schrieb in seinem Buch *Das Denken der*

Naturvölker darüber: »Der Name drückt aus, ja er bewerkstelligt die Verwandtschaft des Individuums mit seiner totemischen Gruppe, mit dem Vorfahren, dessen Wiederfleischwerdung (Reinkarnation) dieses Individuum oft ist, mit dem individuellen Toten oder Schutzengel, der sich im Traum offenbart hat, mit den unsichtbaren Mächten. Die Merkmale ihrer Namen leiten sich wie eine natürliche Folge von den Merkmalen jener Wesen her.«

Welcher Name ist also der beste für mein Kind? Die Antwort ist: Eigentlich gibt es genauso wenig gute und schlechte Namen, wie es gute und schlechte Zahlen gibt. Doch es gibt Benennungen, die mit bestimmten Vorkommnissen in Verbindung gebracht werden und deren Verwendung bestimmte Erinnerungen heraufbeschwören. Für unsere Kinder sollten wir uns natürlich bemühen, positive Erinnerungspotentiale zu verwenden, das heißt, Namen, welche einen späteren Vergleich mit vorangegangenen Trägern mit einem positiven Gefühl verbinden. Es geht hier weniger um Identifikation, als um die generelle »Aufladung« eines Namens. Aus diesem Phänomen entsteht auch die zu bestimmten Zeiten auffallend gehäufte Verwendung sogenannter Mode-Namen, wie z. B. Sabrina, Corinna, Ivonne, Fabian, Vincent oder Florian. Das heißt, das Bewusstsein der Menschen konzentriert sich auf eine bestimmte Klangfolge, die als schön empfunden wird und die das Ohr »freundlich« entgegennimmt, weil sich mit dem Hörvorgang angenehme Gefühle verbinden, die sich auf frühere Momente der Identifikation (z. B. Personen aus Fernseh-Serien, Star-Models, Sänger) beziehen.

Diese Identifikationen spielen sich auch mit Familiennamen ab, die vom Gedächtnis als vertraut empfunden werden, wie z. B. Engelke, Ehrlichmann, Fröhlich oder Meiser, die alle mit angenehmen Begriffen oder Eigenschaften zu tun haben. Gegenteilige Emotionen kann man ohne Schwierigkeiten mit Namen wie Schlagenhauer, Stumpfmann, Schmutzer oder Krömer erzeugen. Fügen sich zu diesen Namen auch noch passende Berufe, ist sogar Gelächter garantiert, wie im Fall des Zahnarztes Brückenbauer und der Installationsfirma Rostleger. Die Wahl der Tauf-Namen sollte in diesem Fall eine besonders sorgfältig bedachte Angelegenheit sein, sonst könnten die Kombinationen zu weiteren Peinlichkeiten führen, die nicht geeignet sind, den Lebensweg zu erleichtern.

Als sich vor Jahren die Absolventen des berühmten Wiener Reinhardt-Seminars passende Künstlernamen zusammenstellen sollten, fand sich unter den hoffnungsvollen Stars in spe nur ein einziger, dessen bürgerlicher Name, so fanden alle, von keiner noch so klangvollen Erfindung übertroffen werden konnte, und die Zukunft bestätigte diese Ansicht vollkommen: Miguel (Milo) Herz-Kestranek. Dieser an und für sich nicht einfache Name zergeht auf der Zunge wie ein Champagner-Trüffel und bleibt im Gedächtnis hängen, wie eine Klette im Wollkleid.

Man fragt sich, warum? Ist es die eigenartige Zusammenstellung fremder und heimischer Klänge? Oder vielleicht der Rhythmus, den wir auch in bekannten Marschliedern wiederfinden? Oder gibt es ein »Feng Shui« der Namen?

Frage: Was ist Feng Shui?
Antwort: Feng Shui ist die fernöstliche Kunst, mit seiner unmittelbaren Umgebung in Einklang zu leben. Feng Shui versucht, die optimalen Beziehungen zwischen einer Lebenssituation und der jeweiligen räumlichen Umgebung mit dem Ziel herzustellen, Gesundheit und Glück zu erzielen.

Wenn wir diese Aussage auf die Namensgebung übertragen, so kommen wir zu dem Schluss, dass es sowohl ein »Feng Shui« der Namen, als auch ein »Feng Shui« der Seele geben muss. Das klingt geheimnisvoll, und es würde mich nicht wundern, wenn, in angemessenem Abstand nach Veröffentlichung dieses Buches, Werke mit diesbezüglichen Titeln erscheinen, denn Feng Shui ist momentan »in«. Dabei ist dieses Wissen Tausende von Jahre alt und findet sich in den verschiedensten Kulturen unter anderen Bezeichnungen. Als ich einen berühmten griechischen Architekten zu diesem Thema befragte, zuckte er die Achseln und sagte: »Das ist nichts anderes als der A- und B-Rhythmus.« Im weiteren Gespräch stellte sich heraus, dass er damit auf das Gesetz der Bi-Polarität anspielte, das aussagt, dass sich wie zur Ebbe die Flut zum Eckigen das Runde, zum Harten das Weiche gesellen wird. Einer großen leeren Fläche sollte also nicht wieder eine große leere Fläche gegenüberstehen, genauso wenig wie sich Türen genau gegenüberstehen sollten.

Auch wer von Feng Shui noch nichts gehört hat, wird sich in bestimmten Räumen einfach nicht wohl fühlen, während er andere, vielleicht sogar weniger elegant eingerichtete, als gemütlich empfindet. Diese Einschätzung entspringt einer natürlichen Resonanz, die aus unserer eigenen Gesetzmäßigkeit entsteht, aus den bipolaren Grundlagen unseres eigenen Seins: Schlafen und Wachen, Geburt und Sterben, Tod und Leben. Nach diesem ewigen Rhythmus richtet sich das ganze Universum, von der kleinsten atomaren Struktur bis hin zur Entstehung Schwarzer Löcher und neuer Sonnen.

Ein Name, der sich nach diesen Gesetzen richtet, wird instinktiv als »richtig« empfunden. Der richtige Klang wird durch die harmonische Aufeinanderfolge von Vokalen und Konsonanten, Silben und Rhythmen erzeugt. Miguel Herz-Kestranek, Martin Luther King, Annette von Droste-Hülshoff. Diese Namen erwecken völlig andere Gefühle als beispielsweise »alliterale« Namen wie Bertolt Brecht, Günther Grass, Heinrich Heine oder (pardon) Sylvester Stallone, Tina Turner und Sabine Sinjen. Sprechen wir alle diese Namen laut vor uns hin, so stellen wir fest, dass wir sie als hart oder weich empfinden. Vergleichen wir die Namensträger mit ihren Tätigkeiten, so stellen wir weiterhin fest, dass eine Rock-Sängerin auf Dauer keinesfalls als »Dalida« Erfolg haben kann und revolutionäre Charaktere eher Rudi Dutschke heißen als Gerd Höllerich, der durch seinen äußerst fragwürdigen Künstlernamen Roy Black zwar scheinbar Ruhm und Ehre erlangte, nicht aber seine eigene Bestimmung. Dasselbe passierte dem Schlagersänger Rex Gildo (Alexander Hirtreiter), dessen Ende dem von Roy Black nicht unähnlich war.

Beide Künstlernamen bedeuten, wie Sie anhand unserer anschließenden Berechnungsliste selbst nachvollziehen können, eine Drei, während die bürgerlichen Namen beider Herren eine Acht als Quersumme ergeben. Die Diskrepanz dieser grundlegend unterschiedlichen Energien mag Ausdruck der Unvereinbarkeit der äußeren Darstellung und des inneren Anspruchs dieser Künstler gewesen sein. Äußerlich umjubelt starben beide an innerer Vereinsamung, an Nicht-Erfüllung ihres tiefsten Begehrens: Um ihrer selbst geliebt zu werden. Dieses Selbst entsprach eher der problematischen und dramatischen Acht und nicht der kommunikationsfreundlichen Drei. Durch die scheinbar passende Namensgebung wurden sie in eine Existenz gedrängt, die nur durch eine Änderung dieser Namen und der damit verbundenen Handlungen hätte verändert werden können. Die gefällige Dreier-Maskierung wurde mit zunehmendem Alter in beiden Fällen immer mehr zu einem qualvollen Panzer, der die schwierige seelische Konstellation beider Künstler ohne Ausweg ließ.

Wie bereits erwähnt, ergibt sich die Qualität eines Namens aus dem Zusammenspiel von Vokalen und Konsonanten. Die Vokale sind die eigentlichen Träger, denn nur durch ihren Klang bekommen die Konsonanten Leben. Uns stehen davon fünf zur Verfügung: I, E, O, U und A. In der jüdischen Religionslehre ist diese Klangfolge so heilig, dass sie nicht ausgesprochen werden darf, denn so klingt der Name des Allerhöchsten.

Wenn wir diese Vokale numerologisch betrachten, so haben sie die Zahlenwerte 1, 5, 7, 6 und 1. Bitte vergleichen Sie nun diese Zahlenwerte mit den entsprechenden Ur-Ideen, die sich anfänglich in den zehn Selbstdarstellungen beschrieben haben. So bekommen Sie eine Ahnung von der Kraft, die sich hinter diesen Klängen verbirgt.

Natürlich gibt es auch Konsonanten, welche die gleichen Zahlen wie die Vokale tragen, und trotzdem sind diese von anderer Intensität, ganz so, als würde die länger andauernde Schwingung ihrer Träger die Energie vervielfachen.

Sehen Sie nun den gesamten Buchstaben-Schlüssel, den wir zur Berechnung aller folgenden Namen verwenden werden. Wieder werden Sie umsonst nach einer Neun suchen, denn diese heilige Zahl hat, wie wir bereits bei unseren vorherigen Additionen feststellen konnten, die Eigenschaft, nicht greifbar, unsichtbar zu sein. Diese ganz besondere Energie, die sich hinter dem Zahlen-Symbol Neun verbirgt, sollte auch auf das ausgesprochene Wort nicht übertragen werden. An dieses Gesetz hat sich Cheiro gehalten, und wie Sie später feststellen werden, funktioniert die Verwendung seiner Liste hervorragend.

A = 1	J = 1	S = 3
B = 2	K = 2	T = 4
C = 3	L = 3	U = 6
D = 4	M = 4	V = 6
E = 5	N = 5	W = 6
F = 8	O = 7	X = 5
G = 3	P = 8	Y = 1
H = 5	Q = 1	Z = 7
I = 1	R = 2	

Bitte vergessen Sie nie, dass ausschließlich reduzierte, d. h. einstellige Zahlen verwendet werden dürfen, da sonst die korrekte Berechnung des Namensfeldes nicht gegeben ist.

Verwenden wir einmal Liz Taylors vollständigen Geburtsnamen, um die Anwendung verständlich zu machen.

E L I Z A B E T H	R O S E M O N D	T A Y L O R
5 3 1 7 1 2 5 4 5	2 7 3 5 4 7 5 4	4 1 1 3 7 2
=33	=37	=18
= 6	= 1	= 9

Wir haben es hier mit drei Blöcken zu tun: mit zwei Vor- und einem Familiennamen. Die Quersumme der Buchstaben des ersten Vornamens ergibt eine Sechs, die des zweiten eine Eins und die des Familiennamens die Neun.

Üblicherweise würde es genügen, mit diesen Einzel-Zahlen zu experimentieren, doch das wäre nur die Hälfte des Geheimnisses, denn es gibt mindestens noch 138 Vornamen, die ebenfalls die Quersumme Sechs (wie beispielsweise auch Silvia, Margit oder Elfriede) oder Eins (wie auch Ulrike, Christa oder Heidrun) haben, ganz zu schweigen von den Tausenden von Nachnamen, welche über die Quersumme Neun verfügen.

Über diese drei Zahlen können wir also nur relativ oberflächliche Informationen erhalten. Um das Innerste der Namen festzustellen, benötigen wir also eine weitere Technik, nämlich genau dieselbe Mischfeldtechnik, die wir bereits beim Basisprogramm verwendet haben.

Unter Mischfeldtechnik verstehen wir im Zusammenhang mit dieser Liste immer das Addieren der vorhergehenden und der nachfolgenden Zahl. Das Ergebnis wird in meinem System sofort unter die beiden zusammengezählten Zahlen geschrieben. Die sich ergebende Endzahl wird dann mit »Namens-Feldzahl« bezeichnet.

Quersumme	Quersumme	Quersumme
6	1	9
E L I Z A B E T H	R O S E M O N D	T A Y L O R
5 3 1 7 1 2 5 4 5	2 7 3 5 4 7 5 4	4 1 1 3 7 2
8 4 8 8 3 7 9 9	9 1 8 9 2 3 9	5 2 4 1 9
3 3 7 2 1 7 9	1 9 8 2 5 3	7 6 5 1
6 1 9 3 8 7	1 8 1 7 8	4 2 6
7 1 3 2 6	9 9 8 6	6 8
8 4 5 8	9 8 5	5
3 9 4	8 4	Feldzahl
3 4	3	
7	Feldzahl	
Feldzahl		

Wir haben es hier mit drei Feld-Zahlen zu tun, die sich von den Quersummen-Zahlen vollkommen unterscheiden. Wenden wir uns zunächst den Vornamen zu:

Wenn Sie das Telefonbuch zur Hand nehmen, werden Sie feststellen, wie viele Menschen den Namen Elisabeth tragen, dessen amerikanische Version mit »z« im New Yorker Telefonbuch ganze Seiten einnehmen könnte. Würde man also behaupten, dass die Berechnung dieses Namens Aufschluss über Frau Taylors Schicksal gebe, würde man sich schlicht der Lächerlichkeit preisgeben. Wenn ich jedoch behaupte, dass Frau Taylor diesen Namen benützt hat, um ihr Schicksalsprogramm auf eine bestimmte Weise leben zu können und um sich selbst auf eine bestimmte Weise darzustellen, dann klingt das schon weniger lächerlich.

Wir wissen nicht, wer die allererste Trägerin dieses Namens war und wer diesen Namen erfunden hat. Aus dem Neuen Testament wissen wir, dass eine Elisabeth die Mutter desjenigen Johannes war, welcher als der »Täufer« bezeichnet wird. Dass sie eine Auserwählte war, entnehmen wir dem Umstand, dass sich die Geburt ihres Sohnes ebenfalls durch eine Engelserscheinung ankündigte. Mit diesem Namen sind also außergewöhnliche Energien verbunden, ähnlich den Energien, welche den Zahlen-Ideen zugrunde liegen.

Es ist nun nicht ganz einfach, den Sprung von der heiligen Elisabeth zu der in der heutigen Zeit lebenden Elizabeth Taylor zu machen, welche ähnlich wie die Kaiserin Elisabeth von Österreich ihren Vornamen in eine Koseform verwandeln ließ. Die Kurzform Liz oder Sisi, heutzutage Sissy, verändert natürlich nachhaltig das Energiefeld, das diesen Namen umgibt, und verkleinert und verniedlicht seine Wirkung.

Frau Taylors Elizabeth unterscheidet sich vom Original durch das »z«, und ein »s« würde die ursprüngliche Quersumme 33 in eine 29 verwandeln. Die Koseform Liz ergibt die Zahl 11, welche unter die Rubrik »Meisterzahlen« fällt.

Frage: Was sind Meisterzahlen?
Antwort: Sogenannte Meisterzahlen sind alle Doppel- oder Mehrfach-Kombinationen von Ziffern, wie zum Beispiel 11, 22, 33 usw.

Frage: Was ist an diesen Zahlen so meisterhaft?
Antwort: Das Wort »Meister« ist in dieser Beziehung als Metapher zu verstehen, welche ausdrücken will, dass hier die ursprüngliche Energie der Zahl durch Verdoppelung der »Idee« eine solche Klarheit erhält, dass man diese Endform als »meisterlich« bezeichnen kann.

Frage: Wodurch äußert sich diese Meisterschaft?
Antwort: Unter der Schirmherrschaft dieser Zahl ist eine *optimale* Unterstützung des eigenen Begehrens zu erwarten.

Wenn Sie nun glauben, dass dieser Unterstützungs-Bonus immer ein Segen ist, dann sollte Sie das Schicksal von Frau Taylor eines Besseren belehren; deren Geburtsbegehren spiegelt sich nicht nur in der Sechs des Vornamens Elizabeth wider, sondern auch im Namen Rosemond, dessen Quersumme Eins wir als Ziel-Zahl im Basisprogramm wiederfinden. Auch der Familienname Taylor fügt sich mit seiner Quersumme Neun nahtlos in diesen Plan; eine Neun, die wir wiederum als Einsteiger-Zahl vorfinden. Um mit diesen Informationen besser umgehen zu können, wollen wir uns noch einmal das Geburtsdatum vor Augen führen, in welchem wir Einsteiger-Zahl und Ziel-Zahl, aber auch die Aussteiger-Zahl in völliger Entsprechung mit dem Geburtsnamen Elizabeth Rosemond Taylor finden. Auch wenn Sie sich das Kreuz noch einmal genau ansehen, werden Sie feststellen, dass die Zwei des Mischfeldes A eigentlich eine Elf ist und somit haben wir hier nochmals eine Übereinstimmung, und zwar in Bezug auf die Kurzform Liz.

27.2.1932

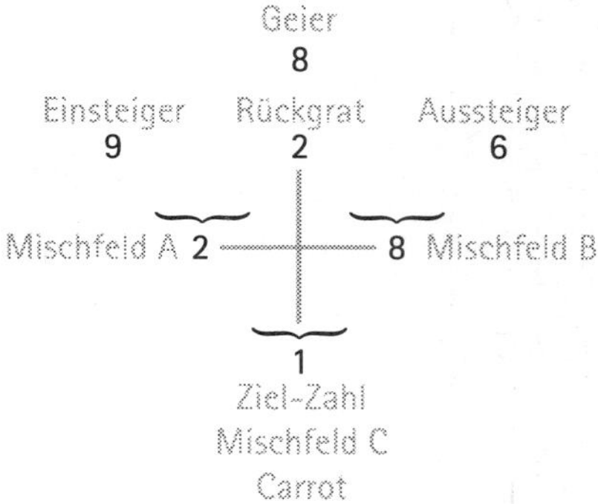

Diese perfekten Entsprechungen sind äußerst selten und erfahrungsgemäß vor allem bei Menschen in ausgesprochen exponierten Stellungen zu finden.

Der große Numerologe Hermann Kissener lässt an der 11, der 22, 44, 55 und 66 als Namenszahlen kaum ein gutes Haar, nur die 33 hebt er lobend hervor: »Diese Namensträger ziehen großen Nutzen durch eine positive Ehe und durch Freundschaften.« Alle restlichen Meisterzahlen bringt er mit verborgenen Gefahren, Verrat, Selbsttäuschung, Rauschgiftneigung, Fehlschlägen, Irrungen im praktischen Leben, sowie Neid und Missgunst in Verbindung. Sicher hat Herr Kissener nicht unrecht, doch möchte ich behaupten, dass dies die Dunkelseite der Medaille ist, welche Frau Taylor nachweislich bis zur bitteren Neige auskosten musste. Die lichtvolle Seite dieser Zahlen-Charaktere bietet jedoch sämtliche hervorragenden Möglichkeiten, die wir aus dem Leben dieser Schauspielerin ebenfalls kennen: Reichtum, Ruhm und Ehre, Ansehen, intensives Erleben und volle Auskostung des Lebensprogramms. Natürlich spielt die freie Willenswahl in diesem Zusammenhang eine ausschlaggebende Rolle, die in unserem Beispiel sowohl von der gesamten Namens-Quersumme als auch vom Basisprogramm-Geier dominiert wird.

Der freie Wille drückt sich primär durch die Wahl des Elternpaares aus, welches mit seinem Familiennamen, aber auch mit der Wahl der Vornamen in völliger Entsprechung zu diesem Entschluss steht.

Die Einsteiger-Zahl in Verbindung mit der Ziel-Zahl und den Daten der beiden Vornamen Elizabeth und Rosemond (Rosamunde!) enthält für den Numerologen sämtliche Informationen über den Charakter und die Möglichkeiten der Persönlichkeitsentwicklung von Frau Taylor. Der Familienname hingegen erzählt die Ahnengeschichte der Sippe.

Wenn Sie noch einmal Ihr Telefonbuch bemühen würden, könnten Sie feststellen, dass es einige Namen gibt, welche man ohne Übertreibung als Seitenfüller bezeichnen kann, wie zum Beispiel Müller, Huber, Meier, Schmidt und Schneider. Letzterer ist die Übersetzung des Namens »Taylor«, der in Amerika genauso häufig vorkommt wie die eben erwähnten deutschen Familiennamen. Wie also können wir Kenntnis über die individuelle Ahnengeschichte von Elizabeth Rosemond Taylor erhalten, ohne in Ahnengeschichten der Familie des Richard Taylor, der Celia Taylor und des Rod Taylor zu geraten? Ganz abgesehen davon, dass wir bei

Betrachtung sämtlicher Familiengeschichten aller Taylors wahrscheinlich das Phänomen erleben würden, zuletzt bei einem Ur-Eltern-Paar dieser scheinbar nicht verwandten Namensvettern anzukommen, können wir auch, so unglaublich es klingt, einfach davon ausgehen, dass ursprüngliche Verbindungen bestehen. Nomen est omen. Kein Name entsteht zufällig, sondern immer in vollkommener Entsprechung des menschlichen Energiefeldes, welches sein Träger ist. So individuell die Familiengeschichten sämtlicher amerikanischer Taylors, sämtlicher deutscher Schmidts, spanischer Rodriguez, englischer Millers usw. auch sein mögen, es besteht trotzdem eine Verbindung, und zwar über Kontinente hinweg.

Das Unterbewusstsein kennt diese Zusammenhänge anscheinend genau, wie sich am freudigen Gebaren zweier Menschen erkennen lässt, wenn diese feststellen, dass sie denselben Nachnamen tragen. Dieses Verhalten ist ähnlich wie bei zwei Menschen, die in einem fremden Land feststellen, dass sie beide beispielsweise aus der Steiermark stammen. Namen sind wie Länder, aus denen zwar viele individuelle Charaktere erwachsen können, deren Gruppen-Energie dennoch verbindet. Wir kennen dieses Phänomen auch im Zusammenhang mit Länder-Schicksalen und Gruppen-Karma.

Viele Einzelideen, unter einer Flagge versammelt, können, ohne ihre Individualität zu verlieren, eine Gesamtidee verkörpern. Steiermark, Connecticut und Burma, aber auch Paris, Mährisch-Ostrau und Athen können genauso als Flaggen verstanden werden wie Schmidt, Huber, Gonzales und Dupont, ebenso wie jede der neun Zahlen.

Was Frau Taylor betrifft, wurde dieser Name anscheinend nur gewählt, um sie bei ihrem »Einstieg« zu unterstützen und ansonsten ihr ursprüngliches Geburtsvorhaben nicht zu stören, denn dieser Name ist in der Quersumme eine Neun, eine relativ vielseitig verwendbare Namens-Energie, die sich jedoch, und das hat Frau Taylor anscheinend weniger bedacht, umgekehrt ebenfalls vielfältigst auswirken kann. Bei den »starken« Vornamen, welche ihr gegeben wurden, und auch im Zusammenhang mit ihrer Einsteiger-Zahl gewinnt diese vielgesichtige Neun unerwartet an Bedeutung. Hier scheint ein ruhendes Potential dringend nach Verwirklichung zu schreien und siehe da, bei näherer Betrachtung der Familiengeschichte finden wir eine schon oft erwähnte »Eislauf-Mutter«, die es, schlicht gesagt, selbst nicht geschafft hat und nun versucht, ihre nicht erfüllten Träume über ihre Tochter zu verwirklichen.

Etwas schwieriger wird nun das Unternehmen, wenn es ans »Eingemachte« geht, nämlich an die Frage: Wie ist Frau Taylor wirklich? Zur Klärung dieses Problems benötigen wir die gesamten Rechenpläne der Namen, ihre Einsteiger-Zahl und ihre Ziel-Zahl. Elizabeth ist ein Sechser-Name (Quersumme) mit der Feldzahl Sieben. In Verbindung mit Rosemond (Quersumme Eins, Feldzahl Drei) sowie der Carrot Eins können wir, ohne Frau Taylor zu nahe treten zu wollen, feststellen, dass hier eine sehr eigenartige Mischung von Anteilen unter einer sehr hübschen Flagge versammelt wurde. Wir sehen einen Menschen, der durch ein extremes Du-Bedürfnis, welches sich auch hinter einer ausgeprägten Selbstdarstellung verbirgt, seine innere Unausgeglichenheit und Unsicherheit mit eindeutiger Verwendung von Äußerlichkeiten zu überdecken versucht. Diese Information erhalten wir:

1. aus dem *Rückgrat 2* (Du-Bedürfnis), welches in die *Ziel-Zahl 1* (Selbstdarstellung, Anstreben einer exponierten Position) mündet,
2. der Gegenüberstellung der *beiden Vornamen* Elizabeth (33 = 6, äußere Präsentation) und Rosemond (10 = 1, ebenso äußere Präsentation),
3. der Quersumme des *gesamten Geburtsnamens* (16 = 7, glanzvolle Selbstdarstellung über Schönheit – »Für das Volk, aber nicht mit dem Volk«),
4. aus der *Namenszahl* von Liz (11 = 2, Dual-Du-Bedürfnis),
5. aus der Verbindung des *Familiennamens* Taylor (18 = 9) mit *Kurzform* Liz (11 = 2), welche die *Gesamtsumme* 29 = 2 (Suchen von Beziehungen, die sich immer wieder auflösen) ergibt,
6. aus der ebenfalls verwendeten *Verbindung* der *beiden Namen* Elizabeth Taylor (33 und 18 = 51 = 6, zweckbetontes Einsetzen von Schönheit, Sexualität und Reichtum),
7. aus der *Dreiecks-Verbindung* dieser 6 mit der *Aussteiger-Zahl* 6 und der *Einsteiger-Zahl* 9.

Die unselige Mischung der zuletzt genannten Verbindung mag Frau Taylors mehrmaliges Straucheln über die Themen Sex, Konsum und Alkohol erklären. So seltsam es auch klingen mag: Noch heute kann sie ihren Eltern auf Knien für »Rosemond« danken, ein Name, der, obwohl unsichtbar, nach wie vor als Teil des Geburtsnamens vorhanden ist. Dieses stabile Mittelfeld steht in hervorragender Konvenienz mit der Ziel-Zahl, was Frau Taylors unglaubliche »Stehaufmännchen-Qualität« erklärt.

Sehen wir uns doch auf der nächsten Seite diesen unsichtbaren Schutzengel einmal genauer an:

ROSEMOND

2 7 3 5 4 7 5 4

9 1 8 9 2 3 9

1 9 8 2 5 3

1 8 1 7 8

9 9 8 6

9 8 5

8 4

3

Dieser »scheinbar-unscheinbare«, unter den Teppich gekehrte Name wirkt nämlich wie ein verschwiegener Prügelknabe, wie ein gut funktionierender Müllschlucker für sämtliche Negativ-Energien, welche die genetische Konstellation in diesem Fall ausgelöst haben mag.

Beachten Sie bitte, dass sich in diesem Feld siebenmal die *8* und siebenmal die *9* immer in Nachbarschaft der *1* herumtreiben, und sich am Schluss des Feldes die scheinbar nette *3* aus den beiden »Zangen« *8* und *4* ergibt. Übersehen Sie dabei auch nicht, was dieses Feld mit der *7* aufführt. Kaum wagt diese, irgendwo aufzuscheinen, wird sie sofort entweder von einer *4* oder *8* bedroht, oder durch eine *9* oder *8* aufgelöst. Nicht viel besser geht es der viermal aufscheinenden *5*. Eine einzige lächerliche kleine *6* drückt sich irgendwo verschämt in der Ecke herum, natürlich ebenfalls von einer *8* beaufsichtigt. Auch die restlichen Zahlen haben wenig Chancen gegen die Übermacht der *8*, *9* und *4*.

Dieses Feld ist so hart wie Stahl. Könnte es sprechen, würde es sagen: »Madame, wir sind nicht zum Vergnügen auf der Welt, sondern um Pflicht und Disziplin zu üben und vor allem, um zu begreifen, dass jede Stunde des Glücks mit einem hohen

Preis bezahlt werden muss.« Taylor und Elizabeth könnten möglicherweise antworten: »Wenn das so ist, dann werden wir dafür sorgen, dass möglichst nicht wir selbst diesen Preis bezahlen müssen!« Und Rosemond würde kalt lächeln und antworten: »Zuletzt musst immer du selbst bezahlen, und zwar ganz alleine!« So lieblich Ihnen auch das Wort »Rosemond« in Ihrem Ohr erschallen mag: Lassen Sie sich nicht täuschen! Dies ist ein beinharter »Mädi-Name«.

Frage: Was, zum Geier, ist ein »Mädi-Name«?
Antwort: Ein »Mädi-Name« ist ein Name, welcher das gesamte grässliche Mädi-Programm hinter sich verbirgt.

Frage: Was ist ein »Mädi-Programm«?
Antwort: Ein »Mädi-Programm« ist eines der härtesten Frauen-Programme, das die weibliche Spezies auf dieser Welt entstehen lassen kann.

Um einen Punkt von Anfang an klarzustellen: Dieses Programm ist das bei Männern beliebteste Frauen-Programm der Welt. Zumindest am Anfang. Später leidet Mann unter Mädi, wagt jedoch nur in den seltensten Fällen, sich zu trennen, denn Mädis stellen beinharte Scheidungsforderungen. Deswegen treffen wir auf dieser Welt sehr viele Mädi-Witwen, deren Zähigkeit ein langes Leben gewährleistet.

Mädis sind grundsätzlich verlockend gebaut, mit Samt und Löckchen ausgestattet und sprechen immer mit erhöhter sanfter Stimme. Sie verdecken ihre angeborene Intelligenz unter einem Mäntelchen kindlicher Rat- und Hilflosigkeit und fordern damit die Männer zu ritterlichen Höchstleistungen heraus. Sie benutzen Sexualität als Mittel zum Zweck, und zwar so vollendet, dass Männer anfänglich glauben, sie seien an die heißblütigste Frau der Welt geraten. Doch bei Mädi geht es um Versorgung, nicht um Erotik, deswegen ist spätestens nach dem ersten Kind »Schluss mit lustig«. Man könnte mit den Bösartigkeiten nun seitenweise fortfahren, doch ich denke, Sie haben begriffen, welcher Typ Frau hier gemeint ist. Wer sich hier selbst erkannt haben sollte, dem sei zum Trost gesagt, dass in jeder Frau mindestens 18 % Mädi-Programm schlummert, welches bei genetisch vielversprechender »Beute« auf der Stelle abgerufen wird. Übrigens gibt es natürlich ein adäquates Bubi-Programm, welches sich vom Mädi-Programm vor allem dadurch unterscheidet, dass Bubi, nicht nur weil er an seiner Mami so hängt, sondern weil er generell viel zu kostbar für eine einzige ist, sich nur im Notfall verheiratet, meistens mit einer Frau, welche Mami ähnelt. Bubis sind äußerst ehrgeizig, profilneurotisch und erwarten für möglichst wenig Arbeit möglichst viel Geld. Das heißt nicht, dass sie faul sind, sondern nur, dass sie entsprechend ihrer »hohen Bestimmung« in Positionen eingesetzt werden möchten, in denen es viel zu delegieren gibt.

Beide Spezies sind native Feinde der mütterlichen, hart arbeitenden Frau und des pflichtbewussten Familienvaters.

Liz Taylor hat ihre offensichtlichen Mädi-Eigenschaften geradezu genial über den Namen »Rosemond« in die Unsichtbarkeit verfrachtet, dafür aber ihre Ansprüche ebenso genial über die Kurzform »Liz« manifestiert. Denn sowohl die Feldzahl von »Rosemond« als auch die von »Liz« ist eine Drei, wobei im letzteren Namen sämtliche Forderungen in komprimierter Form zum Ausdruck kommen. Der Familienname Taylor mit seiner Quersumme Neun bedarf eines »starken« Vornamens, um die etwas unglückliche Kombination mit seiner Feldzahl Fünf auszugleichen. Als Trägerin eines solchen Familiennamens wird sie wahrscheinlich damit zu kämpfen haben, dass immer wenn sie ein Vermögen oder eine Position aufgebaut hat, ihr beides unter unerklärlichen Umständen wieder unter den Händen zerfließt. Die Namens- und Feldzahlen Sechs und Sieben, sowie Eins und Drei der beiden Vornamen Elizabeth und Rosemond werden diesem Umstand nachdrücklich entgegenwirken, und erst gegen Ende des Lebens, wenn die Aussteiger-Zahl Sechs ihre volle Kraft entfaltet, wird die Namens-Besitzerin von diesem Druck befreit werden, was sich in diesem Falle darin äußert, dass Lebenspartner nicht mehr zur Sicherheitsversorgung beitragen müssen.

Es geht hier nicht um die Frage, ob Frau Taylor diese Versorgung je »nötig« gehabt hätte, sondern um eine unterbewusste Entsprechung von Ahnenstrebungen, die umso mehr zur Erfüllung drängen, je weniger die Vorfahren diese Aufgaben erfüllt haben. Damit entspricht Frau Taylor wiederum nur dem Gesetz, dass ein eigenes Ich erst gestaltet werden kann, wenn alle nicht realisierten Träume der Eltern erfüllt sind. Der Geier Acht des Basisprogramms dürfte in diesem Fall die Erarbeitung dieses Ichs besonders schwer gemacht haben, was vor allem auch mit der Zielsetzung Eins, also der Überwindung der offensichtlichen Du-Strebung, zu tun hat.

Es ist sicher kein Zufall, dass der Künstler-Nachname ihres berühmtesten Ehemanns, Burton, ebenfalls eine Acht ist, sein bürgerlicher Name Jenkins jedoch, Gott sei's geklagt, ausgerechnet die bittere Meisterzahl 22, was in Kombination mit Burton, Quersumme Acht, Feldzahl Vier, nicht gerade glückverheißend war. Interessant ist in diesem Zusammenhang auch die Quersumme des Namens »Liz Taylor«, welche 29 ergibt, eine Kombination, die wie oben erwähnt nicht unbedingt für die Dauerhaftigkeit von Partnerschaften bekannt ist, zusammen mit Jenkins aber eine Sechs ergibt; ein Faktor, der erklären könnte, warum dieses Paar nicht voneinander lassen konnte. Wir können die Namen »Burton« und »Taylor« drehen und wenden wie wir wollen: Sie passen einfach nicht zusammen. Die Quersumme Sechs wird allerdings dafür gesorgt haben, dass diese Erkenntnis, neben allen Exzessen, für welche dieses Paar bekannt war, zumindest anfänglich von recht angenehmen Begleiterscheinungen gekennzeichnet war.

Da wir uns in diesem Buch jedoch noch nicht mit den äußerst umfangreichen Berechnungs-Modalitäten von Partnerschaften und Beziehungen auseinandersetzen wollen, wenden wir uns noch einmal der Frage nach dem optimalen Namen zu. Gibt es ihn, den Namen, der Glück, Erfolg, Schönheit, Klugheit und Gesundheit verheißt oder vermittelt? Die Antwort darauf ist: Diesen Namen gibt es mit Bestimmtheit, aber leider gibt es niemanden, der ihn (er)tragen kann, denn

»... willst Du Dich vor Leid bewahren,
so flehe zu den Unsichtbaren,
dass sie zum Glück den Schmerz verleih'n.
Noch keinen sah ich fröhlich enden,
auf den mit immer vollen Händen
die Götter ihre Gaben streun.«

Schlagen Sie nach bei Schiller und Sie werden erfahren, warum der Götter Neid nicht zulässt, dass Sterblichen des Lebens ungemischte Freude zuteil wird. Wieder ist es das Gesetz der Bi-Polarität, diesmal in einer meisterhaften Ballade verarbeitet, welches ahnen lässt, warum wir das vollendete Glück auf Dauer als nicht erträglich empfinden würden. Dieses Gedicht hat mich schon als junger Mensch zu tiefem Nachdenken veranlasst, denn es enthält einen krassen Widerspruch. Auf der einen Seite wird hier vor der Götter Neid gezittert, auf der anderen Seite sind es angeblich die Götter, welche das Glück verteilen.

Nun frage ich mich natürlich, wie es denn sein kann, dass jemand, der auf der einen Seite großzügig austeilt, auf der anderen Seite, angesichts der eigenen Großzügigkeit, vor lauter Neid und Missgunst die eben Beschenkten mit dem Verderben bestraft. Meine Antwort darauf ist: Auch die Götter unterstehen einem »Vorgesetzten«, der, im Gegensatz zu ihnen selbst, nicht daran denkt, parteiisch zu sein, sondern einfach *ist.* Am besten versteht man diesen Potentaten, wenn man sich noch einmal das Experiment mit den kommunizierenden Gefäßen aus dem Physik-Unterricht der achten Klasse ins Gedächtnis ruft. Jener Boss ist nämlich ähnlich geartet wie diese miteinander verbundenen Gefäße, denen es völlig egal ist, mit welcher Flüssigkeit und durch welche Öffnung sie gefüllt werden. Durch das Gesetz ist der Flüssigkeitspegel in allen Behältern absolut gleich. Würde man versuchen, mit sehr viel Flüssigkeit ein bestimmtes Behältnis zu »bevorzugen«, würde man nur erreichen, dass ab einem bestimmten Punkt, nämlich beim niedrigsten Teil des Demonstrations-Objektes, das »kostbare Nass« überläuft. Dieses Überlaufen würde also den generellen Verlust von Flüssigkeit, also eine Misswirtschaft bedeuten. Durch das Gesetz der Bi-Polarität, des vollkommenen Ausgleichs, wird diesem Umstand vorgebeugt, was zur Folge hat, dass es im Universum per se keine Misswirtschaft gibt. Korrekturen in dieser Richtung äußern sich durch Explosionen, Implosionen, Kettenreaktionen und ähnliche physikalische Phänomene. Auch Götter haben sich, bei ihrer anscheinend höchst subjektiven Verteilung vom sogenannten Glück, auf die »kommunizierenden Millionen-Gefäße Mensch« nach diesem Gesetz zu richten, wollen sie kein Unheil anrichten. Was mir aber wirklich schlaflose Nächte bereitet hat, war der Neid dieser Götter. Ich kam zum Schluss, dass diese gar nicht gottgefällige Eigenschaft wohl damit zu tun haben muss, dass wir mit diesem von ihnen verteilten Glück etwas anfangen könnten, wozu Götter nicht fähig sind. Nur, was ist das? Nach langen Überlegungen beschloss ich, dass es mit Gefühlen zu tun haben muss, über welche die Menschen verfügen, eine besondere Form der Verarbeitung von Eindrücken über unsere Emotionen, welche den Göttern verwehrt ist. Möglicherweise geht es um etwas ganz Banales: Endorphine.

Frage: Was sind Endorphine?
Antwort: Die sogenannten Endorphine sind endogene, also vom Körper erzeugte Morphine, welche sowohl schmerzlindernde als auch beruhigende, angstlösende und euphorisierende Wirkungen entfalten können. Außerdem tragen sie wesentlich dazu bei, sexuelle Wollust und orgastische Ekstase zu empfinden.

Dies könnte einer der Punkte sein, welcher den Neid der Götter herausgefordert hat, denn, so allmächtig sie auch sind, eines können sie nicht: körperliche Liebe mit allen sensuellen Nebenerscheinungen vollziehen.

In Homers unsterblicher »Ilias« sagt Diomedes an einer bestimmten Stelle, Achilleus werde wieder kämpfen, »wenn der **Thymos** in seiner Brust es ihm gebietet und wenn ein Gott ihn erregt«. Damit verhält er sich nicht anders als alle anderen Helden der »Ilias«, die nicht nachdenken oder überlegen, sondern den Weisungen der »Götter« blind folgen. Diese »Götter« spielten zur damaligen Zeit die Rolle des Bewusstseins, was nichts anderes heißt, als dass sich die »Götter« über die Menschen erfahren. Das unterscheidet sie in keiner Weise von unserem alttestamentarischen Gott, der seinen Geschöpfen nur so lange wohlgesonnen ist, wie sie seinen Willen erfüllen. Auch er verwirklicht sich über die Genetik seiner Geschöpfe und, in der Folge, über ihren Willen und ihr Gefühl.

Das Gefühl, die weniger elegante Schwester der Intuition, war zu allen Zeiten einerseits das sanfte Polster, auf dem sich der Wille des Menschen ausruhen konnte, auf der anderen Seite der eigentliche Entscheidungsträger in der Wahl von künftigen Destinationen. Menschenschicksal entsteht aus dem Zusammenspiel all dieser Komponenten, wobei die Intuition ausschließlich aus einer harmonischen Balance von Wille und Gefühl hervorgebracht werden kann, deren perfektes Gleichgewicht schlicht mit dem Wort »Gleich-Gültigkeit« zu bezeichnen ist. Dieser Zustand befähigt zu Wahrnehmungen, welche unter dem Druck des Willenstriebes einerseits und der »Marionettierung« des Gefühls andererseits niemals in der angestrebten Bestform entstehen können. Nur in der absoluten Balance empfangen wir das Gefühl der Eingebung, der genialen Idee, der daimonischen Stimme, die aus einer anderen Welt zu uns zu sprechen scheint und doch »nur« das Ergebnis der optimalen, nämlich gleichgültigen Verwendung unserer gesamten Körper- und Seelenkräfte ist.

Dieser Zustand ist neben aller Numerologie der einzige, in dem die Frage nach einem passenden Namen, welcher in völliger Entsprechung zu seinem Träger steht, beantwortet werden kann. Nachträgliche Berechnungen werden diese Behauptung bestätigen.

Es wäre absolut irreführend, Ihnen zu versichern, dass bestimmte Kombinationen von Quersummen und Namenszahlen als Garanten für ein glückliches Schicksal anzusehen sind, denn, wie gesagt, was dem einen sein Uhl, ist dem anderen Erdenbewohner seine Nachtigall. Doch zwei Warnungen seien hier nachdrücklich ausgesprochen:

1. *Vermeiden Sie unter allen Umständen Namens-Kombinationen von Drei und Neun. Diese beiden Energien lösen sich gegenseitig auf.*
2. *Vermeiden Sie unter allen Umständen Namen, deren Quersumme Acht oder Vier zusammen mit dem Familiennamen wiederum eine Acht oder Vier ergeben, vor allem, wenn eine dieser Zahlen bereits als Geier-Zahl erscheint.*

Die dadurch heraufbeschworene Komprimierung dieser an und für sich schon problematischen Energien ist im wahrsten Sinn des Wortes unerträglich und kann bei jedem noch so starken Betroffenen durch ständige Herausforderung der Ahnen-Kontrahenten eine solche innere Anspannung erzeugen, dass die Erarbeitung des Ichs an diesen internen Kämpfen scheitern muss.

Mene tekel peres

Die Zeichensprache des Geschicks

Belsazar

Die Mitternacht zog näher schon;
in stummer Ruh lag Babylon.

Nur oben in des Königs Schloß,
da flackert's, da lärmt des Königs Troß.

Dort oben in dem Königssaal
Belsazar hielt sein Königsmahl.

Die Knechte saßen in schimmernden Reihn
und leerten die Becher mit funkelndem Wein.

Es klirrten die Becher, es jauchzten die Knecht';
so klang es dem störrigen Könige recht.

Des Königs Wangen leuchtete Glut,
im Wein erwuchs ihm kecker Mut.

Und blindlings reißt der Mut ihn fort;
und er lästert die Gottheit mit sündigem Wort.

Und er brüstet sich frech und lästert wild;
die Knechtenschar ihm Beifall brüllt.

Der König rief mit stolzem Blick;
der Diener eilt und kehrt zurück.

Er trug viel gülden Gerät auf dem Haupt;
das war aus dem Tempel Jehovas geraubt.

Und der König ergriff mit frevler Hand
einen heiligen Becher, gefüllt bis am Rand.

Und er leert ihn hastig bis auf den Grund
und rufet laut mit schäumendem Mund:

»Jehova! Dir kund ich auf ewig Hohn –
ich bin der König von Babylon!«

Doch kaum das grause Wort verklang,
dem König ward's heimlich im Busen bang.

Das gellende Lachen verstummte zumal;
es wurde leichenstill im Saal.

Und sieh! Und sieh! An weißer Wand,
da kam's hervor wie Menschenhand;

und schrieb und schrieb an weißer Wand
Buchstaben von Feuer und schrieb und schwand.

Der König stieren Blicks da saß,
mit schlotternden Knien und totenblaß.

Die Knechtenschar saß kalt durchgraut,
und saß gar still, gab keinen Laut.

Die Magier kamen, doch keiner verstand
zu deuten die Flammenschrift an der Wand.

Belsazar ward aber in selbiger Nacht
von seinen Knechten umgebracht.
Heinrich Heine

Die Tage, an denen angeblich göttliche Finger bedrohliche Zeichen an Wände malten, sind zum Glück vorbei, doch leider auch die Tage, da Propheten wie der Seher Daniel uns hilfreich zur Seite eilen könnten, um uns die Unverständlichkeit der Symbole zu deuten, die uns täglich umgeben. Wahrscheinlich, weil sie nicht mehr in Flammenschriften an Wänden erscheinen, sondern sich hinter ganz banalen Daten verstecken, bei denen es sich nicht um die Verteilung von Königreichen dreht, sondern nur um ganz gewöhnliche Koinzidenzen, also um zufälliges Zusammentreffen von Ereignissen.

Seien Sie ehrlich, haben Sie sich bis zum heutigen Tage schon ein einziges Mal Gedanken gemacht, wenn Ihr Hotelzimmer die Nummer 34, 15 oder 26 hatte? Oder Ihre neue Wohnung die Hausnummer 12 A? Oder Ihr Auto das Kennzeichen HH - NY 90? Oder Sie in der Sauna immer das Garderobe-Kästchen mit der Nummer 14 bekamen? Oder Sie im Kino auf dem Platz 54, 22 oder 76 landeten?

Wir könnten diese Liste jetzt bis zum Ende dieses Buches fortführen, was, wie ich annehme, wenig zu Ihrer Unterhaltung und Fortbildung beitragen würde. Doch, um ehrlich zu sein, wäre nichts wichtiger als eben eine solche Liste, um ihre Aufmerksamkeit auf diese äußerst aussagekräftigen Zeichen zu lenken. Es liegt mir fern, eine neue Volkskrankheit zu erzeugen, die sich in ähnlicher Weise ausbreitet wie die Unsitte, jeden ahnungslosen Partybesucher nach seinem Tierkreiszeichen zu fragen. Doch im Rahmen einer numerologischen Ausbildung ist der Hinweis unerlässlich, dass diese Zahlen durchaus wichtige Informationen enthalten können.

Haben Sie als Kind vielleicht auch dieses Spiel gespielt: Wenn die Ampel, bis ich hinkomme, rot wird, dann ...! »Wenn ihr nicht werdet wie die Kinder«, hat es so schön geheißen, und damit war nicht gemeint, dass wir nun alle kindisch und unvernünftig werden sollen, sondern dass wir die Dinge in ihrer Einfachheit und Aussagekraft als das nehmen sollten, was sie sind: als Realität. Ob Sie es glauben oder nicht: Keine Zahl, mit der Sie es zu tun haben, ist ohne Bedeutung, sondern ein Zufall, also etwas, das Ihnen zufällt, weil Sie in Bezug dazu stehen. Es ist in diesem Buch schon viel von diesem Phänomen gesprochen worden und auch davon, dass der Eindruck dieses Zusammentreffens von Ihrer Wahrnehmung abhängt.

Die Frage, die sich nun ergibt, ist: Wenn ich die Zeichen nicht erkenne, weil ich ihre Sprache nicht sprechen kann, bin ich dann deswegen im Nachteil? Geht mir eine wichtige Information verloren? Würde sich mein Leben anders gestalten, wenn ich diese Hinweise auswerten könnte? Die Antwort ist: Ja und Nein! Denn mit diesen Informationen verhält es sich so wie mit allen anderen Informationen, welche tagtäglich über Sie via Fernsehen, Internet, Presse und persönliche Kontakte hereinbrechen. Wenn Sie an Börsenergebnissen nicht interessiert sind, dann wird Sie der aufregendste Anstieg einer Aktie so kalt lassen wie eine gesunde Hundeschnauze, aber Sie werden vielleicht in Tränen ausbrechen, wenn Sie vom Tod einer Persönlichkeit hören, mit der Sie sich verbunden gefühlt haben. Genauso verhält es sich mit der Auswertung der vorher beschriebenen symbolischen Hinweise. Wenn Sie in keinem Bezug zur Information stehen, wenn sie keine Bedeutung für Sie hat, dann wird sie an Ihnen vorbeigehen wie ein Beefsteak an einem Vegetarier. Doch nachdem Sie dieses Buch gelesen haben werden, sind Sie kein »Vegetarier« mehr! Denn Sie wissen vom Geheimnis, das sich hinter den Zahlen verbirgt. Doch wie soll man die neue Information verwerten, ohne den Verstand zu verlieren? Wahrnehmen oder Nicht-Wahrnehmen, das ist hier die Frage. Wenn Sie ihr edles Gemüt trainieren, dann wird sich diese brennende Frage zur Beiläufigkeit mausern und Sie werden nicht dazu verdammt sein, wie eine wandelnde Rechenmaschine fürderhin über diese Erde zu schreiten.

Haben Sie schon von japanischen und amerikanischen Hotels gehört, in denen es kein Zimmer mit der Nummer 13 gibt? Dafür gibt es dann das Zimmer 12 A. Oh diese ahnungslosen Hotelmanager, die ihren Hotelgästen diese Nummern aufs Auge drücken! Denn würden Sie unser Kapitel *»Nomen est Omen«* lesen, würden Sie schreckensbleich feststellen, dass es sich gerade bei der scheinbar so harmlosen 12 A um eben diese gefürchtete 13 handelt, die Sie doch so unbedingt vermeiden wollten. Doch Spaß beiseite: Es gibt so etwas wie Konditionierung, welche eine entfernte Schwester der »self fulfilling prophecy« ist.

Frage: Was ist eine »self fulfilling prophecy«?
Antwort: Eine »self fulfilling prophecy« ist jede Prophezeiung, die durch ihre ausgesprochene Nachdrücklichkeit als unabänderliche Tatsache akzeptiert wird. Diese Akzeptanz erzeugt eine Erwartungshaltung, welche auf die prophezeite Situation dieselbe Anziehungskraft ausübt wie ein dunkelblaues Wollkleid auf weiße Katzenhaare.

Frage: Was ist eine Konditionierung?
Antwort: Eine Konditionierung ist jede Behandlung, welche geeignet ist, bedingte Reflexe zu erzeugen.

Frage: Was hat das mit der 13 zu tun?
Antwort: Eine ständig als wahr dargestellte Information kann als Behandlung gewertet werden, die in der Folge eine ganz bestimmte, immer wiederkehrende Reaktion auf eine bestimmte Sache bewirkt.

Auf gut Deutsch heißt das: Wenn ich Ihnen lange genug erzähle, dass die 13 eine Unheil bringende Zahl ist und dass meine ganze Verwandtschaft an einem 13. verunglückt ist, die 13. Karte des Tarot der »Tod« ist, und der 13. am Tisch des Abendmahls der Verräter war, dann wird sich das in Ihrem Bewusstsein festsetzen wie eine Zecke im Hundepelz. In Zukunft werden Sie vor jeder 13 zurückweichen, wie weiland Dracula vor der Knoblauchzehe. Das nennt man eine Konditionierung.

Der Seriosität wegen sehe ich mich gedrängt, Ihnen zu sagen, dass die klassische Konditionierung vom Physiologen Pawlow mit Hilfe eines Hundes vorgeführt wurde, der jedes Mal, bevor ihm Futter gereicht wurde, ein Glöckchen erschallen hörte. Nach einiger Zeit bedurfte es nur mehr des Glöckchens, um den sonst durch Geruch erzeugten Speichelfluss zu bewirken. Nun liegt es mir fern, aus jedem Leser einen Pawlowschen Hund zu machen, sondern mein Wunsch ist, dass Sie die Erkenntnisse so selbstverständlich und beiläufig verwenden wie einen Schuhlöffel, nämlich dann, wenn es notwendig ist. Noch nie ist es vorgekommen, dass Partygäste mit Schuhlöffeln gequält wurden. Die Anweisung, welche mir meine allererste Lehrerin, Mira von Dietlein, angedeihen ließ, scheint mir hier wiederholenswert: »Rede von diesen Dingen nur, wenn Du gefragt wirst!«

Wenn Sie mich nun fragen, wie die allgegenwärtigen »Schriftzeichen an der Wand« zu verwenden sind, gibt es darauf eine einzige Antwort: Indem sie von Ihnen angefordert werden.

Frage: Welches sind die Voraussetzungen für eine solche Anforderung, eine solche Information über Daten?
Antwort: Eine Anforderung von Information über Daten setzt eine klare Fragestellung mit einer Orts- und Zeitbeschränkung voraus, welche von Ihnen eingehalten und beachtet werden muss.

Hier ein Beispiel aus dem Alltagsleben: Nehmen wir an, dass Ihnen Ihre Firma, begeistert von Ihrer Einsatzfreude und hervorragenden Leistung, den Vorschlag macht, Sie in eine andere Stadt zu versetzen. Hin- und hergerissen zwischen den Vor- und Nachteilen, die sich für Sie daraus ergeben würden, befragen Sie Hinz und Kunz nach deren diesbezüglichen Meinung. Sie könnten genauso gut eine Münze werfen oder das berühmte magische Apfel-Orakel vollziehen, welches folgendermaßen funktioniert: Man schäle einen Apfel dergestalt, dass sich möglichst eine einzige lange Schalenspirale ergibt. Daraufhin wende man sein Gesicht nach Osten und werfe die Schale unter Anrufung sämtlicher Ahnen, guten Geister und sonstigen hilfreichen Wesenheiten über die linke Schulter. Die Schale wird einen Buchstaben bilden, welcher als Hinweis anzusehen ist. Dieses Vorgehen ist auch sehr hilfreich bei Partnerschaftsfragen und durchaus in der Lage, das etwas umständliche Bleigießen in der Silvesternacht zu ersetzen, ganz zu schweigen von der Art der Weiterverwendung der erzeugten Produkte. Aber ganz im Ernst: All diese Vorgänge bezwecken nur, dass Ihr Unterbewusstsein gereizt wird, eine Entscheidung zu treffen.

Das numerologische »Reizsystem« ist in seiner Qualität und Aussagekraft weit über allen vorher genannten Vorgehensweisen einzustufen, weil dem sogenannten Zufall mehr Möglichkeiten gegeben werden, sich mit Ihnen zu koordinieren. Im Falle des eben angeführten Ortswechsels würde die Beantwortung folgendermaßen funktionieren: Sie nehmen Ihre Buchstabenliste zur Hand und rechnen sorgfältig die Namen der betreffenden Orte aus.

Wenn Sie also vor die Entscheidung gestellt werden, von Hamburg nach New York überzusiedeln und Sie absolut nicht wissen, ob Sie sich auf diesen Wechsel einlassen sollen oder nicht, nehmen Sie die beide Orte betreffenden Zahlen, in diesem Fall also die Fünf für Hamburg und die Eins für New York, und setzen Sie einen Zeitpunkt fest, bis zu dem eine dieser Zahlen in auffälliger Weise in ihrem Leben erscheinen kann. Bitte vergessen Sie dabei nicht, dass auch eine 37 oder 163 eine Eins ergeben kann und sich die Fünf auch hinter der Zahl 11 C versteckt. Ich garantiere Ihnen, dass Sie innerhalb der von Ihnen gesteckten Zeitspanne auf diese Zahl stoßen werden, wobei ich Ihnen dringend rate, die Umstände, unter welchen Ihnen die Zahl begegnet, genau zu beobachten. Würde mir die 11 C in dieser Zeit auf einer Mülltonne begegnen, würde ich mir stark überlegen, ob ich in Hamburg bliebe.

Verlieren Sie bei aller numerologischen Betätigung nie Ihr Urteilsvermögen, denn, wie gesagt, ein Wegweiser ist ein Wegweiser und mehr nicht. Er kann die Wahl einer Richtung erleichtern, aber nicht ersetzen. Die Verantwortung wird zuletzt immer an Ihnen hängen bleiben, schon aus dem simplen

Grunde, weil Symbole keine Verantwortung übernehmen können. Das sollte auch allen klar sein, die andere Divinations-Systeme in Anspruch nehmen.

Kommen wir nun zu den diffizileren Deutungsmodi der »Universal-Graffiti«, und zwar in Bezug beispielsweise auf Haus-Nummern. Erinnern Sie sich noch an die Geschichte vom Kaufmann aus Samarkand, der die ganze Nacht auf seinem Gaul verbrachte, um dem Tod zu entkommen? Genauso spielt sich die Flucht vor der »bedrohlichen« Zahl ab. Ich möchte Ihnen dazu eine Geschichte aus meinem Leben erzählen:

Von meinen Lehrern bestens ausgebildet, war ich als »reine Acht« (sowohl bürgerlicher Name als auch Geburtsdatum!) natürlich davor gewarnt, mich in Häusern mit der Haus-Nummer Vier oder Acht niederzulassen. Als ich in einer ganz bestimmten Lebensperiode wieder einmal eine Wohnung suchte, wurden mir innerhalb von zwei Monaten ungefähr 30 Domizile angeboten, von denen entweder alle die Haus-Nummer 4, 8, 17, 31, 26, 35 usw. hatten oder so unaussprechlich grauenvoll waren, dass sie schon aus diesem Grunde von der Liste gestrichen wurden. Da ich beschlossen hatte, mich auf keinen Fall auf das mich momentan zu erwartende Elend einer Achter- oder Vierer-Wohnung einzulassen, blieb ich selbst bei verlockenden Angeboten hart wie Stein und, siehe da, meine Mühen wurden belohnt: Am Ende der zwei Monate fand ich eine recht hübsche Bleibe in einem Haus mit der Nummer 7. Hocherfreut unterschrieb ich den Mietvertrag, organisierte die Umzugsmodalitäten und kündigte meine alte Wohnung.

Alles lief wunderbar und ohne die üblichen widrigen Umstände, welche ich als Damokles-Accessoires, nicht nur in dieser Beziehung, gewohnt bin. Daraus entnahm ich, dass meine Wahl nicht nur gut, sondern erstklassig gewesen war und pries meine Klugheit und Ausdauer. Am Tage nach dem Einzug rief ich die Hausmeisterin an, welche versprochen hatte, mir das zur Wohnung gehörige Kellerabteil zu zeigen. Wir schritten gemeinsam in die Katakomben des Hauses Nr. 7 und am Ende eines langen, von Kellerabteilen gesäumten Ganges blieb sie vor einem besonders mickrigen Verschlag stehen und sagte: »So, Frau Mekleehn, dees is also des Kellerabteil, wo was zur Wohnung 35 g'hört!« Samarkand hat viele Gesichter, ist aber durchaus nicht immer todbringend, sondern nur eine nachdrückliche Bestätigung der Tatsache, dass man einen bestimmten Programmpunkt zu einer bestimmten Zeit des Lebens durchleben muss und mit ihm alle dazugehörigen Entsprechungen. Übrigens war ich in dieser Wohnung nicht unglücklich, aber unentwegt mit dem etwas schwierigen, tortenstückförmigen Schnitt der Räume und den nicht ganz schließenden Fenstern beschäftigt, wofür ich aber durch die »Qualität« der restlichen Hausbewohner voll und ganz entschädigt wurde.

»Kein Paradies ohne Schlange«, kann man dazu nur sagen. Als die Zeit abgelaufen war, landete ich ohne numerologische Anstrengungen in einem Haus mit der Nummer 1, dessen Wohnung die Nummer 32 hat. Ich habe vorher nicht einmal danach gefragt, doch es ist mir aufgefallen, dass, seit ich dort lebe, jeder, aber auch wirklich jeder Besucher nach spätestens zwei Minuten sagt: »Herzlichen Glückwunsch zu dieser wunderbaren Wohnung!«

Fazit all dieser Erkenntnisse ist: Wenn ich weiß, wie ein Einbahnschild aussieht, dann fahre ich nicht mit Vollgas in die falsche Richtung hinein, sondern füge mich der Verkehrsvorschrift und deren Zeichen. Wenn wir lernen, diese Zeichen zu erkennen und deren Informationen richtig zu verwenden, haben wir die Chance, unsere momentane Schicksalsqualität wahrzunehmen und damit unsere Erwartungshaltungen und Handlungen in den richtigen Rahmen zu befördern. Es drängt sich eine Vergleichsparallele zu Thorwald Dethlefsens kluger Empfehlung in Bezug auf Saturn-Zeiten auf – die bekanntlich nicht gerade zu den angenehmen Zeiten des Lebens gehören –, welche vorschlägt, diese Forderung des Schicksals mit einem Rückzug in eine dunkle Kammer, bewaffnet mit einer Tasse Zinnkraut-Tee und nachdenklich stimmender Literatur zu beantworten.

Der Lebensplan, über den sich Schicksal verwirklicht, beharrt auf Einhaltung bestimmter Punkte, deren Gestaltung zwar unserer Willensfreiheit unterliegt, die aber nichtsdestoweniger durchlebt werden müssen. Versuche, diese Schicksalspunkte zu umgehen oder auszutricksen, führen unweigerlich ins berühmte Samarkand. Ich habe im Lauf der Zeit nicht nur durch mich selbst, sondern durch viele Menschen, mit denen ich in Berührung gekommen bin, die Feststellung gemacht, dass eine begriffene und konsequente Konfrontation mit diesen Situationen zwei auffallende Folgeerscheinungen nach sich zieht:

1. Obwohl die Schwierigkeiten nicht weniger werden, gestalten sie sich in einem erträglichen und verständlichen Rahmen.
2. Durch die termingerechte Bewältigung der Anforderung wird eine Verschiebung auf den nächstmöglichen Zeitpunkt vermieden, welcher sich dann garantiert umso schwieriger gestaltet.

Das beliebte Aufschieben oder »managing by ignoring« kann in Bezug auf die Erfüllung des Lebensprogramms zum Schuss werden, der nach hinten losgeht. Deswegen mein Rat an Sie:

Stellen Sie sich Ihrem Schicksal in dem Moment, in dem Sie ihm begegnen, voll und ganz, denn die Götter (oder sind es die Ahnen?) sind mit den Mutigen.

Die Erkenntnisse der Numerologie werden Ihnen dabei hilfreich zur Seite stehen, Ihnen den Umgang mit den Anforderungen erleichtern und Ihnen vor allem den tiefen Sinn und die verborgenen Zusammenhänge verständlich machen, welche Sie an diesen Punkt Ihres Lebens geführt haben.

Sicher haben Sie auch schon einmal den berühmten Satz ausgerufen: »Wie kann Gott so etwas zulassen?« Wen immer wir auch unter dem Begriff »Gott« hier zur Verantwortung ziehen wollen: Die Gestaltung der äußeren Umstände mitsamt ihren Konsequenzen fällt *nicht* unter seinen Zuständigkeitsbereich. Diese Schöpferenergie eignet sich nicht als Schicksal-Designer, sondern gibt die Energie grundsätzlich, um überhaupt diese Existenzform darstellen zu können. Wenn wir »Gott« zu Hilfe nehmen wollen, dann kann dies in einer einzigen Form geschehen: durch Gebet, welches uns der Ahnung von der Vollkommenheit der höchsten Idee näherkommen lässt, und der Bitte um Gnade. Eine gewährte Gnade ist unter denselben Aspekten zu betrachten wie eine im Rechtswesen gewährte Bewährung. Auch hier gilt: Aufgeschoben ist nicht aufgehoben! Und genau wie vor einem weltlichen Richter gilt weiterhin: Mit Gewährung dieses Aufschubs darf nicht spekuliert werden, denn Gnade ist nicht selbstverständlich, sondern eine Folge tief begriffenen und verinnerlichten Ein-Sehens. Kein Richter dieser Welt wird sich aufgefordert sehen, einem auf seinen Handlungen beharrenden, uneinsichtigen und in seiner Geisteshaltung starrsinnigen Menschen Bewährung zuzusprechen. Warum sollte es sich mit dem höheren Richter anders verhalten? »Wie oben, so unten!« Dieses Gesetz wirkt in allen Bereichen des menschlichen Lebens, der Natur und des Universums, und kann auch von denen akzeptiert werden, welche sich nicht unbedingt als Freunde der Esoterik ausgewiesen haben. Das Unsichtbare wird sich im Sichtbaren zeigen, das Sichtbare ins Unsichtbare zurückkehren und wiederum in veränderter Form in der Materie erscheinen.

Zu diesen materiellen Erscheinungsformen gehören natürlich auch unsere Tagesdaten, welche, wie Ihre eigenen, aus drei Blöcken bestehen: Tag – Monat – Jahr. Und auch hier ist die Tageszahl »intimer« als die Monats- und Jahreszahl und steht damit in Bezug zu Ihrer eigenen Einsteiger-Zahl, Ihrem Geburtstags-Datum. Ebenso halten nur dieselben Daten einem direkten gegenseitigen Vergleich stand. Das heißt: ein Geier sollte primär nur mit einem Geier verglichen werden, eine Carrot nur mit einer Carrot, egal ob es sich um Tagesdaten, Partnerschaftsvergleiche oder dem Errechnen von Weltuntergängen handelt.

Ich gebe Ihnen ein einfaches Beispiel: Sie erhalten einen Brief, der am 5.10.1999 geschrieben wurde. In Anbetracht der Tatsache, dass an diesem Tag noch Millionen anderer Briefe ihren Weg durch die Welt angetreten haben, hat dieser jedoch ein auffallendes »Schicksal«: Er ist für Sie bestimmt und ist genau genommen der Ausdruck einer Energie, welche am 5.10.1999 in Anspruch genommen wurde, um Ihnen etwas mitzuteilen oder verständlich zu machen. Wenn Sie sich nun im Zweifel befinden, wie dieser Brief zu beantworten ist, dann wird es sich empfehlen, neben dieser Tagesenergie auch die individuellen Daten des Schreibers zu beachten, falls Ihnen diese bekannt sind. Ist das nicht der Fall, benützen Sie Ihre eigenen Daten, denn das Schreiben ist ja in Bezug auf Sie entstanden.

Der Brief, von dem ich eben gesprochen habe, hat wirklich existiert und stammte von einer Krankenpflegerin, die sich darüber beschwerte, dass ihre Arbeit nicht in der Weise, wie sie es wünschte, gewürdigt wurde. Er war an eine Dame gerichtet, deren Mutter sie zu pflegen hatte und welche, ob der manchmal etwas laschen Arbeitsauffassung betreffender Pflegerin, sich zu einer dritten Person nicht gerade begeistert über die herrschenden Zustände geäußert hatte. Selbiges war durch Indiskretion der dritten Person publik geworden und in der Folge Inhalt dieses Briefs. Die Dame kam nun, besagten Brief in der Hand, Rat suchend zu mir: Wie beantwortet man am besten ein solches Schreiben?

Vielleicht werden Sie jetzt sagen: Also, dazu brauch ich ja nun wirklich kein jahrelanges Numerologie-Studium! Und ich werde Ihnen antworten, dass Sie sicherlich die Antwort auch ohne Adam Rieses Rechenkünste zustande bringen würden. Doch wir reden hier nicht nur vom »Zustandebringen«, sondern von einer *optimalen* Form, welche jede weitere nachfolgende Diskussion überflüssig macht. Im vorliegenden Fall war das persönliche Datum der Absenderin nicht bekannt. Ich musste mir also bezüglich des Briefinhalts und seiner Beantwortung mit folgenden drei Informationen behelfen:

1. Dem Datum des Briefes (5.10.1999).
2. Den Daten des Briefbeantworters (2.10.1939).
3. Dem Tagesdatum des Antwortschreibens (23.10.1999).

Ich selbst, als tatsächlicher Beantworter des Briefes, bleibe als »Mediator« vollkommen im Hintergrund. Meine Aufgabe ist es, die Belange meiner Klientin restlos wahrzunehmen und zwar unter Einbringung meines ganzen Könnens, meiner gesamten Erfahrung, nicht aber meiner persönlichen Meinung. Deswegen spielen meine eigenen Daten in diesem Vorgang keine Rolle.

Wie wir sehen, ist der »Geier« meiner Klientin eine Sieben. Das lässt das Hauptproblem bereits ahnen: Hier ist höchstwahrscheinlich eine Chefin an eine andere Chefin geraten und damit ist klar, dass es hier eigentlich um Revierverletzung und damit um eine Neuaufteilung der Gebiete geht – unter dem Mäntelchen der An-, Be- und Entschuldigung. Sehen wir uns das Absendedatum an, so stellen wir fest, dass wir es nicht nur ebenfalls mit einem fetten »Siebener-Geier« zu tun haben, sondern außerdem noch mit einer Tageszahl Sechs, welche sich aus einer Eins und einer Fünf zusammensetzt. Dieses Datum hat die Briefverfasserin benützt und geschrieben, um ihren Ärger loszuwerden und genau mit diesen Zahlenkombinationen werden wir bei der Beantwortung des Briefes arbeiten, um ihn optimal zu gestalten.

Noch einmal: Zur Verfügung stehen die Eins, die Fünf, die Sechs und die Sieben. Der »Herrscher« ist ohne Zweifel die Sieben, das »Begehren« genauso zweifelsfrei die Sechs, während die unterschwelligen Beweggründe in der Eins und Fünf zu finden sind, welche die Sechs ausmachen.

Wir werden also einen Brief schreiben, der zwar keinen Zweifel darüber lässt, wer hier die Herrin im Hause ist und bleibt, nämlich meine Auftraggeberin, dies aber in einer Form, welche über vergangene, gegenwärtige und hoffentlich zukünftig noch zu erwartende Glanzleistungen von anerkennenden Worten strotzt, von gemeinsamen schönen Erinnerungen, aber auch von den Unbilden der Zeit, welche ein solches Missverständnis haben aufkommen lassen. Das Ende des Briefes muss neben wiederholtem Ausdruck der Wertschätzung auch noch eine klar ausgesprochene Entschuldigung enthalten, verbunden mit der Hoffnung, dass diese akzeptiert werde.

Man vergesse nicht: Der Brief vom 5. Oktober war kein Kündigungsschreiben, sondern nur eine »Klageschrift«, die, wenn man sie genau betrachtet, wahrscheinlich schon lange fällig war und nur auf eine passende Gelegenheit wartete, um endlich abgesandt zu werden. Es geht also hier eigentlich wieder einmal »nur« um das Thema Liebe, diesmal in der Form von geforderter Anerkennung. Dieser unsichtbaren Forderung wurde mit der Beantwortung des Briefes voll und ganz entsprochen, und damit der Erfolg, der sich bereits wenige Tage später zeigte, gewährleistet.

Vielleicht werden Sie jetzt sagen: Darauf wäre ich auch ohne Numerologie gekommen. Doch es geht um die Dame und darum, was diese als typische Sieben anstrebte. Sie wollte ursprünglich von mir einen Brief, der besagte Pflegerin in die Schranken weisen, ihr ihre Unfähigkeit vor Augen führen und die Fraglichkeit ihrer weiteren Beschäftigung androhen sollte. Damit hätte man drei Leute auf einen Schlag unglücklich machen können:

1. Die Pflegerin, die ja eigentlich nur ein bisschen gehätschelt werden wollte.
2. Die Briefempfängerin, welche sich eigentlich nur ein bisschen aus der Affäre ziehen und rechtfertigen wollte.

3. Die Mutter, welche eigentlich nur ein bisschen gepflegt werden und mit dem restlichen Vorgang kein bisschen zu tun haben wollte.

Wieder waren die numerologischen Daten nur ein Schuhlöffel, den ich verwendet habe, um drei Leuten in die passenden Schuhe zu helfen.

Ich muss zugeben, dass ich manchen dieser erfolgreichen Briefe völlig anders formuliert hätte, wenn ich nicht die Informationen aus den Daten zu Hilfe genommen hätte. Manchmal ergaben sich aus diesen Konstellationen Hinweise, welche von den Auftraggebern als schlicht »nicht möglich« bezeichnet wurden, sich im Nachhinein aber als sogenannter »Pudels Kern« der ganzen Angelegenheit herausstellten.

Ich habe immer wieder das Phänomen erlebt, dass unter Anforderung bei richtiger Eingabe der Daten Informationshinweise erfolgten, welche bestenfalls unter der Rubrik »Hellsehen« eingeordnet werden können. Tatsächlich funktioniert das gesamte System jedoch genau wie ein Computer: Je besser die Software ist, je sorgfältiger programmiert bzw. gefüttert wurde, desto schneller und genauer wird der Computer funktionieren. In diesem Zusammenhang ist die Software das Gehirn, die Programmierung die Ausbildung und Erfahrung und der Computer das Akasha.

Frage: Was ist das Akasha?
Antwort: Das Akasha ist die so bezeichnete »Staatsbibliothek« des Universums, deren Informationen durch geeignete »Eingabe« jederzeit abgerufen werden können.

Frage: Was ist eine »Staatsbibliothek« des Universums?
Antwort: Unter »Staatsbibliothek« des Universums ist die Universalchronik der geistigen Welt zu verstehen, in welcher die unvergängliche Geschichte dieses Planeten verewigt ist. Diese Geschichte ist allerdings mit anderen Buchstaben geschrieben als die gewöhnliche. Erst ab einer bestimmten Stufe der Erkenntnisfähigkeit wird der Mensch diese »Buchstaben« entziffern können, die von den verflossenen Vorgängen in ihrem ewigen Charakter berichten.

Frage: Wie hat man sich diese Buchstaben vorzustellen?
Antwort: Diese Buchstaben haben nichts mit den Lettern zu tun, die wir mit unserer sinnlichen Wahrnehmungsfähigkeit entziffern, sondern sie sind wie eine lebende Schrift, die sich vor dem geistigen Auge ihres Betrachters abspielt, wie Bilder aus einem Filmarchiv.

Der Begründer der Anthroposophie, Rudolf Steiner, sagte dazu: »Nur eine schwache Vorstellung kann man in unserer Sprache von dieser Chronik geben, denn unsere Sprache ist auf die Sinnenwelt berechnet. Und was man mit ihr bezeichnet, erhält sogleich den Charakter dieser Sinnenwelt. Man macht daher leicht auf die Uneingeweihten, die sich von der Tatsächlichkeit einer Geisteswelt durch eigene Erfahrungen noch nicht überzeugen konnten, den Eindruck eines Phantasten, wenn nicht einen noch schlimmeren.«

Wahrscheinlich ist es genau dieser negative Ruf, der die sogenannten normalen Menschen daran hindert zuzugeben, dass ihnen diese Form der »Ideen« durchaus vertraut ist, denn wir alle benützen in den verschiedensten Situationen die Akasha-Chronik, das Weltgedächtnis, in dem auch unsere persönlichsten und intimsten Angelegenheiten abgespeichert sind. Meistens werden diese Informationen als das Ergebnis eigener »vernünftiger« Gedankenarbeit gewertet, weil unser Intellekt sich weigert, mit diesen verborgenen Zusammenhängen bewusst umzugehen. Auch die Numerologie, welche anhand bestimmter »Reizdaten« Informationen anfordert, hat mit dieser Form des sogenannten Hellsehens zu tun, denn die Daten allein bleiben ohne dieses Wissen seelenlose Ziffern, mit denen man bestenfalls Maße und Mengen bezeichnen kann. Erst wenn man ihre symbolträchtige Rolle als Mittler zwischen der sichtbaren und der unsichtbaren Welt begreift und mit der Zeit lernt, diese mit der uns bekannten Realität in Verbindung zu bringen, kann Numerologie die Dimension annehmen, welche sie durch die Fähigkeit eines begabten Verwenders in der Lage ist, darzustellen.

Ich werde immer wieder gefragt, warum ich noch immer keine Lotto-Millionärin bin. Die Antwort klingt beinahe unglaubwürdig: Es interessiert mich nicht. Das soll nicht heißen, dass mich der berühmte »Lotto-Sechser« kalt lässt, sondern nur, dass mein Interesse nicht groß genug ist, jeden Freitag diese, in diesem Fall notwendigen, äußerst umfangreichen Berechnungen hinter mich zu bringen. Ein junger Diplom-Ingenieur aus meinem Bekanntenkreis dagegen hat sich aus den Informationen, die diesem Buch zugrunde liegen, ein System zusammengebastelt, das, wie ich beobachten kann, erstaunlich gut funktioniert. Zu gegebener Zeit ist die Veröffentlichung seiner Arbeiten sicherlich zu erwarten. Die beinharten Esoteriker pflegen zu behaupten, dass die geistige Welt bei solchen Begehrlichkeiten nicht mitspielt. Wie die Erfahrung zeigt, ist die geistige Welt viel weniger kleinlich in der Beurteilung unserer numerologischen Schachzüge, was wahrscheinlich mit der Tatsache zusammenhängt, dass dieses »Jenseits« viel weniger heilig ist als wir alle denken. Wenn die diesseitige

Welt das Ergebnis der jenseitigen ist und damit alles, was wir mit den Augen wahrnehmen können, eine Wiedergabe aller Ideen, dann kann Heiligkeit nicht mehr sein als eine subjektive Beurteilung. Vielleicht wird es eines Tages »heilige Börsenmakler« geben – wer weiß?

Je stärker Ihr Interesse in einer Angelegenheit sein wird, umso stärker wird die Energie sein, welche die Information anfordert. Es ist anzunehmen, dass es der Akasha ziemlich gleichgültig ist, ob die Motivation unseren Anforderungen von Heiligkeit entspricht oder nicht, denn die Akasha-Chronik ist eine Bibliothek wie jede andere und somit wertfrei. »Wie man in den Wald hineinruft, so schallt es heraus«, dürfte auch hier als durchaus zutreffende Beurteilung des Ergebnisses zu erwarten sein. Wer sich mit Heiligem identifiziert, wird diesbezüglich genauso erfolgreich versorgt werden wie jemand, der sich rein geschäftlich an diese Informationsquelle wendet. Ausschlaggebend wird in jedem Fall das handwerkliche Können und die Intensität der Anfrage sein. Halbherziges wird halbherzig beantwortet werden, Ernsthaftes mit ernsthafter Information und selbst mit Wundern darf ab und zu gerechnet werden.

Denn wir wissen weder Tag noch Stunde

Die Grenzen der Numerologie

Da haben wir nun also studiert, Basisprogramme errechnet, Ahnen-Strebungen durchkreuzt und Namen durchleuchtet. Vielleicht haben sich neue Perspektiven in Bezug auf eine Veränderung der Lebensführung, eine begriffene Schicksalskonstellation oder sogar Zielsetzung aufgetan, doch nach wie vor steht eine Frage riesengroß im Raum und fordert Beantwortung: Wie kann ich Unerwartetes berechnen, Erwünschtes herbeimultiplizieren, Unerwünschtes hinwegsubtrahieren und zuletzt alle Zahlen auf einen Nenner bringen, der mir eine glückliche Zukunft und ein langes Leben garantiert?

Genauso gut können Sie mich fragen, wie man den Kaufmann von Samarkand numerologisch hätte beraten sollen oder vielleicht auch Boris Becker vor seinem letzten Turnier, und wie man die Herren Bundeskanzler Kohl und Schröder hätte unterstützen können.

Würden sich all diese eben genannten, mehr oder weniger sagenhaften Menschen wegen ihrer geistig-seelischen Entwicklung an Sie wenden, könnten Sie mit dem vermittelten »Handwerkszeug« und einiger Übung (ca. 3–21 Jahre) bereits durchaus hilfreich als Berater tätig werden. Was jedoch die im obigen Absatz angesprochenen Fragen betrifft, wären Sie mit der Anweisung gut beraten, auf solche äußerst zurückhaltend zu reagieren, nach dem Motto: Setzt erst einmal das Fundament eines Hauses nach allen Regeln der Baukunst, dann ergibt sich der Rest fast wie von selbst. Auf die Fragen des Lebens übertragen bedeutet das: Hat man es geschafft, die eigenen Grundlagen seiner Existenz zu erkennen und richtig einzusetzen, entwickelt sich das Leben in folgerichtiger und schicksalserfüllender Weise.

Das ist die Aufgabe der Numerologie.
Die Zukunftsdeutung bleibe nach wie vor denen überlassen, welche mit oder ohne »Handwerkszeug« in der Lage sind, aus den bestehenden Fundamenten oder halbfertigen Gebäuden die Möglichkeiten der Rest-Konstruktion zu erahnen. Als Cheiro, der berühmte Numerologe, im Jahre 1894 dem damaligen britischen Heeresminister Lord Kitchener das exakte Datum seines Todes, den 5. Juni 1916, voraussagte und dieses Ergebnis exakt eintraf, war diese unglaublich genaue Ansage eine wiederholte Demonstration seiner Fähigkeiten, denn er hatte bereits Jahre vorher die exakten Todesdaten der Königin Viktoria und ihres Sohnes, König Eduard VII., verkündet. Wer nun glaubt, dass Cheiro ausschließlich mit Hilfe der Numerologie zu diesen Ergebnissen gekommen ist, weiß sicher nicht, dass er zugleich Astrologe und Chiromant (Handliniendeuter) war. Er verfügte außerdem über das brahmanische Geheimwissen und hatte nie aufgehört, dieses Wissen mit den alten Quellen-Werken anderer Völker zu vergleichen. Seine Aussagen, die er nur bei ganz bestimmten Persönlichkeiten und auf Anfrage von sich gab, waren nur mit Hilfe seiner medialen Fähigkeiten und seinem gewaltigen okkulten Gesamtwissen möglich. Je besser ausgebildet und begabter ein Divinator ist, desto weniger wird er Ihnen normalerweise in Ihr »Handwerk« pfuschen, sondern dafür sorgen, dass Sie mit Ihren »Handwerkern«, sprich Ahnen und Ihrem Bauvorhaben, sprich Willen, richtig umgehen und zum Einsatz kommen.

Falls Sie mit dem Gebiet der Ahnenansprüche nicht ganz klargekommen sind, hier noch folgender Hinweis:

Da zumeist väterliche Familiennamen verwendet werden, scheinen die mütterlichen, über die Familiennamen ausgedrückten Ahnenansprüche nicht zum Einsatz zu kommen. Das ist jedoch insofern ein Trugschluss, weil mütterliche und väterliche Ahnenansprüche gesetzesmäßig in Resonanz stehen. Ein Kind wird also immer ein Ausdruck dieser genotypischen Mischung sein, welche wiederum die Grundlage und eine völlige Entsprechung dessen Inkarnationsbegehrens darstellt. Die Kombination von Vor- und Nachnamen ist eine perfekte Wiedergabe dieses Mischfeldes, zeigt aber dem geübten Betrachter in der Gegenüberstellung die Forderungen an den Träger und damit den Preis, welchen dieser an sein genetisches »Leasing-Objekt« zu bezahlen hat. Fast scheint es so, als würden die Ahnen jedem neuen Erdenbürger sagen:

»Wenn du unser System benutzen willst, so geht das nur, wenn eine Hand die andere wäscht. Wir unterstützen deine Belange unter der Bedingung, dass du nie vergisst, unsere Ansprüche zu protegieren.«

Auf die Einhaltung dieses ungeschriebenen »Ahnen-Vertrages« wird in unzähligen Fällen so nachdrücklich bestanden, dass sich die vernachlässigten Eigenansprüche des Ich nur mehr über das »Eigentlich-bin-ich-ja-Syndrom« feststellen lassen.

Frage: Was ist denn das »Eigentlich-bin-ich-ja-Syndrom«?
Antwort: Dieses weitverbreitete »Krankheitsbild«, welches immer von einem durch Ahnenansprüche unterdrückten Eigenbegehren berichtet, erscheint immer dann, wenn ein

Programm erfüllt wird, das nicht von beiden Parteien (Ich-Begehren versus Ahnenstrebung) gleichermaßen erwünscht ist.

Sicher kennen Sie die Geschichte des Fabrikbesitzer-Kindes, welches unglaublich musikalisch begabt ist, jedoch den väterlichen Betrieb der Familientradition entsprechend weiterführen muss. Bei der Bewältigung dieses Problems ergeben sich nun mehrere Lösungsmöglichkeiten:

1. Das Kind erfüllt lebenslang den Wunsch seiner väterlichen Ahnen.
2. Das Kind erfüllt die Forderung bis zu einem gewissen Alter, um dann »auszusteigen«.
3. Das Kind widersetzt sich dem Ansinnen generell.
4. Das Kind bricht unter der Doppel-Forderung zusammen.
5. Das Kind bringt beide Forderungen unter einen Hut.

Sicher haben Sie verstanden, dass diese fünf Punkte auf jeden von uns zutreffen können, es sei denn, wir haben das Glück, das Ergebnis der gloriosen Vereinigung zweier völlig interessensgleicher Systeme zu sein. Aus solchen Verbindungen entstehen dann die Genies, die eindeutig Orientierten, die schon in frühester Jugend ihre Strebung so offensichtlich kundtun, dass niemand auf die Idee kommt, ihnen zu widersprechen. Ein anderes überraschendes, nichtsdestoweniger logisches Ergebnis solcher hochprozentiger Kompatibilität sind Menschenkinder, welche trotz offensichtlicher Intelligenz und Begabung absolut nichts tun oder sich sogar in psychische oder physische Krankheiten flüchten, von denen hier nur einige genannt seien: Autismus, paranoide Krankheitsbilder, Lähmungserscheinungen, Asthma usw.

So unglaublich es klingt: Solche scheinbar hervorragenden Kombinationen vegetieren sehr oft als Selbstverhinderer durchs Leben, so als wollten sie durch diese Existenzform ihre Umgebung zu einer besonderen Form der Anteilnahme (Co-Dependency) herausfordern, nach dem Motto: Einer trage des anderen Last. Denn nicht jeder Wille ist geeignet, die Anforderungen und Träume seiner Vorfahren umzusetzen. Diese Hinterlassenschaft wird genauso oft als Überlastung empfunden, wie wir es bei einem weltlichen Erbe beobachten können, welches oft nicht angetreten werden will oder kann, weil die Verwaltung die Fähigkeiten des Beerbten überfordert.

Je länger Ahnenansprüche unterdrückt werden, desto vehementer treten sie zu irgendeinem späteren Zeitpunkt auf, um ihr Begehren auf eine Art und Weise durchzusetzen, die man bestenfalls als befremdlich bezeichnen kann. Das typische Beispiel sind die berühmten, angeblich völlig aus der Art geschlagenen Kinder, aber auch zum Beispiel Ehemänner, die, obwohl sie dreifache Väter sind, plötzlich homosexuell oder Aussteiger werden, die dann, für ihre Familien unverständlich, unter der Brücke landen oder es zu extravaganter Berühmtheit bringen.

Es klingt beinahe ein bisschen hämisch, wenn ich behaupte, dass bei seit Generationen besonders ehrbaren, auf ihren guten Ruf bedachten Familien mit stiller Schadenfreude darauf gewartet werden kann, dass diese Ehrbarkeit von einem besonders auffällig agierenden Familienmitglied ad absurdum geführt wird. Diese sogenannten »schwarzen Schafe« erfüllen mit ihrer Rolle genauso eine Familienpflicht wie das, früher unter dem Namen »Dorftrottel« bekannte, geistig eher minderbemittelte Familienmitglied. In früheren Zeiten wurden diese Menschen nicht nur von den eigenen Familien, sondern im ganzen Ort äußerst geduldig und liebevoll behandelt und beschützt, weil man wusste, dass diese scheinbaren Stiefkinder des Lebens für die Verarbeitung weniger angenehmer Ahnenanteile sorgten. Diese Einstellung entsprang auch einer tiefen Dankbarkeit, die in dem Bewusstsein begründet war, dass einem selbst dadurch dieses Damokles-Schwert erspart blieb.

Ich möchte Ihnen in diesem Zusammenhang von einem Phänomen berichten, das mich im Zusammenhang meiner Arbeit mit Szondis Erkenntnissen tief berührt hat: In einer belgischen Kleinstadt wurde aus Gründen, die mir leider nicht bekannt sind, eine geschlossene psychiatrische Heilanstalt aufgelöst. Die Bewohner des Städtchens, ich konnte es kaum fassen, erklärten sich bereit, die Patienten in ihren privaten Haushalten aufzunehmen und ihnen die nötige Pflege und Beaufsichtigung zukommen zu lassen. Das allein wäre schon erstaunlich genug gewesen, aber der eigentliche »Hammer« zeigte sich schon nach wenigen Monaten: Alles, was man gemeinhin als Unglück bezeichnen könnte, fand in diesem Ort fürderhin nicht mehr statt, und zwar mit einer solchen Offensichtlichkeit, dass sich andere Nachbargemeinden ebenfalls um solche Pflegepatienten bemühten.

Ich war deswegen so überrascht, weil ich die Empfehlung meines berühmten Lehrers Anthony Kinsella immer für einen Scherz gehalten hatte. Diese lautete folgendermaßen:

»Wenn du ein schweres Schicksal nicht selbst erleben willst, dann lass es andere für dich erleben!« Meine erste ablehnende Reaktion auf diese Aussage verwandelte sich im nächsten Moment jedoch durchaus in Zustimmung, ausgelöst durch den zweiten Teil der Empfehlung: »Aber du musst an diesen Schicksalen so teilnehmen, als wenn es dein eigenes wäre.«

Hören wir hier nicht schon wieder im Hintergrund eine leise Stimme, die sagt: »Liebe deinen Nächsten wie dich selbst«? Vielleicht ist das der Schlüssel zur Er-Lösung von allem Schicksal, eine Erlösung, die nur durch ein Du oder Wir vollzogen werden kann und deren Berechnung jenseits jeglicher Möglichkeiten der numerologischen Berechnung liegt, denn sie fällt in den Bereich der Gnade. Diese sogenannte Erlösung hat viele Gesichter und spielt sich leider sehr oft unter Begleiterscheinungen ab, die den numerologischen Berater an die Grenzen seines Seelenfriedens bringen können.

Im September des Jahres 1999 wurde ich, nicht zum ersten Mal, wegen eines verschwundenen Kindes befragt. Es handelte sich um ein acht Monate altes Baby aus Liechtenstein, das von einem Ausflug mit einem langjährigen Freund der Familie nicht mehr zurückgebracht wurde. Der Freund, ein 65-jähriger Mann, wurde kurz danach ertrunken aus dem Rhein geborgen, vom Kind fehlte jede Spur. Nur der leere Kinderwagen wurde auf einer Straße gefunden. Die Polizei gab sich alle erdenkliche Mühe, mehrere Suchaktionen wurden sowohl im Rhein als auch in der ganzen Umgebung durchgeführt, jedoch ergebnislos.

Mir standen folgende Daten zur Verfügung:

1. Geburtsdatum des Kindes 10.1.1999
2. Datum des Verschwindens des Kindes 31.8.1999
3. Name des Kindes, Julian Halbeisen
4. Name der Begleitperson des Kindes, Erwin Meierhofer
5. Geburtsdatum der Begleitperson 14.7.1934

Um eines von vornherein klarzustellen: Mit Numerologie als einzigem Hilfsmittel kann hier nicht geholfen werden. Deswegen muss erwähnt werden, dass die numerologischen Berechnungen zwar verborgene Zusammenhänge aufgedeckt haben, zur letztendlichen Klärung der Frage des Verschwindens jedoch nicht verwendet werden konnten noch durften.

Unter Verwendung von Praktiken, die ich in diesem Buch nicht besprechen möchte, war nach wenigen Minuten klar, dass das Kind den Tod durch Ertrinken gefunden hatte. Es blieb mir nun, aus den Daten die Bestätigung dieses traurigen Ergebnisses und die Umstände zu errechnen.

Die Resultate waren so frappierend, dass ich sie mit Einverständnis der Verwandten hier wiedergeben möchte:

17/8	30/3
J U L I A N	H A L B E I S E N
1 6 3 1 1 5	5 1 3 2 5 1 3 5 5
7 9 4 2 6	6 4 5 7 6 4 8 1
7 4 6 8	1 9 3 4 1 3 9
2 1 5	1 3 7 5 4 3
3 6	4 1 3 9 7
9	5 4 3 7
	9 7 1
	7 8
	6

Datum: 10.1.1999 = 30/ 3

3
1 1 1
2 + 2
4

Tag des Verschwindens
bzw. Todestag: 31.8.1999 = 40/ 4

4
4 8 1
9 + 3
3

Stellt man die beiden Datenblöcke des Geburts- und Sterbetages nebeneinander, ist man gedrängt, sich zu fragen, ob diese Synchronizität mit dem Wort »Zufall« abgetan werden kann:

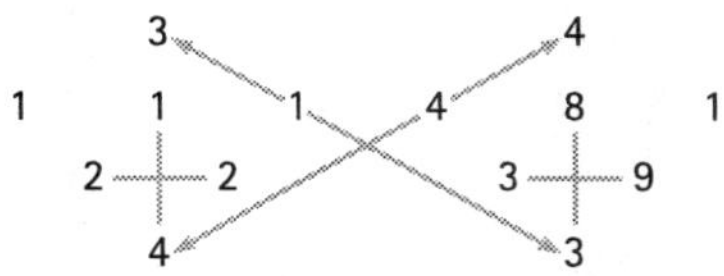

Noch verblüffender werden die Zusammenhänge, wenn man die Daten der Begleitperson gegenüberstellt, welche den Tod des Kindes, wie sich im Nachhinein herausstellte, verschuldet hat.

Erwin Meierhofer:

19/1	44/8
E R W I N	M E I E R H O F E R
5 2 6 1 5	4 5 1 5 2 5 7 8 5 2
7 8 7 6	9 6 6 7 7 3 6 4 7
6 6 4	6 3 4 5 1 9 1 2
3 1	9 7 9 6 1 1 3
4	7 7 6 7 2 4
	5 4 4 9 6
	9 8 4 6
	8 3 1
	2 4
	6

geboren am: 14.7.1934 = 29/11/2

2
5 7 8
3 + 6
9

Um den nachfolgenden Ausführungen wirklich folgen zu können, bitte ich Sie nachdrücklich, so seltsam es auch klingen mag, zu vergessen, dass wir es hier mit »Daten« zu tun haben. Stellen Sie sich bitte vor, dass sämtliche Zahlen der einen Person wie eine geschlossene Gruppe den Zahlen der anderen Person gegenüberstehen, während der gemeinsame Sterbetag wie ein großes Gelände zu betrachten ist, wie ein Parcours, dessen Hindernisse durch den Zusammenschluss beider Gruppen entweder zu Sieg oder Niederlage führen kann. Aus der individuellen Zusammenstellung der einzelnen Gruppe ist auch zu ersehen, mit welcher Absicht

der »Kampfplatz Tagesdatum« (Todestag: 31.8.1999) betreten wird.
Können Sie sich erinnern, dass ich vor wenigen Seiten die Kombination zweier Zahlen-Paare als besonders bedenklich hervorgehoben habe? Nicht gefährlich, wohlgemerkt, sondern bedenklich. Es war sowohl die Verbindung von Acht und Vier, als auch von Drei und Neun. Dass diese vier Zahlen unter bestimmten Bedingungen auch untereinander geradezu ein Chaos erzeugen können, wäre nicht nur anhand dieses erschütternden Falles zu beweisen. Sehen Sie sich bitte das Kreuz dieses Todestags-Feldes an, das sich auch noch unter der Herrschaft eines Vierer-Geiers abspielt.

		4		
4		8		1
	3	+	9	
		3		

Nun beachten Sie die Quersumme, bzw. den Geier in Verbindung mit der Ziel-Zahl, bzw. Carrot des Kindes Julian. Zufall? Dann ist es sicher auch Zufall, dass die Verbindung Rückgrat/Carrot des Todestages genau den Quersummen-Zahlen von Vor- und Nachnamen des Kindes entspricht, und die Ziel-Zahl des Sterbetages seiner Geier-Zahl, nämlich der Drei.

Dass die Feldzahlen der beiden Familiennamen gleich sind, auch ein Zufall? Kein Wunder, dass Julians Eltern mit Herrn Meierhofer befreundet waren. Dass Rückgrat und Carrot des Geburtsdatums von Julian exakt Quersummen- und Feldzahl des Vornamens seines letzten Begleiters Erwin erfüllen, dessen Geier (Elf!) der Namens-Quersumme seines kleinen Schützlings entspricht, alles nur Zufall? Opfer/Mörder-Theorie, wo sind deine Zeugen?

Ich weiß sehr wohl, dass nach den Geheimnissen des Todes-Datums gesucht wird, seit es die Numerologie gibt. Den wirklich Eingeweihten sind diese längst bekannt. Keiner von diesen wird, seinem Einweihungs-Eid entsprechend, sein Wissen jemals der Öffentlichkeit preisgeben. Nur so viel darf gesagt sein: Wenn sich Name und Basisfeld gegenseitig vollkommen erfüllen, so ist der Mensch erlöst.

Julian und Erwin, für beide war an diesem Tag die Stunde gekommen, zusammen mit einer Verabredung, die schon beschlossen war, bevor der Kleine geboren wurde.

Warum? Warum?

Glauben Sie mir, ich kenne die Fragen, die jetzt kommen müssen. Wo war der Schutzengel? Was hatte das kurze Leben für einen Sinn? Hätte man nicht warnen können? Wo waren die Zeichen? Wozu das ganze Leid? Wie kann Gott so etwas wollen?

Diese Fragen kann man beantworten, jedoch nicht pauschal, sondern nur den beiden Eltern und sonst niemandem. Denn nur diese beiden Menschen sind wirklich betroffen.

Was dieses Buch angeht, bleibt nur folgende Frage übrig: Hätte man diesen Tod numerologisch berechnen können? Die Antwort ist: Ja und Nein!

Im Nachhinein gesehen ist das Todesdatum des Julian Halbeisen völlig stimmig mit seinem Geburtsdatum. Doch bitte sagen Sie mir eines: Wer kommt auf die Idee, bei der Geburt eines gesunden Kindes das nächstliegende »optimale« Sterbedatum zu berechnen?

Wieder zeigt sich, dass Numerologie ein Wegweiser ist, auch ein Gestaltungshelfer, aber, wie bereits öfter betont, eben nur ein Ausdruck der bestehenden Dinge.

Können Sie sich an das schöne Märchen mit dem schlauen Handwerksburschen erinnern, der den Tod dadurch zu überlisten versuchte, indem er das Bett des Betroffenen umdrehte, damit die todverkündende Position des Gevatters am Kopfende des Bettes auf diese etwas unübliche Weise verändert wurde? Der Tod, geduldig und weise, sah sich diese Sperenzchen ein paar Mal etwas verwundert an, unterließ es auch nicht, vor allenfalls sich ergebenden unangenehmen Konsequenzen im Wiederholungsfall zu warnen, um dann, als er nicht ernstgenommen wurde, zu zeigen, wer Herr im Haus und Meister des Lebens ist.

»Mit dem Tod und mit dem Teufel soll man nicht Karten spielen«, sagt ein altes Sprichwort. Aber es steht doch nirgends geschrieben, dass man sie nicht ein bisschen berechnen darf. Mit den Ergebnissen aber Manipulationsversuche zu veranstalten, käme wiederum den verbotenen Kartenspielen gleich. So bleibt das Geheimnis des errechneten Todesdatums in den Händen derer, für die Tod und Leben eins ist, gleichgültig wann, wo und warum.

Nachwort

Noch einmal bitte ich Sie von Herzen, dieses Buch nicht leichtfertig zu verwenden und vor allem nie zu vergessen, dass nur Übung und Erfahrung den Meister machen. *Alles, was ich geschrieben habe, ist kein Dogma, sondern soll als Vorschlag einer weiterführenden Verwendung der bisherigen Numerologie verstanden werden.*

So schwierig Ihnen auch manche Ausführungen anfänglich erscheinen werden, so verständlich werden sie Ihnen im Laufe der eigenen Verwendung werden.

In diesem Zusammenhang bitte ich Sie auch, die nachfolgenden Literaturhinweise nicht nur sorgfältig zu lesen, sondern auch in Anspruch zu nehmen, denn sie sind, vor allem was die Werke von Leopold Szondi betrifft, Grundlage dieses Buches.

Je öfter Sie sich mit wirklichem Interesse an die Bearbeitung von Geburts- und Namensdaten wagen, desto mehr werden Ihnen die Zusammenhänge geläufig, wie bei einer anfänglich schwierigen Fremdsprache, die, je länger sie gelernt und verwendet wird, zum Bestandteil des selbstverständlichen Denkens heranwächst.

Danksagung

Die Grundlagen dieses Buches wurden den Vorträgen entnommen, welche ich während der vergangenen 14 Jahre gehalten habe und die sich sicherlich in Schall und Rauch aufgelöst hätten, wenn eine Hörerin nicht nur jedes Wort, das ich von mir gab, aufgenommen, sondern auch in monatelanger Arbeit niedergeschrieben hätte: Elfriede Lindner. Doch damit nicht genug. Angesichts meiner technischen Unfähigkeit, erklärte sie sich bereit, meiner Arbeit »beizusitzen«, worunter zu verstehen ist, dass sie mit einer kompletten Computer-Anlage anreiste, sich mit dieser in meiner Küche niederließ und wochenlang zu jeder Tages-, aber vor allem auch Nachtzeit für die Niederschrift dieses Buches zu meiner Verfügung stand.

Ich habe Frau Lindner insbesondere dafür zu danken, dass sie in Momenten der geistigen Ermüdung in Bezug auf die Wortwahl nachdrücklich eingegriffen und damit Erschröckliches verhindert hat. Ich erinnere nur an einen der Tiefpunkte meiner sprachlichen Ausdruckskraft, als ich eines erschöpften Abends beispielsweise das Wort »Leithammel« verwenden wollte. Frau Lindner fand, dies sei kein charmantes Tier, und wir verdanken ihr den wesentlich charismatischeren Leitwolf; ganz zu schweigen von der »hochkünstlerischen« Darstellung des Geiers, der natürlich nicht einmal im Ansatz dem gepflegt und gutaussehenden Apotheker Herrn Geier gleicht. Sie war es auch, die darauf bestand, der einschneidenden Wirkung dieser Zahl mit einem gezückten Essbesteck Ausdruck zu verleihen, welches dem darob erstaunten Geier in die Fänge gedrückt ist.

Doch nicht nur ihr, sondern allen meinen Schülern, die mich 14 Jahre lang mit ihrer Neugierde und Wissbegier gezwungen haben, bei der »Stange« zu bleiben und mir mit ihrer Zuneigung und Liebe die Vollendung dieser Arbeit ermöglichten, möchte ich hiermit von Herzen danken, genauso wie meiner Freundin, Monica Monts de Mazin, die sowohl meiner Interpunktionsschwäche als auch meinem (ahnengetriebenen!) Bedürfnis nach seitenlangen Sätzen eindrucksvoll entgegengewirkt hat.

Aber auch dem Herausgeber, Dr. Hans Christian Meiser, sowie meiner Lektorin Petra Riedhammer sei an dieser Stelle für die stoische Ruhe gedankt, mit der sie meine Arbeit und die damit verbundenen Verzweiflungsausbrüche begleitet haben.

Bei meinem Geier und von ganzer Karotte
Danke!

Literatur- und Quellenverzeichnis

Adrienne, Carol: *Erkenntnis und Zufall.* München 1998

Barash, David: *The Whispering Within – Evolution and the Origin of Human Nature.* New York 1979

Cheiro: *Das Buch der Zahlen.* Freiburg 1973

Combs, Allan/Holland, Michael: *Synchronicity – Science, Myth and the Trickster.* New York 1990

Dornseiff, Franz: *Das Alphabet in Mystik und Magie.* Leipzig 1925

Hall, Manly Palmer: *An Encyclopedic Outline of Masonic Hermetic Cabbalistic and Rosicrucian Philosophy.* Los Angeles 1975

Hillman, James: *Charakter und Bestimmung.* München 1998

Jaynes, Julian: *Der Ursprung des Bewusstseins.* Reinbek bei Hamburg 1988

Kahir, M.: *Das verlorene Wort.* Bietigheim 1960

Katz, Rosa: *Psychologie des Vornamens.* Bern-Stuttgart 1964

Kissener, Hermann: *Lebenszahlen.* München 1965

Koestler, Arthur: *Die Wurzeln des Zufalls.* Bern 1972

Lévy-Bruhl, Lucien: *Das Denken der Naturvölker.* Wien-Leipzig 1921

Love, Jeff: *Die Quanten-Götter.* Düsseldorf 1976

Marcuse, Ludwig: *Philosophie des Glücks.* Zürich 1972

McAll, Kenneth: *Healing the Family Tree.* London 1982

Nussbächer, Konrad: *Deutsche Balladen.* Stuttgart 1967

Pulver, Max: *Person, Charakter, Schicksal.* Zürich 1944

Roney-Dougal, Serena: *Wissenschaft und Magie.* Frankfurt/M.1993

Steiner, Rudolf: *Theosophie.* Leipzig 1920

– *Vom Lebenslauf des Menschen.* Stuttgart 1986

– *Aus der Akasha-Chronik.* Dornach 1975

Szondi, Leopold: *Freiheit und Zwang im Schicksal des Einzelnen.* Bern 1977
- *Ich-Analyse.* Bern 1956
- *Kain – Gestalten des Bösen.* Bern 1978
- *Schicksalsanalyse.* Basel 1996

Zehentbauer, Josef: *Körpereigene Drogen.* München 1992

Zettel, Christa: *Das Geheimnis der Zahl.* München 1996

Zimmermann, Werner: *Geheimsinn der Zahlen.* Hammelburg 1997

Handwerkskiste

Um Ihnen die Verwendung sämtlicher bisher erlernter Praktiken zu erleichtern, finden Sie in der Folge alle Bezeichnungen und Grundpläne.

Worterklärungen

Basisprogramm: aus den Zahlen des Geburtsdatums errechnetes Gesamtprogramm

Quersumme: sämtliche Zahlen werden einzeln in Folge addiert

Einsteiger-Zahl: Zahl oder Summe der beiden Zahlen des Geburts-Tages

Rückgrat: Zahl oder Summe der beiden Zahlen des Geburts-Monats

Aussteiger-Zahl: Zahl oder Summe der vier Zahlen des Geburts-Jahres

Geier oder Geier-Zahl: reduziertes Quersummen-Ergebnis des gesamten Geburtsdatums

Mischfeld A: Quersumme, berechnet aus Geburtstag und Geburtsmonat

Mischfeld B: Quersumme, berechnet aus Geburtsmonat und Geburtsjahr

Ziel-Zahl, Carrot bzw. Mischfeld C: Quersumme, berechnet aus Mischfeld A und Mischfeld B

Kreuz: Kreuzung der Verbindungen von Rückgrat zu Carrot und Mischfeld A zu Mischfeld B

Namenszahl: Berechnung sämtlicher Buchstaben des Vor- *oder* Nachnamens

Gesamt-Namenszahl: Berechnung der *gesamten* Vor- *und* Nachnamen

Namens-Quersumme: siehe Namenszahl

Feldzahl: sich aus sämtlichen Mischfeld-Berechnungen der Namens-Buchstaben ergebende Endzahl

Mischfeld, generell: jede, sich aus zwei Faktoren ergebende Summe

Begriffserklärungen

Geburtsdatum oder »Einsteiger«: Dieses Datum beinhaltet sämtliche »Erinnerungen«, welche auch die Grundlage für die Wahl der Eltern, des Geburtsortes und aller damit verbundenen Umstände sind.

Monatsdatum oder »Rückgrat«: Dieses Datum, auch Kopf des »Kreuzes«, stellt die empfindliche Balance zwischen Herkunft und Entwicklung dar. Sein Zahlen-Charakter ist der Prüfstein in der Mitte des Lebens.

Jahreszahl oder »Aussteiger«: Dieses Datum birgt die Möglichkeiten der Lebensführung im letzten Drittel des Lebens, aber auch die Forderung, die erfüllt werden muss, um das Lebensziel tatsächlich zu erreichen.

Quersumme oder »Geier«: Diese Zahl steht als Symbol für einen schicksalsbedingten Pflichtweg, dessen Stationen unbedingt zu durchlaufen sind.

Mischfeld A: Diese Mischzahl steht symbolisch für die Verarbeitung der Ahnenanteile, in Verbindung mit sämtlichen äußeren Einflüssen in Kindheit und Jugend.

Mischfeld B: Diese Mischzahl steht symbolisch für die Verarbeitung der Ahnenanteile, in Verbindung mit sämtlichen äußeren Einflüssen in der Mitte des Lebens und im reiferen Alter.

Ziel-Zahl oder Carrot: Diese Mischzahl steht für die schicksalsbedingende Willensstrebung des anfangs unbewussten, im späteren Leben immer selbstbewussteren Ich.

Kreuz: Symbol für die Möglichkeiten und den Weg, über den die Ahnenansprüche bewältigt werden können, wobei die Senkrechte als Weg und die Waagrechte als Entwicklungsaufgabe verstanden werden muss. Im weitesten Sinn repräsentiert das Kreuz die Kernproblematik der Verarbeitung von persönlichem Begehren und Ahnenansprüchen.

Basisprogramm: Dieses gesamte Programm ist als symbolische Aufschlüsselung der schicksalhaften Forderung nach der Erfüllung eines bestimmten Lebensplanes zu verstehen, der sowohl die Art der Verarbeitung der Ahnenansprüche als auch des persönlichen Ich-Begehrens aufzeigt.

Namenszahl (Vorname[n]): Die Quersumme dieses Namens ist als Symbol für die Wirkung zu verstehen, die durch die Persönlichkeit des Individuums auf seine Umgebung ausgeübt wird.

Namensfeld-Zahl (Vorname[n]): Sie zeigt die Hauptstrebung des Gesamt-Charakters der persönlichen Ansprüche, die mit den Ahnenansprüchen koordiniert werden müssen.

Namenszahl (Familienname): Die Quersumme dieses Namens ist als Symbol für die Wirkung zu verstehen, die durch den Charakter des Individuums auf seine Umgebung ausgeübt wird.

Namensfeld-Zahl (Familienname): Sie zeigt die Hauptstrebung des Gesamt-Charakters der über Generationen bewahrten Ahnenansprüche, die mit den persönlichen Ansprüchen koordiniert werden müssen.

Gesamt-Namenszahl: Die Quersumme sämtlicher auf dem Geburtsschein befindlicher Namen steht symbolisch für die Konstellation persönlicher Ansprüche, die aus der Verbindung von eigenem Begehren und der Erfüllung von Ahnen-Strebungen zustande kommt.

Typische Zahlen-Charakteristika in Stichworten

Um Ihnen die Erinnerung zu erleichtern, habe ich eine kleine Auflistung der typischen Kennzeichen sämtlicher Zahlen zusammengestellt, die nicht mehr sein soll, als eine »Stimme aus dem Souffleur-Kasten«.

Eins

positiv	*negativ*
dominierend	tyrannisch
kreativ	selbstsüchtig
selbstbewusst	starrsinnig
dynamisch	unkooperativ
zielstrebig	überempfindlich
selbständig	aggressiv
willensstark	ungeduldig

Zwei

positiv	*negativ*
diplomatisch	entscheidungsunfähig
fröhlich	ängstlich
ehrlich	hypochondrisch
fürsorglich	opportunistisch
gefühlvoll	launisch
geduldig	leichtgläubig
hilfsbereit	nachtragend

Drei

positiv	*negativ*
gesellig	sprunghaft
ideenreich	oberflächlich
strebsam	maßlos
pflichtbewusst	eifersüchtig
ordentlich	willensschwach
treu	reizbar
redegewandt	arrogant

Vier

positiv	*negativ*
mutig	misstrauisch
gewissenhaft	selbstsüchtig
durchhaltefähig	jähzornig
loyal	wankelmütig
arbeitsam	missgünstig
diszipliniert	rechthaberisch
praktisch	engstirnig

Fünf

positiv	*negativ*
feinfühlig	rastlos
anpassungsfähig	nervös
systematisch	verschwenderisch
erfinderisch	korrupt
unterhaltsam	eitel
geschäftstüchtig	habgierig
lernfähig	fatalistisch

Sechs

positiv	*negativ*
sozial	oberflächlich
rücksichtsvoll	intigrant
gefühlsbetont	hedonistisch
friedliebend	undiszipliniert
großzügig	bindungsunfähig
kooperativ	sexistisch
sinnlich	wahllos

Sieben

positiv	*negativ*
hilfsbereit	chaotisch
liebenswürdig	berechnend
friedlich	aufdringlich
rational	angeberisch
hellsichtig	geizig
gesellig	sarkastisch
charismatisch	beeinflussbar

Acht

positiv	*negativ*
kämpferisch	rachsüchtig
selbstlos	extremistisch
ausdauernd	respektlos
hingebungsvoll	gierig
gerecht	hochmütig
wahrhaftig	destruktiv
weise	fanatisch

Neun

positiv	*negativ*
sensibel	distanziert
intuitiv	suchtanfällig
phantasievoll	zänkisch
impulsiv	unberechenbar
künstlerisch	erbarmungslos
idealistisch	heuchlerisch
altruistisch	orientierungslos

Die Ziel-Zahl (Carrot) – Der verlockende Prämienkatalog

Carrot Eins
Selbstbewusstsein erhalten;
Verantwortung tragen wollen und können;
eingeschlagene Wege durchhalten
und jedes Ziel erreichen können;
unbeirrbar werden;
die Verbindung zum Göttlichen erkennen
und dadurch die Fähigkeit zur Macht erhalten.

Carrot Zwei
Die Bi-Polarität erfahren und verstehen;
Gefühle ausleben können;
zu zweit glücklich werden;
die Kunst des Loslassens beherrschen
und die Angst besiegen;
karmischen Ausgleich erfahren.

Carrot Drei
Den freien Willen nutzen können;
den Segen des Selbstlosigkeit erfahren;
die Würde der Unbestechlichkeit erhalten;
auf höheren Schutz und
göttliche Hilfe vertrauen können;
in einer Gruppe sich selbst finden
und anerkannt werden.

Carrot Vier
Zum Meister des logischen Denkens werden;
Pflichtbewusstsein in freudiges Dienen verwandeln können;
mit sich selbst ehrfurchtsvoll umgehen können;
auf niemanden angewiesen sein;
zum Sieger über das Unglück werden;
zum Werkzeug des Notwendigen werden.

Carrot Fünf
Zum Teilnehmer an der universellen Expansion werden;
die absolute Handlungsfähigkeit erhalten;
Selbstbeherrschung als angenehme Disziplin empfinden;
hohe Positionen und Vertrauen erringen;
Reichtum erwerben und damit segensreich
umgehen können.

Carrot Sechs
Sinnlichkeit als Erlösung erfahren;
die höchsten Formen der Liebe erkennen;
gleichgültig werden;
vollendete Schönheit und Harmonie verinnerlichen
und verströmen;
überlegen sein, um helfen zu können.

Carrot Sieben
Aus Phantasie und Realität nie Dagewesenes erschaffen;
zum Meister der Angst werden;
zur Selbsteinschätzung gelangen;
Beliebtheit, Anerkennung und Respekt erhalten;
Unvergessliches leisten.

Carrot Acht

Durch Selbstüberwindung charismatisch werden;
als Phönix aus der Asche neu erstehen;
Unmögliches leisten können;
reif für die Dankbarkeit werden;
zum Meister des Sehens in der Dunkelheit werden.

Carrot Neun

Geistige Freiheit durch Anspruchslosigkeit erreichen;
den Sinn des Lebens erfassen;
alle Möglichkeiten zur Wahl gestellt bekommen;
die Chance der Karmaauflösung erhalten;
die Unsterblichkeit erringen.

Numerologische Buchstaben-Zahlen-Zuordnung

A = 1	J = 1	S = 3
B = 2	K = 2	T = 4
C = 3	L = 3	U = 6
D = 4	M = 4	V = 6
E = 5	N = 5	W = 6
F = 8	O = 7	X = 5
G = 3	P = 8	Y = 1
H = 5	Q = 1	Z = 7
I = 1	R = 2	

Geierplan

Name: ______________________________

Geburtsdatum: ______________________________

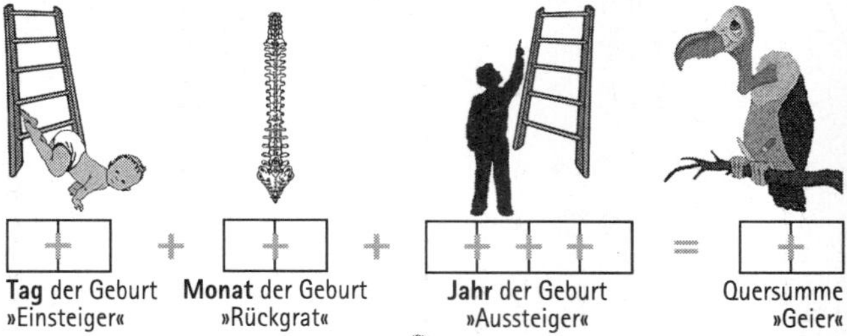

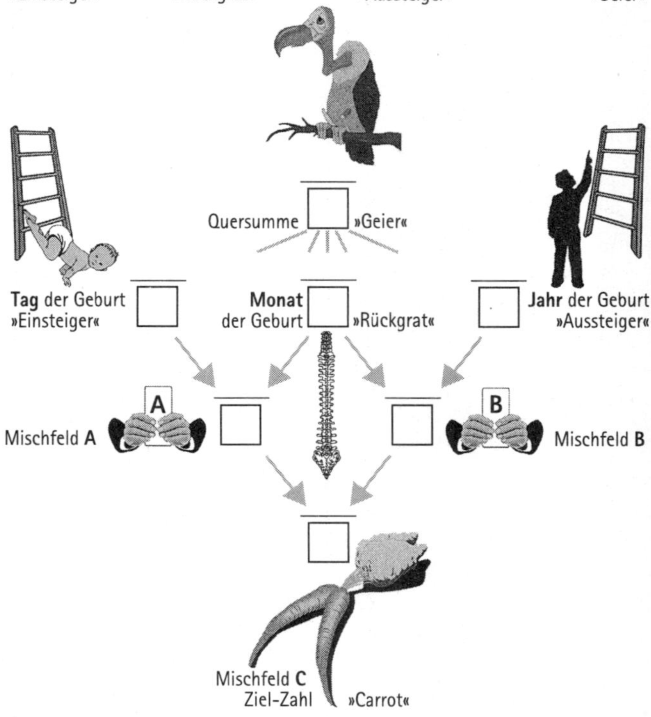

JULES SILVER
NUMEROLOGIE
Magie
und Mystik
der Zahlen
Charakter -
Schicksal -
Zukunftsprognosen

Theodora Lau
Chinesische Astrologie

Die Autorin beschreibt anschaulich die zentralen Bausteine der chinesischen Astrologie. Das Buch ist ein kompaktes und leicht verständliches Einführungsbuch, das sich auch als Nachschlagewerk hervorragend eignet.

Howard Sasportas
Astrologische Häuser und Aszendenten

Durch seine umfassende Aszendenten-Analyse, unterstützt von zahlreichen Abbildungen, verhilft es all denen zu einem vertieften Verständnis, die zwar nicht ihr exaktes Horoskop, aber doch ihren Aszendenten kennen. Mit einem Vorwort von Liz Greene.

Knaur
MensSana

Brigitte Hamann
Die zwölf Archetypen

Die zwölf Archetypen stellen ein einzigartiges Panoptikum zum Verständnis unserer scheinbar so komplexen Welt dar. Jedes Tierkreiszeichen wird unter einer Vielzahl von Gesichtspunkten beschrieben und durch liebevoll ausgewählte Illustrationen dargestellt.

Thomas Schäfer

Was die Seele krank macht und was sie heilt

Die psychotherapeutische Arbeit Bert Hellingers
Der Bestseller

Der Heilpraktiker und Psychotherapeut Thomas Schäfer bringt Hellingers Einsichten und Arbeitsweisen einem großen Leserkreis näher: Was sind die familiären Hintergründe schwerer Erkrankungen? Warum entwickeln sich manche Beziehungen von Mann und Frau, von Eltern und Kindern harmonisch, während andere scheitern?

Knaur MensSana

Thomas Schäfer

Wenn Dornröschen nicht mehr aufwacht

Bekannte Märchen aus Sicht von
Bert Hellingers Familienaufstellungen

In der Betrachtungsweise der Familienaufstellungen nach Bert Hellinger spiegeln die klassischen Märchen Familien- und Lebensskripte wider, die dem Einzelnen nicht immer bewusst sind. Thomas Schäfer erklärt, welche Lebenshintergründe mit bestimmten Märchen verknüpft sind und sucht in Verbindung mit Familienaufstellungen nach Lösungen und Hilfen bei psychischen Problemen.